PETER F. KRAMML · SABINE VEITS-FALK · THOMAS WEIDENHOLZER

SALZBURG

EINE STADTGESCHICHTE

SCHRIFTENREIHE DES ARCHIVS DER STADT SALZBURG 47

BIBLIOGRAFISCHE INFORMATION DER DEUTSCHEN BIBLIOTHEK

Die Deutsche Bibliothek verzeichnet diese Publikation in der Deutschen Nationalbibliografie; detaillierte bibliografische Daten sind im Internet über http://dnb.ddb.de abrufbar.

ISBN 978-3-900213-36-7

Schriftenreihe des Archivs der Stadt Salzburg

Herausgeber:
Stadtarchiv und Statistik Salzburg

Schriftleitung:
Peter F. Kramml

Grafische Gestaltung:
graficde'sign. Pürstinger Salzburg

Lektorat:
Silvia Moherndl

Druck:
Druckerei Roser Gesellschaft m.b.H., Hallwang

Copyright © by Stadtgemeinde Salzburg

Salzburg 2017

DANK

Folgenden Institutionen und Personen gilt der besondere Dank für die Zurverfügungstellung von Bildvorlagen, die Erteilung von Abdruckrechten und die Anfertigung von Digitalisaten:

Archiv der Erzabtei St. Peter, Mag. Dr. Gerald Hirtner
Archiv der Erzdiözese Salzburg, Mag. Josef Kral
Bankhaus Spängler, Familienarchiv,
   Mag. Erich Erker, LLM
Haus-, Hof- und Staatsarchiv Wien
Museum St. Peter und Kunstsammlung der
   Erzabtei St. Peter, Mag. Wolfgang Wanko
Residenzgalerie Salzburg, Dr. Thomas Habersatter
Salzburger Landesarchiv, Dir. Dr. Oskar Dohle MAS
Salzburg Museum, Mag. Werner Friepesz
Schlossverwaltung Hellbrunn, Ingrid Sonvilla
Stadtarchiv Salzburg, Magdalena Granigg und
   Mag. Christian Moser
Dr. Vita Huber-Hering
Peter Matern
Almmeister Wolfgang Peter
Dipl.-Ing. Walter Schlegel
Dr. Dr. Günther Emerich Thüry

INHALTS-VERZEICHNIS

Das Stadtarchiv – Gedächtnis der Stadt	7
Älteste Spuren der Besiedlung	10
Iuvavum – Das römische Salzburg	12
Herzogliche Residenzstadt	16
Bischofs- und Metropolitansitz	18
Salzburg im 10. Jahrhundert	20
Das Markt-, Maut- und Münzrecht 996	22
Die romanische Bischofsstadt	24
Die Anfänge der Stadtgemeinde	28
Die Bürgerstadt wächst	30
Der „Sühnebrief" 1287 mit dem ersten Salzburger Stadtrecht	32
Bürger und Stadtherr	34
Das Stadtrecht des 14. Jahrhunderts	36
Der Kampf um Selbstverwaltung und Mitbestimmung	38
Bürger und Inwohner, Unterschichten und Randgruppen	40
Der Ratsbrief Kaiser Friedrichs III.	44
Die Salzburger Märkte	46
Armenfürsorge und bürgerliche Stiftungen	48
Die Stadtpfarrkirche (heute Franziskanerkirche)	50
Das Rathaus	52
Die Bürgerstadt um 1500	54
Das Jahr 1511 und seine Folgen	58
Matthäus Lang, die Reformation und der „Lateinische Krieg"	60
Die Stadt- und Polizeiordnung 1524	62
Erhebung gegen den Stadtherrn im „Bauernkrieg" 1525	64
Paracelsus in Salzburg	68
Wolf Dietrich – ein absoluter Fürst	72
Das barocke Salzburg	76
Schloss Mirabell	78
Festungsstadt Salzburg	80
Universitätsstadt Salzburg	84
Häuser und ihre BewohnerInnen	86
Das Handwerk	88
Kaufleute, Handelsmänner und Handelsfaktoren	90
Bürgermeister und Stadtrat im fürstlichen Absolutismus	92
Salzburg wird das „Deutsche Rom"	94
Hof und Hofstaat	98
Bruderschaften der Gegenreformation	100
Am Rande der Gesellschaft – Bettelbekämpfung	102
Offene Armenfürsorge und Maßnahmen gegen finanzielle Not	104
Das Scharfrichtertagebuch – Strafvollzug im 18. Jahrhundert	106
Stadtrat und Stadtverwaltung im 17. und 18. Jahrhundert	108
Gast- und Brauhäuser im 17. und 18. Jahrhundert	110
Salzburger Bürgerinnen und ihre Ehemänner	112
Handelsherren als Wohltäter	114
Wolfgang Amadé Mozart	116
Bürgerliche Öffentlichkeit und Aufklärung	118
Uneheliche Kinder und ihre Mütter – der Fall Joseph Mohr	120
Krise der Herrschaft	122
Krieg und Säkularisation	124
Die Stadt im mehrfachen Wechsel der Herrschaft	126
Salzburg als Hauptstadt im bayerischen Salzachkreis	130

Die Kreisstadt Salzburg	134
Der Mythos von der Schönen Stadt:	
Salzburg im Biedermeier	138
Mozartdenkmal und Mozartkult	142
Das Revolutionsjahr 1848	144
Städtisches Museum und bürgerliches Vereinswesen	146
Die Landeshauptstadt:	
Aufbruch in die neue Zeit	148
Gründerzeit: Erweiterung der Stadt	152
Die freie Gemeinde: Der Weg zum	
Gemeindestatut 1869	154
Religiöse Toleranz und aufkeimender	
Antisemitismus	156
Der Kampf um die Schule: „Kulturkampf"	158
Frauen in der bürgerlichen Öffentlichkeit	160
Salzburg und der Tourismus	162
Fortschritt und Modernisierung	164
Die Salzachschifffahrt	166
Zweite Gründerzeit: Großstädtische Träume	
im Kleinformat	168
Kommunalpolitik bis zum Ende der Monarchie	172
Die Anfänge des städtischen Nahverkehrs	174
Der neue Grün- und Schrannenmarkt und	
der Wandel der Spezialmärkte	178
Georg Trakl und Salzburg	180
Die Stadt Salzburg im Ersten Weltkrieg	182
Demokratisierung der Stadtverwaltung	
und Frauenwahlrecht	186
Grundsteinlegung für ein Festspielhaus	188
Nachkriegselend und Inflation	190
Kommunalpolitik in der Zwischenkriegszeit	192
Radikalisierung und diktatorisches Regiment ab 1934	194
Die Eingemeindungen	196
„Anschluß" und die Deutsche Gemeindeordnung	198
Verfolgung, Terror und Vernichtung	200
„Groß-Salzburg" und die Realität des Krieges	202
Der 4. Mai 1945: Befreit und besetzt	206
Normalisierung nach dem Krieg und	
Amerikanisierung	208
Demokratisierte Stadtverwaltung und	
„Salzburger Klima"	210
Wiederaufbau – Neue Stadtteile entstehen	212
Straßennamen	216
Kulturelles Leben nach dem Krieg	218
Kommunalpolitik im „Wirtschaftswunder":	
Die mobile Konsumgesellschaft	220
Universitätsstadt Salzburg heute	222
Migrationsstadt Salzburg	224
Widerstand gegen die Kernenergie	226
Altstadterhaltung, Grünlanddeklaration	
und Weltkulturerbe	228
Erfolgsgeschichte Tourismus: Zwischen	
Hochkultur, Event und Massentourismus	232
Sportstadt Salzburg	234
Kommunalpolitik um die Jahrtausendwende	236
Stadtgeschichte im Überblick (Zeittafel)	241
Literatur zur Stadtgeschichte (Auswahl)	250
Autorin und Autoren	256

DAS STADTARCHIV – GEDÄCHTNIS DER STADT

Das vorliegende Buch bietet einen Überblick über die Geschichte der Stadt Salzburg und ausgewählte Aspekte ihrer Vergangenheit. Basis dafür sind die umfangreichen Urkunden- und Aktenbestände, Bücher und Bilddokumente, die im Haus der Stadtgeschichte an der Glockengasse verwahrt werden.

Als universaler Quellenspeicher mit Archivalien ab dem 13. Jahrhundert versteht sich das Stadtarchiv als Gedächtnis der Stadt Salzburg. Neben den Hauptaufgaben des Archivs, die mit den Schlagworten Bewahren und Sammeln sowie Erschließen und Forschen charakterisiert werden können, besitzt die Wissensvermittlung im Haus der Stadtgeschichte einen großen Stellenwert. Dazu gehören auch die Publikationen in der eigenen Schriftenreihe, wie die vorliegende neue Stadtgeschichte. Ein besonderes Anliegen ist es, mit dieser einen fundierten Überblick über die Geschichte der Kommune, basierend auf dem neuesten Forschungsstand, zu bieten. Zur Visualisierung der Stadtgeschichte wurden zusätzlich zu den eigenen Archivbeständen auch Stadtansichten, Pläne und Fotos herangezogen, die dankenswerter Weise von den Salzburger Museen und Archiven zur Verfügung gestellt wurden.

Stadtbuch des Stadtschreibers Christian Reuter (begonnen 1498), Privilegienbuch (um 1500) und ältestes städtisches Rechnungsbuch, angelegt für die Jahre 1486 bis 1488 von Bürgermeister Hans Glafenberger.
Stadtarchiv Salzburg, Städtisches Archiv, Buchförmige Archivalien 2, 1 und 263.

Kundschaftsbrief des Zechmeisters und der Meister
des Kürschnerhandwerkes der Stadt Salzburg für
den Gesellen Florianus Beuckher, Salzburg, 4. Mai 1782.
Stadtarchiv Salzburg, Zunftarchivalien 487.

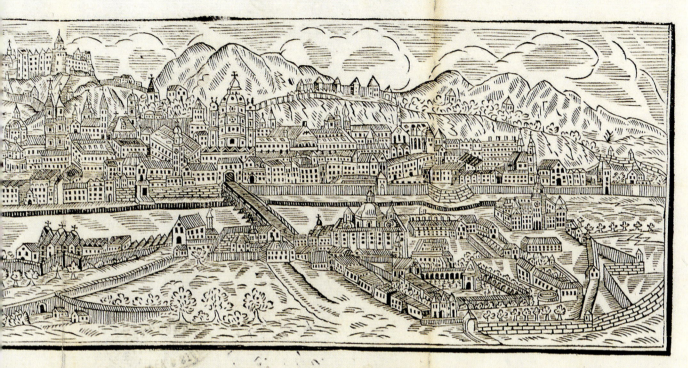

Zechmeister und andere Meister des Hand=
ts deren Burgerlichen Kürschnern in der Hochfürst=
Haubt= und Residenz=Stadt Salzburg, attestiren hiemit, daß ge-
Gesell, Namens *Florianus Landshu*
gebürtig, so 30 Jahr alt, *grossen* Statur, auch *[...]* Haaren,
Jahr, Wochen in Arbeit gestanden, und sich solcher Zeit über treu, fleißig,
ie es einem jeglichen Handwercks=Burschen gebühret, verhalten hat; welches wir also
re sammentliche Mit=Meister diesen Gesellen nach Handwercks=Gebrauch überall zu för-
llen. Salzburg, den Anno 1785

ÄLTESTE SPUREN DER BESIEDLUNG

Die ältesten Spuren der Anwesenheit des Menschen im Stadtgebiet datieren in die Mittelsteinzeit (Mesolithikum, ca. 9600–5500/4500 v. Chr.) und wurden auf der Felshöhe des Rainberges gefunden. Halbhöhlen und Felsdächer bildeten bevorzugte Raststationen mittelsteinzeitlicher Jäger. Die ersten Dauersiedlungen entstanden in der Jungsteinzeit (Neolithikum, ca. 5500–2200 v. Chr.) auf den Stadtbergen und auf Schotterterrassen in Liefering (mit dem ersten Nachweis für die Verwendung von Kupfer in Salzburg) und in Maxglan-Bolaring. Die bedeutendste Höhensiedlung im heutigen Stadtgebiet von Salzburg war im Jungneolithikum der Rainberg (ca. 4500 v. Chr.). Die Siedlungen auf den Stadtbergen boten Schutz, Fernsicht und gute Verteidigungsmöglichkeiten.

In der Bronzezeit waren der Rainberg, der Festungs- und Kapuzinerberg besiedelt und es gab auch unbefestigte Siedlungsstellen in Tallagen, u. a. in Morzg, Parsch, Mülln, Maxglan, Taxham und Liefering. Die bedeutendste Nekropole mit rund 430 Brandbestattungen lag am Beginn der Kleßheimer Allee in Salzburg-Maxglan. Die Belegung dieses Friedhofes setzte im 14. Jahrhundert v. Chr. ein und dauerte bis ca. 700 v. Chr. Die jüngsten Bestattungen datieren bereits in die nachfolgende beginnende Ältere Eisenzeit (Hallstattkultur, ca. 800–450 v. Chr.), aus der auch ein sogenanntes Fürstengrab auf den Bolaringgründen (um 600 v. Chr.) aufgedeckt werden konnte. Während für die vorangegangenen Epochen Hinweise auf das Volkstum der BewohnerInnen fehlen, ist in der Hallstattzeit keltische Kultur in Salzburg fassbar.

Um 570–550 v. Chr. wurden die Salzvorkommen des Dürrnbergs bergmännisch erschlossen. Zu dieser Zeit war der Hellbrunner Berg besiedelt. Seine BewohnerInnen besaßen offensichtlich hohen Status und versorgten sich mit Importgütern, man sprach daher auch von einem „Fürstensitz" mit weitreichenden Handelskontakten. Es wurde vermutet, dass die „Salzbarone" des Dürrnbergs, die den Salzabbau kontrollierten, zunächst auf dem Hellbrunner Berg residiert und dann im 5. Jahrhundert v. Chr. ihr Zentrum auf den Dürrnberg verlagert hätten. Diese Annahme ist jedoch nicht gesichert. Der Dürrnberg erlebte um 450–350 v. Chr. seinen Zenit, zu dieser Zeit war der Hellbrunner Berg nicht mehr bevölkert.

In der Eisenzeit waren die Salzburger Stadtberge besiedelt. Eine Höhensiedlung befand sich auf dem Rainberg, als dessen bedeutendster archäologischer Fund eine in das 1. Jahrhundert v. Chr. datierte Eberstatuette aus Bronze gilt. Auch in Tallagen sind unbefestigte Niederlassungen belegt.

Mit der Eingliederung von Noricum in das Römische Reich 15. v. Chr. endete die eigenständige Entwicklung der keltischen Kultur. Die neuen Machthaber ordneten die Aufgabe der keltischen Höhensiedlungen auf den Stadtbergen an, um im Falle von Aufruhr den Aufständischen keine Rückzugspunkte zu bieten. Durch den Wegfall militärischer Bedrohung waren diese gesicherten Höhensiedlungen auch nicht mehr nötig. Die Bevölkerung siedelte in das Tal in die geschützte Bucht zwischen Salzach und Mönchsberg um.

Eberstatuette aus Bronze vom Rainberg, 1. Jahrhundert vor Christus.
Salzburg Museum, Inv.-Nr. ARCH 5150.

IUVAVUM – DAS RÖMISCHE SALZBURG

Unmittelbar nach der Besetzung Noricums durch die Römer wurde im Bereich der heutigen Altstadt am linken Ufer der Salzach mit der Anlage einer Siedlung begonnen. Der Ort lag am Schnittpunkt wichtiger römischer Verkehrswege und an einem schiffbaren Fluss und erlangte bald als Wirtschafts- und Handelsplatz Bedeutung. Der Name der Siedlung, Iuvavum („Ort im Eibenwald"), wurde von den Kelten übernommen. Als lokale Schutzhoheit wurde ein Gott Iuvavus verehrt. Sein Name ist durch die Inschrift eines Weihealtars überliefert, der 2008 bei Grabungen am Residenzplatz gefunden wurde.

Kaiser Claudius (41–54 n. Chr.) erhob Iuvavum als erste römische Ansiedlung nördlich der Alpen zum Munizipium, zur Stadt mit eigenem Statut. Dies bedeutete eine weitgehende kommunale Selbstverwaltung, an deren Spitze der Gemeinderat stand. Als ausführende Organe wurden jährlich zwei Bürgermeister oder Stadtrichter gewählt. Städtische Amtsträger führten die Finanz- und Verwaltungsgeschäfte und kümmerten sich um das Wohl der Gemeinde.

Iuvavum erreichte bereits im 1. Jahrhundert die größte Ausdehnung, diese entsprach in etwa der heutigen Altstadt rechts und links der Salzach. Eine Brücke an der engsten Stelle des Flusses verband die beiden Stadtteile. Zur Blütezeit zählte Iuvavum rund 5000 EinwohnerInnen, einheimische KeltInnen und Familien zugewanderter römischer Bürger. Ihre Wohnhäuser waren anfangs vorwiegend aus Holz, um 100 n. Chr. wurden diese durch Steinbauten mit höherem Wohnkomfort ersetzt. Trotz zahlreichen archäologischen Grabungen sind noch viele Fragen zur römerzeitlichen Bebauung ungeklärt. Das Forum (möglicherweise am heutigen Alten Markt), der Haupttempel und andere öffentliche Bauten konnten bislang nicht lokalisiert werden.

Überschwemmungen und andere Katastrophen verursachten größere Zerstörungen. In der Zeit der severischen Kaiser Ende des 2. bzw. Anfang des 3. Jahrhunderts war Iuvavum das wichtigste Zentrum der Mosaikkunst auf heute österreichischem Boden. Mosaike, wie das Acheloosmosaik vom Mozartplatz (heute im Salzburg Museum), belegen dies eindrucksvoll. Nach einer nochmaligen Blütephase im ausgehenden 3. und in der ersten Hälfte des 4. Jahrhunderts setzte mit der anbrechenden Völkerwanderung ein Niedergang der römischen Herrschaft ein. Die Bebauung der römischen Stadt beschränkte sich nun wahrscheinlich nur mehr auf ein kleines Areal im Zentrum, möglicherweise zog sich die Bevölkerung auf die geschützte Nonnberg-Terrasse zurück. Archäologische Funde im Jahr 2017 lassen am Festungsberg eine kleine befestigte Anlage vermuten, die bis zum 4. oder 5. Jahrhundert Bestand gehabt haben könnte.

Um 470 kam der Hl. Severin (gest. 482), Missionar und Klostergründer in Noricum, nach Iuvavum. Seine 511 vollendete Lebensbeschreibung erwähnt für die Zeit seines Besuches die Existenz einer Klosterkirche (Basilika) und einer christlichen Mönchsgemeinschaft. Im Jahr 488 ordnete König Odoaker den Rückzug der Romanen nach Italien an, ein Befehl, dem nicht alle StadtbewohnerInnen folgten. Eine durchgängige Siedlungskontinuität bis in die bajuwarische Zeit und zur Ankunft des Salzburger „Gründerheiligen" Rupert ist wahrscheinlich.

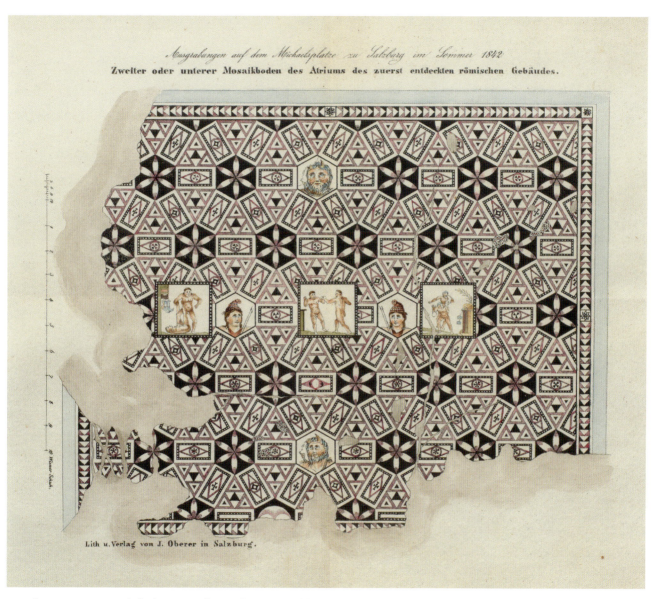

Das so genannte Acheloosmosaik aus dem ersten Viertel des 3. Jahrhunderts, 1842 am Mozartplatz freigelegt. Federlithographie, erschienen im Verlag Joseph Oberer in Salzburg 1842.

Stadtarchiv Salzburg, Privatarchivalien 932.

Salzburg in der mittleren römischen Kaiserzeit. Rekonstruiert von Werner Hölzl nach Vorgaben von Günther E. Thüry für das 2013 erschienene Buch „Das römische Salzburg".
Stadtarchiv Salzburg, Plansammlung.

HERZOGLICHE RESIDENZSTADT

Das 6. und 7. Jahrhundert gelten in der Stadtgeschichte als „dunkle Jahrhunderte", die lediglich durch Bodenfunde erhellt werden. Nach dem Abschluss der Stammesbildung der Bajuwaren begann die Wiederbesiedlung des Landes. Die Bayern, denen Herzoge aus dem Geschlecht der Agilolfinger vorstanden, unterstellten die noch ansässigen Romanen dem Schutz des Herzogs, dem sie zinspflichtig wurden. Bereits im 6. Jahrhundert ließen sich – wie bayerische Ortsnamen (Itzling, Liefering, Kleßheim, Mülln) und auch bajuwarische Reihengräberfelder belegen – Bayern im Stadtgebiet nieder.

Spätestens unter Herzog Theodo, in den letzten Jahren des 7. Jahrhunderts, errichteten die Agilolfinger auf dem Festungsberg einschließlich der Nonnbergterrasse einen befestigten Stützpunkt mit Kirche (Hl. Martin), dem im Rahmen der bayerischen Expansionspolitik als Verwaltungsmittelpunkt eine wichtige Aufgabe zukam. Vom Ende des 7. Jahrhunderts bis nach 716 residierte Herzog Theodbert, der älteste Sohn Theodos, in Salzburg, das dadurch zur Residenzstadt eines bayerischen Teilherzogtums avancierte. Auch sein Sohn Hugbert wählte Salzburg als Residenz, bis er von hier aus das bayerische Herzogtum wieder vereinigte (um 728) und als Herr über ganz Bayern nach Regensburg übersiedelte.

Wohl im Jahr 696 schenkte Herzog Theodo Bischof Rupert von Worms, der dem fränkischen Hochadel entstammte, die Reste der Talsiedlung von Iuvavum, während sich die Agilolfinger den Bereich von Festungs- und Nonnberg und einige Stützpunkte in der Talsiedlung vorbehielten. In enger Zusammenarbeit zwischen Bischof Rupert und Herzog Theodo und seinem Sohn Theodbert wurde Salzburg zu einem herrschaftlichen und kirchlichen Zentrum ausgebaut. Rupert gründete das Kloster St. Peter und erbaute als Hauptkirche des Klosters eine ansehnliche Peterskirche an der Stelle des heutigen Domes. Den Geistlichen des Klosters, denen er und seine Nachfolger bis 739 nur als Äbte und noch nicht als Diözesanbischöfe vorstanden, kamen vor allem Aufgaben in der Seelsorge und Mission zu. 713/15 wurde das Frauenkloster Nonnberg, heute das älteste noch bestehende Frauenkloster im deutschen Sprachraum, als Hauskloster der Agilolfinger erbaut. Die Klosterkirche weihte Rupert zu Ehren der Hl. Maria. Die Herzogsfamilie stattete das adelige Damenstift mit überaus reichem Grundbesitz aus. Erste Äbtissin wurde die Nonne Erintrudis, eine Nichte Ruperts, die bald nach ihrem Tod als Heilige verehrt wurde.

Reiche Schenkungen der Bayernherzöge schufen bereits zur Zeit Ruperts (gest. 716/18) die wirtschaftliche Basis für den späteren Aufstieg Salzburgs zum Metropolitansitz. Besonders wichtig war die Schenkung großer Anteile der Salzproduktion in Reichenhall an die Salzburger Kirche. Das „Weiße Gold" gab Iuvavum als Hauptumschlagplatz des Reichenhaller Salzes binnen weniger Jahrzehnte den deutschen Namen Salzburg. Die Silbe „burg" nahm auf die herzogliche Burg und zeitweilige Residenz der bayerischen Herzöge Bezug. Erstmals ist der Name „Salzburch" in der um 755 abgefassten Lebensbeschreibung des Hl. Bonifatius überliefert.

„Der heilige Rupert erblickt die Ruinen Iuvavums". Historisierendes Ölgemälde von Sebastian Stief aus dem Jahr 1859 im erzbischöflichen Palais in Salzburg.

Foto: Josef Kral/Archiv der Erzdiözese Salzburg.

BISCHOFS- UND METROPLITANSITZ

Im Zuge der Bistumsreform des Hl. Bonifatius wurde Salzburg 739 Sitz eines Bischofs. Als erster Abtbischof wurde Johannes (739–746/47) eingesetzt. Bis 987 leiteten die Vorsteher des Klosters St. Peter in Personalunion die Salzburger Kirche. Der Nachfolger von Johannes, der aus Irland stammende Bischof Virgil (749–784, seit 746/47 Abt), begann von Salzburg aus eine groß angelegte Slawenmission. Salzburg wurde zum führenden Zentrum von Kunst und Kultur im Südostalpenraum und entwickelte das erste eigenständige Kulturschaffen auf heute österreichischem Boden (Tassilokelch, Cutbercht-Evangeliar).

Am 24. September 774 ließ Virgil die Reliquien des Hl. Rupert aus dessen Heimat Worms nach Salzburg überführen. Er weihte die großzügig erweiterte dreischiffige Basilika zu Ehren Ruperts und des Hl. Petrus. Rupert wurde dadurch nicht nur zweiter Schutzheiliger des Domes, sondern von Virgil zum Gründerheiligen der Salzburger Kirche stilisiert und dadurch zum Synonym der Salzburger Kirche. Der mächtige „Virgil-Dom" wurde wegen seiner außerordentlichen Dimensionen auch als „Krönungskirche" für Tassilo III., den letzten Bayernherzog aus dem Geschlecht der Agilolfinger, gedeutet.

Nachfolger Virgils wurde im Jahr 785 auf Wunsch Karls des Großen der dem bayerischen Hochadel entstammende Arn(o), der nach dem Sturz Tassilos (788) die reibungslose Eingliederung der bayerischen Kirche in das Frankenreich ermöglichte. Zur Absicherung des Salzburger Kirchenbesitzes ließ er 790 die „Notitia Arnonis", ein Gesamtverzeichnis aller Besitzungen erstellen, die die Salzburger Kirche von den Agilolfingern und deren Gefolgsleuten erhalten hatten.

798 wurde Arn auf ausdrücklichen Wunsch Karls des Großen durch Papst Leo III. zum Erzbischof und Metropolit der bayerischen Kirchenprovinz erhoben. Aus diesem Anlass wurde die Frühgeschichte Salzburgs dokumentiert und der Hl. Rupert avancierte nun zum „Apostel der Bayern", um Salzburgs Rang als geistliche Metropole Bayerns zusätzlich zu begründen. Nachdem sich das Land Salzburg im Spätmittelalter von Bayern gelöst hatte, wurde der Gründerheilige (nun mit dem Salzfass dargestellt) auch zum identitätsstiftenden Symbol des Landes und Salzburger Landespatron.

Nach dem Sturz der Agilolfinger (788) kam Salzburg immer mehr unter die Herrschaft des Erzbischofs. Während sich das Land Salzburg erst im Spätmittelalter aus dem Herzogtum Bayern herauslösen konnte, ging der Einfluss der Bayernherzöge am Metropolitansitz bereits früher zu Ende. Detailuntersuchungen zur Dualität geistlicher und weltlicher Macht im Salzburg des frühen und hohen Mittelalters stehen noch aus. Die Bayernherzöge verfügten an der Salzach weiterhin über einen Herzogshof, eine Pfalz, in der Bayernherzog Arnulf der Böse 916 Denare schlagen ließ. Diese Gelegenheitsprägungen zählen zu den ältesten Münzen, die im gesamten bayerisch-österreichischen Raum geprägt worden sind. Auch die Bayernherzöge Heinrich II., der Zänker (ca. 990–995), und dessen Sohn Heinrich IV. (995–1004) prägten in Salzburg.

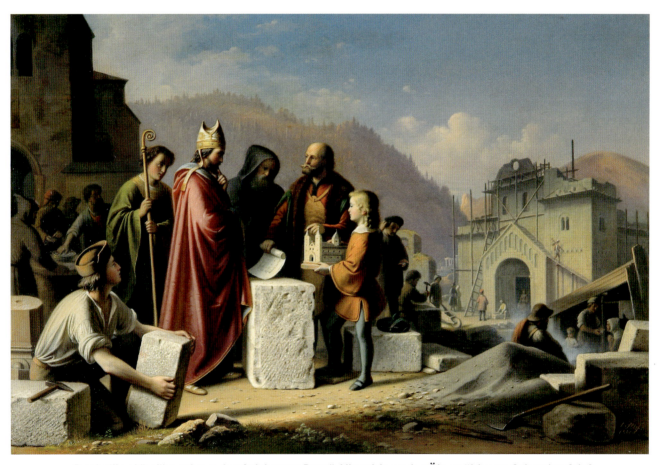

„Der heilige Virgilius erbaut den Salzburger Dom". Historisierendes Ölgemälde von Sebastian Stief aus dem Jahr 1859 im erzbischöflichen Palais in Salzburg.

Foto: Josef Kral/Archiv der Erzdiözese Salzburg.

SALZBURG IM 10. JAHRHUNDERT

Im Zentrum Salzburgs lag die von Mauern und Palisaden umgebene Bischofsburg mit dem Dom, dem ältesten Domkloster, dem Wohnsitz des Erzbischofs sowie den Wohn- und Werkstätten der bischöflichen Eigenleute. Vor der Bischofsburg, insbesondere ihrem Haupttor (Porta), siedelten sich im 10. Jahrhundert Kaufleute und Fernhändler an, die nicht zu den Eigenleuten des Erzbischofs und der Klöster gehörten. Ihnen bot die reiche geistliche Metropole gute Absatzmöglichkeiten und sie konnten Überschüsse der handwerklichen Erzeugung der geistlichen Grundherrschaften ankaufen und weiter handeln. Diese Siedlung der Kaufleute und Fernhändler im Bereich des Waagplatzes wird bereits im Jahr 930 als „an der Pforte" gelegen bezeichnet und wurde zur Keimzelle der späten Bürgerstadt. Hier befanden sich ihre Magazine und hier lebten ihre Familien, während sie selbst als reisende Kaufleute ihre Warenzüge begleiteten. Der ständige Sitz der Fernhändler lag in der Nähe der mittelalterlichen Haupttransportroute, der Salzach. Von Salzburg aus konnte man mittels Schiffsverkehr direkt die bayerische Hauptstadt Regensburg erreichen.

Der Sieg Ottos des Großen über die Magyaren auf dem Lechfeld bei Augsburg (955) leitete für Salzburg einen neuen Aufschwung ein. Erzbischof Friedrich I. (958–991) trennte 987 das Kloster St. Peter, das bis dahin von den Erzbischöfen selbst geleitet worden war, vom Erzbistum und gab dem Kloster einen eigenen Abt. Er stattete die Abtei mit Grundbesitz aus und übertrug ihr die Kirche St. Michael, die für die geistliche Betreuung der frühen Siedlung im Bereich des Waagplatzes zuständig war, als inkorporierte Pfarrkirche (bis 1139).

Der Metropolitansitz war fortan von drei, durch Mauern und Tore voneinander abgegrenzten geistlichen Zentren am linken Ufer der Salzach geprägt: In der Stadtmitte lag der von Mauern und Palisaden umgebene bischöfliche Bereich, an der relativ kleinen Nonnbergterrasse der Klosterbezirk der Frauenabtei Nonnberg, die sich besonderer Förderung Kaiser Heinrichs II. und seiner Gattin Kunigunde von Luxemburg erfreute (Neubau von Stift und Kirche, Weihe 1009). Hörige des Frauenklosters siedelten aber auch im Nonntal und am Fuße des Nonnberges. Als neuer Komplex entstand der Bezirk der Abtei St. Peter, doch war dieser noch deutlich kleiner als im Spätmittelalter. Bischofshof und Klosterbezirke waren weitgehend autark und produzierten durch ihre Eigenleute alle notwendigen Güter. Daneben betrieben sie auch einen bescheidenen Tauschhandel mit den erzeugten Waren.

Salzburg wird im Frühmittelalter in den Quellen zwar immer als „Stadt" (civitas, urbs, oppidum) tituliert, war dies aber im mittelalterlichen Rechtssinn noch nicht, da die Ansiedlung weder über eine Befestigung, noch über einen Markt, freies Bürgertum mit bürgerlicher Selbstverwaltung und eigenes Recht verfügte.

Der älteste Marktplatz (heute Waagplatz) mit der „Porta" und der Michaelskirche, der ersten Pfarrkirche, und der daran schließenden Schranne (Waagplatz 3), im Vordergrund das Gerichtshaus (Waagplatz 1). Ausschnitt aus der Stadtansicht von 1553 in der Erzabtei St. Peter.
Kunstsammlungen der Erzabtei St. Peter, G 411.

DAS MARKT-, MAUT- UND MÜNZRECHT 996

Am 28. Mai 996 erhielt der Salzburger Erzbischof Hartwig, der dem bayerischen Hochadel entstammte und zu den treuesten Anhängern des Kaiserhauses zählte, persönlich anlässlich der Kaiserkrönung Ottos III. in Rom von diesem das Markt-, Maut- und Münzrecht verliehen. Auch diese Urkunde zeigt die Sonderstellung Salzburgs, da keine österreichische Stadt ein derart frühes kaiserliches Marktrecht besitzt.

Der Erzbischof erhielt das Recht der Errichtung eines „täglichen Marktes" im „Ort" Salzburg und einer Münzstätte nach Regensburger Gewicht und es wurde ihm auch der Ertrag aus dem Marktzoll von allen Waren, die auf den Markt gebracht wurden, zugesprochen. Es handelte sich bei dieser Einnahme später um den Pflasterzoll von allen Fuhrwerken, die die Salzachbrücke passierten. Zudem sicherte der Kaiser allen Personen, die den Markt besuchten, durch den Schutz des kaiserlichen Bannes einen friedlichen Hin- und Rückweg zu.

Das Recht des Erzbischofs, an jedem Tag der Woche einen öffentlichen Markt zu halten, war gegenüber Wochen- und Jahrmärkten die umfangreichste Form des Marktrechtes. Die Marktzeit war nicht fest bestimmt und alle Fernkaufleute konnten während der gesamten Woche, nach ihrer Ankunft, ihre Waren absetzen. Dies bedeutete aber nicht, dass in Salzburg an jedem Tag ein Markt stattfand. Selbst im Spätmittelalter gab es maximal drei Markttage pro Woche. Der so genannte tägliche Markt in Salzburg wurde Mittelpunkt eines umfangreichen Warenverkehrs und diente hauptsächlich der Versorgung des erzbischöflichen Hofes und der Stadtbevölkerung.

Da der Markt regelmäßig in der Kaufmannssiedlung abgehalten wurde, entwickelte sich der älteste Marktplatz am Waagplatz. Hier stand die erste „Pfarrkirche" der Marktsiedlung, die Michaelskirche, und am anderen Ende des Platzes ließen sich die Juden nieder, die das Geldgeschäft kontrollierten.

Salzburg konnte sich aber trotz seiner Privilegierung zu keiner überregionalen Handelsmesse für den Großhandel entwickeln. Ab dem 14. Jahrhundert sind zwei Jahrmärkte belegt, bei denen auswärtige Händler neben einheimischen Gewerbetreibenden die Möglichkeit hatten, ihre Waren anzubieten. Diese basierten nicht auf dem Marktrecht von 996, sondern auf den Kirchweihfesten zu Ehren des Gründerheiligen Rupert. Die Frühjahrsdult fand zum Todestag des Hl. Rupert am 27. März („Ruprecht in der Fasten") statt, die Herbst- oder Rupertidult zum Termin der Überführung seiner Gebeine in den Salzburger Dom am 24. September des Jahres 774.

Ab 1009/10 war der Salzburger Erzbischof durch die Münzaufschrift sichtbar an der Münzprägung beteiligt. Neben ihm und dem bayerischen Herzog prägten in Salzburg im 11. Jahrhundert auch einige deutsche Kaiser und Könige, und zeitweise war auch der Kärntner Herzog an der Prägung beteiligt. Die geprägten Münzen (Denare) dieser Zeit dienten vor allem dem Fernhandel. Salzburger Fernhandelsdenare wurden daher vor allem im Ostseeraum gefunden. Erst im 12. Jahrhundert differenzierte sich das Münzwesen stärker regional aus und es wurden auch erzbischöfliche Münzstätten in Laufen und Friesach errichtet. Der Friesacher Pfennig erlangte überregionale Bedeutung.

28. Mai 996, Rom: Kaiser Otto III. erlaubt auf Bitte des Erzbischofs Hartwig die Errichtung eines täglichen Marktes mit Regensburger Münze in Salzburg und weist den Ertrag der Kirche von Salzburg zu. Die Echtheit der Urkunde ist umstritten, gute Argumente sprechen jedoch für ihre Authentizität.

Haus-, Hof- und Staatsarchiv Wien, Salzburg, Erzstift (798–1806) AUR 0996 V 28, in: monasterium.net, URL <http://monasterium.net/mom/AT-HHStA/SbgE/AUR_0996_V_28/charter>, accessed at 2017-10-02).

DIE ROMANISCHE BISCHOFSSTADT

Während der großen Reformperiode unter Erzbischof Konrad I. von Abenberg (1106–1147) wurde das Stadtbild bedeutend verändert und es entstand eine neue Stadtstruktur mit dem Dom, Doppelklöstern, der Bischofsresidenz und den ersten Armenspitälern. Er prägte damit das Bild der romanischen Stadt. Der von Erzbischof Hartwig (991–1023) großzügig erweiterte Dom („Hartwigdom") wurde nach dem Brand 1127 reich ausgestattet und erhielt ein Westwerk mit zwei mächtigen Türmen. In direkter Anbindung an den Dom erbaute Konrad 1124 einen prunkvollen Bischofshof (an der Stelle des Osttraktes der heutigen Residenz). Für das Domkapitel wurde 1122 die Augustiner-Chorherrenregel eingeführt. An der Südseite des Domes wurde ein weiträumiges Klostergebäude für die Domherren, die Domfrauen und Laienbrüder angelegt. Auf dem reichen Grundbesitz im Kaiviertel, das er dem Domkapitel übertrug, entstand das Domspital mit einer Johannes-Kirche.

Der Abtei St. Peter schenkte Konrad jenen Bereich der alten Bischofsresidenz, auf dem noch heute die Klostergebäude stehen. Das Doppelkloster und die Klosterkirche wurden unter Abt Balderich von St. Peter (1125–1147) errichtet. Zur landwirtschaftlichen Nutzung erhielt St. Peter den sogenannten Frauengarten (das Areal von der heutigen Sigmund-Haffner-Gasse bis zum Bürgerspital) und wurde dadurch zum größten Grundbesitzer in der Stadt. Das zu Ehren der Heiligen Laurentius und Magdalena geweihte Spital des Petersklosters entstand am anderen Ende der Stadt, im Bereich der heutigen Kajetanerkirche. Die Pfarrrechte in der Stadt, die ursprünglich von der Abtei St. Peter an der kleinen Michaelskirche ausgeübt wurden, übertrug Konrad 1139 dem reformierten Domkapitel. Die Marienkirche (die heutige Franziskanerkirche) wurde damit zur neuen Pfarrkirche der Stadt. Immunitätsmauern grenzten innerhalb der Stadt den Grundbesitz der drei großen geistlichen Grundherren St. Peter, Domkapitel und Nonnberg ab.

Zur Bewässerung des landwirtschaftlich genutzten Grundbesitzes wurde der heute noch bestehende Almkanalstollen durch den Mönchsberg geschlagen. 1137 bis 1143 vom Domkapitel und Stift St. Peter unter dem Baumeister Albert durchgeführt, gilt dieser 370 Meter lange „Stiftsarmstollen" als technische Meisterleistung europäischer Bautechnik des Hochmittelalters.

Konrad I. ließ auch die von Erzbischof Gebhard im Investiturstreit errichtete Festung Hohensalzburg stark erweitern und mit großer Wahrscheinlichkeit geht auch die Erbauung der ersten Stadtmauer auf ihn zurück. Diese verlief – im 13. Jahrhundert – vom Gstättentor nach Osten zum heutigen Rathaus und von dort nach südöstlicher Richtung zum Nonntaltor, von wo sie mit dem befestigten Klosterbezirk Nonnberg in Verbindung stand. Diese Stadtmauer ist noch heute an der Rückseite einiger salzachseitiger Häuser der Getreide- und Judengasse erkennbar. Die Rechtstadt beschränkte sich auf einen befestigten Brückenkopf.

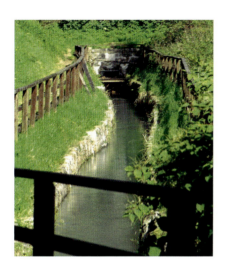

Der vergitterte Mönchsbergeinlauf des Stiftsarmstollens des Almkanals.

> Der Stiftsarmstollen durch den Mönchsberg bei der Almabkehr.

Fotos: Wolfgang Peter.

1.	St. Petrisches Turmhaus, verbaut im Haus Getreidegasse 3	15.	Domklöster
2.	St. Petrische Immunitätsmauer (ab 1110)	16.	Erste Stadtmauer des 11./12. Jhs. mit eckigen Türmen, die zu verschiedenen Zeiten angesetzt wurden
3.	St. Petrischer Frauengarten	17.	Nonntaler Tor (Schanzlgasse 12)
4.	Immunitätsmauer an der Goldgasse, westlicher Abschluss des sogenannten Pfalzbezirks	18.	Kumpfmühltor (Basteigasse 4); der quadratische Turm wurde erst nach 1460 errichtet
5.	Vermuteter Pfalzbezirk	19.	Stadtmauerturm (Judengasse 5)
6.	Stadtgerichtshaus 12./13. Jh.	20.	Niederlegturm mit Heidentor (?) (Getreidegasse 24), daneben Torzwinger des 14. Jhs. (?)
7.	Sogenannter „Romanischer Keller" 11. Jh.	21.	Westertor (Gstättentor)
8.	Torturm (Residenzplatz 4), 11. bis erste Hälfte des 12. Jhs.	22.	Trompeterschlößl (Kapuzinerkloster)
9.	Tor zwischen Bürgerstadt und dem von einer Immunitätsmauer eingefassten Dombezirk	23.	Erste Stadtmauer mit Ostertor (zwischen Linzer Gasse 9 und 12), 1278 nach Schäden wiederhergestellt
10.	Pfalz- bzw. Torkapelle St. Michael	24.	Kloster Nonnberg
11.	Mauer zwischen dem vermuteten Pfalzbezirk und der Domburg mit „Porta"	25.	Festung
12.	Haupttrakt des alten, von den Erzbischöfen bis 1110 bewohnten Palasts	26.	Alte Brücke mit Tor an der Klampferergasse
13.	Die 1124 nach Norden, an die heutige Stelle verlegte Residenz	27.	Immunitätsmauer im Osten der Domburg
14.	Romanischer Dom	28.	Grenzmarke „Nonnberger Hund"

Die Altstadt von Salzburg im 12. Jahrhundert. Versuch einer räumlichen Abgrenzung der Grundherrschaften St. Peter (grün), Domkapitel (orange) und Nonnberg (blau) durch ergrabene und rekonstruierte Immunitätsmauern und den Verlauf der ersten Stadtmauer aus dem 11./12. Jahrhundert.

Entwurf: Wilfried Schaber, Ausführung: Friedrich Pürstinger, aus: Historischer Atlas der Stadt Salzburg 1999.

DIE ANFÄNGE DER STADTGEMEINDE

Im frühen 12. Jahrhundert war der Bischofssitz an der Salzach bereits eine Stadt mit einem ausgeprägten Bürgertum. Die Nennung der ersten Bürger und der Salzburger Bürgerzeche (um 1100) sind dafür ein wichtiges Indiz. Ab 1120/30 wird der erzbischöfliche Stadtrichter genannt, dem die Gerichtsbarkeit oblag. Er vertrat die Interessen des erzbischöflichen Stadtherrn und dokumentierte dessen unumschränkte Herrschaft. Dieses älteste und einflussreichste Amt wurde daher Vertrauensleuten übertragen. Auch die der reichen Oberschicht der Stadt angehörenden Beisitzer des Stadtgerichtes wurden vom Stadtherrn eingesetzt. Aus der Gruppe dieser Gerichtsbeisitzer, den „Genannten", entwickelte sich später der Stadtrat.

Noch in der ersten Hälfte des 12. Jahrhunderts wurde die gesamte Stadt durch Mauern und Tore geschützt. Damit kam die Entwicklung Salzburgs zur Stadt auch äußerlich zum Abschluss. Nur ein Intermezzo blieb die unmittelbare Unterstellung der Stadt unter die Herrschaft Kaiser Friedrich Barbarossas. Danach ging der Einfluss des Königtums und auch jener der bayerischen Herzöge in der Stadt endgültig zurück.

Erzbischof Eberhard II. (1200–1246) schuf im Zusammenwirken mit dem Kaiser nicht nur ein großes geschlossenes Herrschaftsgebiet, sondern er betrieb als erster Erzbischof eine „Städtepolitik". Er baute Handelsplätze, Marktorte und Mautstätten planmäßig zu Städten aus. Für diese galten die Rechtsgrundsätze der erzbischöflichen Metropole, die er 1242 ausdrücklich als „Stadt" titulierte.

Das Stadtgericht trat zunächst bei den Lauben an der Nordseite der Michaelskirche im Freien zusammen. Ab dem 14. Jahrhundert sind zwei Häuser am Waagplatz belegt, die zeitweilig als Gerichts- und auch erste Rathäuser genutzt wurden. 1237 wurde das Gerichtshaus (Waagplatz 1), ab dem 16. Jahrhundert Stadttrinkstube, errichtet. Gegenüber, an die Michaelskirche anschließend, lag die „Schranne" (Waagplatz 3), deren Namen an den alten Gerichtsplatz erinnert. Am Waagplatz stand auch der erste, nach 1291 zerstörte Stadtturm, der als Symbol kommunaler Macht gemeinsam mit der wehrhaften, zinnenbekrönten Stadtmauer und zwei Tortürmen 1249 als Siegelbild des ältesten Salzburger Stadtsiegels erscheint. Es trägt die Umschrift „Siegel der Bürger von Salzburg" und ist der erste Nachweis für den Bestand einer organisierten Stadtgemeinde (communis civitas).

Der älteste Typus des Salzburger Stadtsiegels von 1249 war noch im 15. Jahrhundert in Verwendung. 1482 bestätigte Kaiser Friedrich III. der Stadt das Vorrecht, mit rotem Wachs zu siegeln. Nun wurde ein neues gotisches Siegelbild geschaffen, das noch bis in das 20. Jahrhundert nachwirkte.

Rotwachssiegel der Stadt Salzburg an einer Urkunde vom 1. Oktober 1495.

Stadtarchiv Salzburg, Zunftarchivalien, Urkunden der Goldschmiedelade.

Der älteste Typus des Salzburger Stadtsiegels (von 1249) ist auch an der „Igelbundurkunde" von 1403 angebracht.

Stadtarchiv Salzburg, Städtisches Archiv, Urkundenreihe.

DIE BÜRGERSTADT WÄCHST

Die älteste Bürgerstadt wuchs vom Waagplatz auf der hochwassergefährdeten Trasse der Salzach langsam die Judengasse und Getreidegasse flussabwärts. Bereits im beginnenden 12. Jahrhundert sind Bürger nach ihren Häusern in der Nähe der 1111 erstmals belegten Stadtbrücke benannt, die etwas oberhalb der heutigen Staatsbrücke von der Steingasse zum Klampferergässchen führte.

In den schweren Kämpfen des Erzstiftes gegen Friedrich Barbarossa wurde die Stadt 1167 von den Grafen von Plain niedergebrannt. Der Dom, die Domklöster, die Marienkirche und auch die Michaelskirche wurden zerstört. Der Bischofshof und die angrenzende Bürgerstadt wurden schwer in Mitleidenschaft gezogen. Unter Erzbischof Konrad III. von Wittelsbach erfolgte ab 1181 der Neubau des romanischen Salzburger Domes, des damals größten Kirchenbaus in Süddeutschland. An seiner Südseite wurde ein neues Domstift errichtet, die Domfrauen erhielten einen Neubau an der Nordseite der Marienkirche. Im Norden des Domes entstanden mehrere Kapellen und der Domfriedhof. 1223 wurde der romanische Neubau der Stadtpfarrkirche (Marienkirche) geweiht. Die planmäßige Neuanlage des großen rechteckigen Marktplatzes (seit 1927 „Alter Markt") in der Achse der alten Stadtbrücke zu Beginn des 13. Jahrhunderts könnte mit dem Wiederaufbau der Bürgerstadt in Zusammenhang stehen. Nun erhielt auch der als „Rinderholz" bezeichnete Teil des Bischofshofes seine Schauseite Richtung Marktplatz.

In der ersten Hälfte des 13. Jahrhunderts gestattete der Abt von St. Peter den Bau von Häusern am Rande des Frauengartens an der Südseite der Getreidegasse und Westseite der Abtsgasse (heute Sigmund-Haffner-Gasse). Auch auf dem Besitz des Domkapitels im Kaiviertel wurden neue Bürgerhäuser errichtet und die Gliederung der Stadt in Stadtviertel wird erstmals greifbar. 1322 wurde ein erstes bürgerliches Spitalhaus an der Stadtbrücke gestiftet, das kurz danach zum Gerichtshaus am Waagplatz übersiedelte. 1327 wurde das Spital vom Erzbischof auf das Areal des Klosters Admont beim Inneren Klausentor, also beim Westeingang in die Stadt, verlegt. Diese Spitalherberge St. Blasius wurde bereits wenige Jahre später als „Bürgerspital" bezeichnet.

1343 war der Marktplatz (Alter Markt) bereits von Häusern umgeben. Er blieb bis 1857 der „Gemeine Markt", also Hauptmarkt der Stadt. Hier siedelten sich die führenden Großhändler (Handelsfaktoren) und Kaufleute an. Im Spätmittelalter entstand in den umliegenden Gassen und Plätzen bis hin zur Residenz zudem eine Reihe von Spezialmärkten.

Im Laufe des 14. und des beginnenden 15. Jahrhunderts wuchs die Stadt auf beiden Flussseiten über ihre Umfassungsmauern hinaus und an der Gstätten-, Linzer und Steingasse entstanden kleine Vorstädte, die die Erweiterung der Befestigungen erforderlich machten. Aus den Jahren 1465 bis 1480 datiert eine neue Stadtmauer. In der Linksstadt wurde der Stadtbereich zum Fluss hin ausgedehnt und durch den Bau der „Bürgerwehr" und von Wehranlagen auf dem Mönchsberg die Stadt auch gegen Norden abgesichert. Die Rechtsstadt wurde bis zur heutigen Paris-Lodron- und Wolf-Dietrich-Straße erweitert.

Der romanische Dom, das Geviert des Bischofshofes
und die Stadtpfarrkirche „Zu unserer lieben Frau" im Jahr 1553.
Dahinter in der Bildmitte das Klosterareal von St. Peter. „Steckbild"
von Richard Schlegel aus den Jahren 1936–1940.

© Walter Schlegel, Foto: Stadtarchiv Salzburg 2004.

DER „SÜHNEBRIEF" 1287 MIT DEM ERSTEN SALZBURGER STADTRECHT

Erst 150 Jahre nach der Stadtwerdung erhielt Salzburg das erste schriftliche Stadtrecht. Innerhalb der Bürgerschaft war es im Herbst 1286/Frühjahr 1287 zu schweren, bewaffneten Auseinandersetzungen zwischen dem alteingesessenen Patriziat, den „reichen Bürgern" und den „armen Bürgern", hinter denen sich wirtschaftlich erfolgreiche Neubürger verbergen, gekommen. Als Hintergrund ist das Bestreben der Salzburger Patrizierfamilien zu sehen, ihre führende Position gegen eine relativ große Gruppe von erfolgreichen Neubürgern, die von auswärts zugezogen waren, zu behaupten. Angesichts dieses regelrechten innerstädtischen Krieges erließ Erzbischof Rudolf von Hohenegg als Stadtherr am 20. April 1287 den als „Sühnebrief" bezeichneten Stadtfrieden, um diesen mit rigorosen Strafen zu sichern. So sollte etwa im Falle eines Totschlags der Täter verurteilt, sein Haus niedergebrannt und sein Vermögen eingezogen werden.

Diesem ersten Teil des „Sühnebriefs" fügte er ein in zehn Artikeln gegliedertes Stadtrecht hinzu, das auch für alle anderen erzbischöflichen Städte und Märkte Geltung besitzen sollte. Es regelte die Rechte und Pflichten der Bürger und enthielt Bestimmungen über die Verteidigung der Stadtmauern, den Liegenschaftsverkehr und das Bauwesen. Das Verbot, Bauland zu erwerben, ohne darauf zu bauen, bzw. das Gebot der Verbauung binnen Jahresfrist sollten zu einer dichteren Verbauung der Stadt führen, da verbaute Liegenschaften dem Stadtherrn höhere Steuereinnahmen und mehr Grundzins erbrachten. Zu den Bürgerpflichten gehörte laut „Sühnebrief" der Besitz von Harnisch und Waffen. Diese hatten die Bürger zur Unterstützung des Erzstiftes und zum Schutz der Stadt instand zu halten. Wer noch keinen Harnisch besaß, musste diesen umgehend anschaffen. Der Stadtrichter und der Vizedom, der Vertreter des Erzbischofs in Gerichtsagenden sowie der Hof-, Landes- und Finanzverwaltung, wurden beauftragt, die Bewaffnung zweimal jährlich zu überprüfen. Wer dabei ohne Harnisch angetroffen wurde, war zu einer Geldstrafe und auch zur Nachbeschaffung verpflichtet.

Für die kommunale Verwaltung ist jener Passus des „Sühnebriefes" von Bedeutung, der die Rechte der „Genannten", der hier erstmals quellenmäßig fassbaren Vertreter der Stadtgemeinde, regelte. Die „Genannten", die Beisitzer im Stadtgericht unter Vorsitz des Stadtrichters, durften keine wichtigen Entscheidungen in städtischen Angelegenheiten treffen, wenn nicht alle von ihnen sowie der erzbischöfliche Stadtrichter versammelt waren. Ein Viererausschuss der Genannten, die Schlüsselherren, und der Stadtrichter verwahrten die fünf Schlüssel, mit denen das Stadtsiegel als wichtigstes Beglaubigungsmittel der Stadt gesichert war.

Die Schlüsselherren nahmen Führungsfunktionen administrativer Art wahr und fungierten als Vertreter der Stadtgemeinde. So begleiteten sie etwa 1297 den Erzbischof zu Friedensverhandlungen nach Wien und stellten bei Neuwahlen des Erzbischofs Empfehlungsschreiben an den Papst aus.

Der „Sühnebrief" vom 20. April 1287 mit dem ältesten Salzburger Stadtrecht, ausgestellt von Erzbischof Rudolf von Hohenegg.
Es siegeln der Erzbischof, das Salzburger Domkapitel und die Stadt Salzburg, das Stadtsiegel fehlt.

Haus-, Hof- und Staatsarchiv Wien, Salzburg, Erzstift (798–1806) AUR 1287 IV 20, in: monasterium.net, URL <http://monasterium.net/mom/AT-HHStA/SbgE/AUR_1287_IV_20/charter>, accessed at 2017-09-29Z).

BÜRGER UND STADTHERR

Im frühen 14. Jahrhundert erfolgte die endgültige Trennung des geistlichen Fürstentums Salzburg vom Mutterland Bayern und die Stadt Salzburg war nun nicht nur Residenzstadt des Metropoliten, sondern auch Hauptstadt eines eigenen Landes. Verfassungsrechtlich war sie eine landesfürstliche Stadt, eine Territorialstadt mit einem geistlichen Stadtherrn, also Bischofsstadt.

Als Haupt- und Residenzstadt besaß Salzburg eine Sonderstellung unter den Städten des alten Erzstiftes. Die übermächtige Stellung und ständige Präsenz des Landes- und zugleich Stadtherrn, seine große räumliche Nähe und die Existenz einer Zwingburg, der Festung Hohensalzburg, schränkten die Möglichkeiten der aufstrebenden Bürgerschaft ein und wirkten sich hemmend auf die Entwicklung der kommunalen Selbstverwaltung aus.

An der Summe der errungenen Freiheiten kann der jeweilige Grad der städtischen Autonomie abgelesen werden. Die Stellung Salzburgs bewegte sich dabei im Spannungsfeld zwischen den Polen „landesherrliche Stadt" und „autonom handlungsfähige Kommune", wobei der einmal erreichte Status nicht feststehend war und auch wieder eingeschränkt werden konnte. Dementsprechend schwankte auch das Verhältnis zum bischöflichen Stadtherrn zwischen „leidlichem Auskommen und offener Feindseligkeit".

Die Versuche der Bürgerschaft, die bischöfliche Stadtherrschaft zu beseitigen, gipfelten mit dem vom Kaiser verliehenen Recht der freien Ratswahl (Ratsbrief von 1481) und fanden mit der Beseitigung der städtischen Autonomie 1511 bzw. 1524 ihr Ende. Fortan wurde die uneingeschränkte erzbischöfliche Stadtherrschaft nicht mehr in Frage gestellt.

Auch die älteste erzbischöfliche Urkunde im Salzburger Stadtarchiv aus dem Jahr 1337 dokumentiert das Verhältnis zwischen Bürgerschaft und Stadtherr. Erzbischof Friedrich III. bestätigte darin der „Bürgergemeinde zu Salzburg" das Recht, dass die Bürger, wenn sie Eigenbesitz oder Lehen hatten, vor Gericht als Zeugen auftreten durften. Gleichzeitig wird darin auf die Lehensfähigkeit der Salzburger Bürger verwiesen. Das Stadtpatriziat war bis in das 15. Jahrhundert dem niederen Adel durchaus gleichgestellt. Der Rückenvermerk der Urkunde weist diese ausdrücklich als erste stadtherrliche Privilegienbestätigung aus.

Eine generelle Bestätigung der städtischen Privilegien beim Amtsantritt des Erzbischofs erfolgte erstmals 1466 unter Bernhard von Rohr. Auch seine drei direkten Nachfolger stellten derartige „Verschreibungen" aus, von denen die Stadtväter in Zeiten ihrer Stärke den feierlichen Einzug in die Stadt und die Huldigung abhängig machen konnten. Doch bereits ab Leonhard von Keutschach musste dem Stadtherrn wieder bedingungslos der feierliche Einzug und die Huldigung gewährt werden. Manche Erzbischöfe, wie Jakob Ernst Graf Liechtenstein (1745–1747) und Andreas Jakob Graf Dietrichstein (1747–1753), verweigerten „die gnädige Konfirmation" der Stadtprivilegien gänzlich.

Erzbischof Friedrich III. von Salzburg stellt am 9. April 1337 eine Urkunde für die Bürgergemeinde von Salzburg aus.
Stadtarchiv Salzburg, Städtisches Archiv, Urkundenreihe.

Wir Friderich von gotes genaden Ertzbischoff ze Saltzburch Legat des Stuls ze Rom. tüen chunt offenlich an disem brief vnd tün chunt allen den di in sehent oder hörent lesen Daz di gemain vnsr purgr ze Saltzburch für vns chomen vnd paten vns, wan ez mit alter gewonheit vnd recht also her chomen wär, daz si vor recht gevragt wären, vnd ertailt vnd gevolgt hieten, vnd auch zeug wären gewesen, wo man gericht hat in vnsr Herschaft vmb aigen, vnd vmb lehen, Daz wir in di selben gewonhait vnd recht bestätten mit vnsrm brief. Nu haben wir vns dar über ervaren in ander fürsten Stöten vnd Haubtsteten. vnd wan wir die ervnden haben daz ir purgr di vorgeschriben recht habent. haben wir di vorgeschriben recht den vorgenanten vnsrn purgrn bestätt mit vnsrm brief. Also beschaidenlichen wo si bei ainem rechten sind in vnsr Herschaft da man rechtet vmb aigen vnd vmb lehen da mügen si wol ertailen gevolgen vnd auch zeug sein ob si selbs angesprochen sind vnd si ander sache nicht irrent. Chom aber daz recht für ainen lehen herrn vnd sein man. So mügen di purgr di von dem selben herrn nicht lehen habent, dar vmb nicht ertailen gevolgen noch zeug gesein. Welich purgr aber lehen von dem selben herren habent, di mügen dar vmb wol ertailen gevolgen vnd auch zeug gesein. Dar über haben wir disen brief ze ainem vrchünd vsigelten mit vnsrm anhangundm Insigel. Der ist geben ze Saltzburch an sunchen vor dem Phincztag. Do von Christes gebürd waren Drev zehen hundert jar. Dar nach in dem Siben vnd Dreizzigistem jar.

DAS STADTRECHT DES 14. JAHRHUNDERTS

Die in den ersten Jahrhunderten nach der Stadtwerdung vom erzbischöflichen Stadtherrn zugestandenen und vom aufstrebenden Bürgertum errungenen Rechte wurden um 1368/71 in Form eines Weistums aufgezeichnet, es wurden also die mündlich überlieferten Rechtssätze niedergeschrieben. Die neue, umfangreiche Rechtssammlung, die an die Stelle des Stadtrechtes von 1287 trat, hielt in 131 Artikeln das geltende Gewohnheitsrecht fest und wurde jährlich öffentlich verlesen, um die „Genannten" in ihre Aufgaben einzuführen und den Bürgern das geltende Recht zu vermitteln.

Dieses Salzburger Stadtrecht belegt eine relative städtische Autonomie. An bürgerlichen Freiheitsrechten sind Steuerfreiheit, Maut- und Zollfreiheit in der Stadt, die Lehensfähigkeit sowie die freie Heirat in Städte anderer Fürsten zu nennen. Die kommunale Emanzipation wird mit der Nennung des Rates signalisiert, der für Salzburg erstmals terminologisch fassbar wird. Über nachgewiesene Vergehen hatte das Stadtgericht, das mit den „Genannten" und den Mitgliedern des Stadtrates besetzt war, zu urteilen. Die insgesamt zwölf „Genannten" sollten einmal wöchentlich zu den Ratssitzungen zusammentreten. Zu den Aufgaben der Bürger zählte es auch, die Türme auf dem Mönchsberg und alle Stadttore in Verteidigungsbereitschaft zu halten. Dem immer stärker werdenden Anteil der Bürger am Stadtregiment trägt jener Passus des Stadtrechts Rechnung, demzufolge die Bürgerschaft eigene Amtsleute und Diener zur Besorgung der städtischen Geschäfte anstellen durfte. In Nachträgen des Stadtrechts finden sich eingehende Bestimmungen über Abgaben und Tarife der in den Diensten der Stadt stehenden Abmesser, die den Getreideverkauf am Markt überwachten, sowie der Fasszieher, denen der Transport der Weinfässer in die Keller bzw. auf die Transportfahrzeuge oblag.

Auffallend an den ausführlichen Bestimmungen über die Rechte der Bürger im Stadtrecht von 1368/71 ist, dass noch kein Bürgermeister erwähnt wird. Dieses nach dem

Stadtrichter wichtigste Amt muss kurz darauf geschaffen worden sein. Erster namentlich bekannter Bürgermeister ist Konrad Taufkind (gest. 1382). In einer Urkunde, die er 1378 als Stadtrichter ausstellte, erinnert er an sein vorangegangenes Wirken als Bürgermeister. Da Taufkind ab 1374 als Stadtrichter fungierte, ist seine Funktionsperiode als Bürgermeister in die Jahre um 1370 bis 1374 zu datieren. Ihm folgte Peter Keutzl 1375/76 als zweiter namentlich bekannter Bürgermeister. Seine Familie zählte zu den ökonomischen und sozialen Aufsteigern des Spätmittelalters in Salzburg. Als Beamte fungierten sie als Mittler zwischen dem geistlichen Stadtherrn und der Bürgergemeinde und waren mit den wichtigen Aufgaben des Stadtrichters und Bürgermeisters betraut. Ihr Geschlechterturm wurde 1407 Salzburger Ratsturm und später Rathaus. Ab 1375/76 sind die jeweils amtierenden zwei kollegialen Bürgermeister, die der Erzbischof entweder selbst bestimmte oder zumindest endgültig bestätigte, namentlich bekannt.

Erste Textseite des Salzburger Stadtrechtes von 1368/71, überliefert in einer Handschrift aus dem frühen 15. Jahrhundert.
Stadtarchiv Salzburg, Städtisches Archiv, Buchförmige Archivalien 1a.

In einer Urkunde vom 30. Juli 1378 erwähnt der Stadtrichter Konrad Taufkind sein Wirken als Salzburger Bürgermeister (Ausschnitt).
Stadtarchiv Salzburg, Stiftungsarchiv, Urkunden des Bürgerspitals.

DER KAMPF UM SELBSTVERWALTUNG UND MITBESTIMMUNG

Die durch das Salzburger Stadtrecht von 1368/71 dokumentierte, relativ weit gediehene städtische Autonomie erfuhr in der Zeit der autoritären Regierung Pilgrims II. von Puchheim (1366–1396) massive Einschränkungen. Der Erzbischof beschnitt als starker Stadtherr die Rechte der Bürger gegenüber dem aufgezeichneten Stadtrecht in vielen Punkten.

Da der Puchheimer und sein Nachfolger Gregor Schenk von Osterwitz nicht bereit waren, den bürgerlichen Anliegen und auch den Forderungen des Adels zu entsprechen, schlossen nach dem Tod Erzbischof Gregors 1403 der Adel und die Bürgerschaft der Städte, an der Spitze Salzburg, ein Schutzbündnis gegen die Willkür des erzbischöflichen Landesherrn. Dem künftigen Erzbischof wollten sie erst huldigen, wenn er sich urkundlich zur Abstellung der Missstände und zur Einhaltung der alten Rechte und Privilegien verpflichtete. Zudem wurde die Abhaltung jährlicher Landtage gefordert. Der Zusammenschluss zeigt, dass neben Adel und Prälaten auch das Bürgertum der Städte eine Beteiligung an der landesfürstlichen Politik beanspruchte.

Obwohl wenig später der Bischof von Chiemsee und weitere Adelige der Einung beitraten, konnten die erhobenen Forderungen nicht durchgesetzt werden. Der neue Erzbischof, Eberhard III. von Neuhaus, versprach zwar zunächst Abhilfe, setzte dann aber die autoritäre Politik seiner Vorgänger fort.

Der Name „Igelbund", den diese Einung erhalten hat, ist wahrscheinlich von der am 20. Mai 1403 ausgestellten Bündnisurkunde abgeleitet, an der auf allen vier Seiten die Siegel der Verbündeten wie die Stacheln eines Igels angebracht sind. Das große Siegel der Stadt Salzburg nimmt den zentralen Platz ein und dokumentiert das damalige Selbstbewusstsein und das in der wirtschaftlichen Potenz begründete politische Gewicht der Haupt- und Residenzstadt.

Die wirtschaftliche Blüte, die das Bürgertum in der ersten Hälfte des 15. Jahrhunderts erlebte, fand nicht nur in großzügigen Stiftungen für das Bürgerspital und die Stadtpfarrkirche ihren Ausdruck, sondern auch in dem immer stärker werdenden Mitspracherecht in politischen Angelegenheiten der Stadt und in einem zunehmenden Anteil am Stadtregiment. 1407 erwarb die Stadtgemeinde den „Keutzlturm", der samt Nebengebäuden zu einem Rathaus umgestaltet wurde und nun auch die wichtigsten städtischen Urkunden sowie Protokoll- und Kopialbücher beherbergte. Im zweiten Jahrzehnt des 15. Jahrhunderts setzen die sogenannten „Sendbriefe", Kopien des ausgelaufenen städtischen Schriftverkehres, ein. Mit dem Jahr 1441 beginnt das älteste der „Bürgerbücher". Die ab diesem Zeitpunkt lückenlos dokumentierten Bürgeraufnahmen lassen die Verschiebung der Machtverhältnisse zugunsten der Bürgerschaft erkennen. Die Bürgermeister entschieden über die Aufnahme von Neubürgern, die Stadtgemeinde erhielt die Taxen. Der vom Neubürger geleistete Bürgereid beinhaltete die Verpflichtung zu Gehorsam und Hilfe gegenüber dem Stadtrichter als Vertreter des Erzbischofs, aber auch gegenüber Bürgermeister und Stadtrat.

Igelbundurkunde vom 20. Mai 1403.
Stadtarchiv Salzburg, Städtisches Archiv, Urkundenreihe.

BÜRGER UND INWOHNER, UNTERSCHICHTEN UND RANDGRUPPEN

Die meisten in der Stadt lebenden Menschen waren keine vollberechtigten „Bürger", sondern lediglich „Inwohner", die gemeinschaftliche Pflichten erfüllten, ohne Vorrechte zu haben. „Bürger" waren im Mittelalter und in der Frühen Neuzeit nur jene männlichen Stadtbewohner, die den Bürgereid und die dafür notwendigen Voraussetzungen, wie persönliche Freiheit, eheliche Geburt, Haus- oder Grundbesitz bzw. ein Mindestvermögen und eine Aufnahmegebühr leisten konnten. Das Bürgerrecht brachte Begünstigungen, aber auch Pflichten. Frauen konnten es nominell nicht erwerben, partizipierten aber als Ehefrauen und Töchter an den Rechten. Die Zulassung zu bestimmten Handwerken und Gewerben sowie zum Handel und der Zugang zu Ämtern zählten ebenso zu den Vorrechten wie der Schutz vor auswärtigen Gerichten und die Fürsorge durch die Gemeinde, insbesondere das Recht auf eine Aufnahme in das Bürgerspital. Dem standen Pflichten gegenüber, nämlich die Entrichtung von Steuern, die Übernahme öffentlicher Ämter und sozialer Aufgaben sowie die Gehorsamspflicht gegenüber Stadtrat und Stadtherrn. Als belastend wurden zunehmend die militärischen Aufgaben empfunden. Bürger mussten wehrfähig sein, einen Harnisch bzw. ab dem 17. Jahrhundert Uniform und Waffen besitzen, Wachdienste übernehmen und die Befestigungsanlagen in Stand halten. Zweimal jährlich wurden sie gemustert und hatten als Mitglieder der Salzburger Garde die Pflicht, sich im Scheibenschießen zu üben.

Hohe Gebühren und die sonstigen, belastenden militärischen, sozialen und steuerlichen Verpflichtungen führten zu einem Rückgang der Bürgerzahlen. 1692 zählten lediglich 16 Prozent der Salzburger zu den bevorrechteten Bürgern, die Mehrheit, vor allem auch die Handwerksgesellen, waren minderberechtigte „Inwohner", die vielfach als Untermieter („Herbergsleute") in der Stadt wohnten.

Zu den gesellschaftlichen Randgruppen zählten in Salzburg die Vertreter „unehrlicher" Berufe, wie Totengräber, Scharfrichter, Abdecker, Spielleute und auch Aussätzige, die von der übrigen Bevölkerung separiert im „Sundersiechenhaus" in Mülln untergebracht wurden.

Die jüdische Gemeinde war ebenfalls der Diskriminierung, Verfolgung und Vertreibung ausgesetzt. Die zum ältesten Markt, dem Waagplatz, führende Judengasse, erinnert an die Bedeutung von Juden als Kreditgeber und Händler und ihre ehemalige Präsenz im Stadtzentrum. Im Gefolge der großen Pestpandemie 1348/50 wurde die Salzburger Judengemeinde unter dem Vorwurf der Brunnenvergiftung verfolgt und ihre Mitglieder ermordet. Bald darauf ließen sich erneut Juden in Salzburg nieder, auch eine Synagoge ist wieder belegt. Aber bereits 1404 erfolgte unter der Anschuldigung der Hostienschändung und des Ritualmordes erneut eine Judenverfolgung, der die jüdische Gemeinde zum Opfer fiel. Die wenigen jüdischen Familien, die in den folgenden Jahren nach Salzburg kamen, siedelten sich im Stadtteil am rechten Salzachufer (Steingasse) an, worin ihre gesunkene wirtschaftliche und gesellschaftliche Bedeutung zum Ausdruck kam. 1498 unterzeichneten nur mehr fünf Juden jenen Revers, in dem sie sich verpflichten mussten, das Erzstift nie mehr zu betreten.

Das älteste Bürgerbuch der Stadt Salzburg 1441–1541:
Restaurierter Einband und erste Textseite mit Bürgeraufnahmen ab dem 12. November 1441.

Stadtarchiv Salzburg, Städtisches Archiv, Buchförmige Archivalien 14.

Doppelseite der 1493 in Nürnberg gedruckten lateinischen Ausgabe der Weltchronik des Arztes, Humanisten und Geschichtsschreibers Hartmann Schedel mit der ältesten Stadtansicht von Salzburg (um 1460).
Privat. Foto: Stadtarchiv Salzburg.

Sexta etas mundi

Saltzburga olim Iuuauia z petena dicta. norci vetustissima ciuitas. nūc metropolis baioarie. quā tpe Julij cesaris ortum habuisse dicunt. non longe ab alpibus que olim ad noricos attinebant. nunc confusis omnibus. germanie attribuitur. Norici enim vicinarum Alpium incole vt Plinius scribit Thaurisci olim dicti sunt. hoc quoqȝ tempore circa carnos in primis germanie oris. sunt incole qui thauri dicūtur. Cimbris em illirici temptātibus. haud longe a norico qui in alpibus. cū eis Cn. papirius carbo cōflixit. Atqȝ re infecta (vt Strabo ait) abscessit. Haud vo longe interiecto tempore cum tres fortissime gentes cimbri. theutoni. z ambrones. vno tempore in ytaliam erupissent. partim per noricos descendisse. plutarchus ait. vterqȝ exercitus. C. marij auspicijs deletus est. Vnus non longe a Saltzburga in eo videlicet loco qui alpibus proximus est. Alter ad athesim: trecenta quadraginta milia barbaroȝ cesa. z centum qn quaginta capta scribit liuius. Fuit motꝰ ille vniuerse ytalie. nō modo locis per queȝ eruptio facta est. formidabilis. Ideo romana arma citro vltroqȝ per noricum assiduis motibus gestata. Cuius incolis pene domestica facta sunt. Cum interdum tres integras legiones in finitima loca missas sustinuerunt. Quas sub initio gallici belli qd vltra alpes gestum est. C. cesar duabus additis qd proximū fuit. vt ipe scribit in galliam traduxit. Ubi excisam rupe militari opere patefecit. vt ex vetustissimo epigrāmate pcipite saxo sculptum in monte arduo quem crucis vocant. Licet magna ex parte ob vetustate abolito. datur intelligi. C. Julius cesar. Reliqua tum loci asperitate. tum vetustate legi nequeūt. Julius enim cesar socero generoqȝ suffragantibus ex omnibus pūcipijs gallias potissimū elegit. Cuius emolumento z opportunitate idonea sit materia triūphoȝ. Et initio quidem galliam cisalpinam illirico adiecto accepit. morqȝ p senatū cōmatam. Ceterum cū istris. pannonibus. illiricis z germanis bellū illatum est. hac veluti via vbi mō Saltzburga sita romanis armis accessus patuit z reditus. Germanos igitur tulius cesar aggressus in faucibus montiū arcem munitissimā eo loco extrui curauit. vt milites ad eas refugiū adiuuandi. Et satellites ex ea auxiliū z iuuamen haberent. Et inde castrum iuuauense vernacula lingua helffenberg appellabatur. Fluuius quoqȝ cui adiacet Iuuarus dictus Arci nomen dedit. A quo ciuitas inde condita Iuuauia diceba

SALCZBURGA

Sexta etas mundi   Foliũ CLIII

tur. ¶Habet aũt hec vrbs paludes. planicies. colles τ montes. paludes pascua prebent. aucupia τ venationes nonnullas. Piscationes quoq; se diuersis locis non incomode exibent. colles ac montes germani trãsalpinaz merciuz causa ptranseũt. Vrbs igitur Iuuauia olim splendida muris τ aggeribus munita. turribus altis. sedes regum fuerat. Habuitq; templa deoz sub antiqua gente marmorea. Et cum multo tempore floruerit. Inde temporibus attile regis hunoz incursiones. vastationes. incendiaq; sustinuit. Et cũ ingenti cede hominũ immunita desolata ac penitus diruta sint. Postea diuus Rudbertus anno salutis octuagesimo supra quingentesimũ cũ Theodonem baioarioz ducem cum locis finitimis ad fide xpi reduxiss. Tandem ad Iuuarũ fluuiũ veniens. qui nũc Saltzaha vocatur: reperiens vrbem dilapsaz ac virgultis coopertam instaurauit. que olim inter baioarie vrbes eminebat nobilissima. Ratus hanc pro episcopatu idoneam. prietatem a duce obtinens. Extirpatis arboribus τ vepzibus. τ repertis edificijs basilicam in honoze sancti petri construxit. Et cenobiũ ordinis sancti benedicti cum munificentia ducis instituit. Rexitq; ecclesiam episcopalem annis. xliij. Relinquens beatum vitalem successoze. Postea virgilius sanctus ibi episcopus ecclesiam cathedralem construxit. Et corpus diui Rudberti ad eam transtulit. Gebghard dein de episcopus arces de nouo instaurauit. Et ciuitas in omni ornatu incrementuz habuit. magnis nũc menibz ambit . Et mõsterioz teploz ediũ τ arcis edificijs ppulcris exoznat . Multj pterea sctõz reliquijs excolit .
De hijs subscripta adduntur.

Tunc hadriana vetus que post iuuauia dicta
Presidialis erat noxcis. τ episcopo digna
Rudberti sedes qui fidem contulit illis
Christi: quã retinet Saltzburga sero vocata
Is sanctus obijt eracli principis euo
Lege dũ cõdidit Mahumet nephãdã sabeis
Qui successoze sibi fecerat ipe vitalem

Huic tres abbates hoc ordine sedes
Ausolog' sauolus. post hos ext' venerãd'
Inde flobirgisus pastoris nõme adeptus
Ioannes post quẽ sedem possedit eandem
Virgili' exul post hũc meruit foze presul.

DER RATSBRIEF KAISER FRIEDRICHS III.

Eine bis dato noch nie erreichte Autonomie und Selbstverwaltung erlangte Salzburg im „Ungarischen Krieg" im Zuge der Auseinandersetzung zwischen Erzbischof Bernhard von Rohr und Kaiser Friedrich III. um die Besetzung des Erzstiftes. Der Habsburger versuchte, das durch Handelssperren und den Krieg in seiner wirtschaftlichen Existenz bedrohte Salzburg in Opposition gegen ihren mit den Ungarn verbündeten Stadtherrn zu bringen. Von Dezember 1480 bis November 1482 fertigte Friedrich III. 14 Privilegien für die Stadt aus, darunter auch eine erste kaiserliche Generalbestätigung aller Rechte und Freiheiten.

Das Kernstück dieser wahren Privilegienflut ist der sogenannte „Ratsbrief" vom 29. November 1481, mit dem der Kaiser der Bürgergemeinde gestattete, jährlich in freier und vom Stadtherrn unbeeinflusster Wahl einen zwölfköpfigen geschworenen Stadtrat und einen Bürgermeister aus dessen Mitte zu wählen.

Das wichtige kaiserliche Privileg, in dem manche Forscher die Erhebung zur freien Reichsstadt sehen wollten, war aber widersprüchlich und von der kaiserlichen Kanzlei offenbar bewusst unklar formuliert. Salzburg erhielt alle Ehre, Würde, Vorteil, Gnade, Freiheit, Privileg, gute Gewohnheit, Recht und Gerechtigkeit, deren sich andere Reichsstädte mit einem geschworenen Rat erfreuten. Andererseits durfte aber, wie das Privileg ausdrücklich festhielt, keine Bürgerversammlung und sonstige Handlung in Abwesenheit des vom erzbischöflichen Stadtherrn bestellten Stadtrichters vorgenommen werden, wodurch die Hoheit des Erzbischofs letztlich gewahrt blieb. Das Ratsprivileg war daher dem freien machtpolitischen Spiel ausgesetzt.

Zunächst gelang es der Stadt, die erworbenen Rechte zu festigen und auszubauen. Eine neu aufgestellte Ratsordnung (1482) legte drei Ratssitzungen pro Woche im nun ausdrücklich in Rathaus umbenannten Keutzlturm am Kranzlmarkt fest. In den folgenden Jahren wurden Ordnungen in Markt- und Wirtschaftsangelegenheiten sowie für die einzelnen Handwerkszweige erlassen. Die meisten Ordnungen dieser Zeit sowie detaillierte Angaben über den Stadtrat und die städtischen Beamten sind im „Stadtbuch" des Stadtschreibers Christian Reuter von 1498 überliefert. Die ältesten Rechnungsbücher (Raitungen) der Stadt von 1486 bis 1489 sind noch vom Bürgermeister selbst angelegt. Um 1490 wurde dann als neues Amt jenes des für die Finanzen zuständigen Stadtkämmerers eingeführt. Die Verwaltungs- und Behördenstruktur der Stadt begann sich mehr und mehr zu differenzieren.

Nach massiven Auseinandersetzungen zwischen Bürgerschaft und Stadtherr erzwang Leonhard von Keutschach 1511 den Verzicht auf die freie Ratswahl. Die kaiserliche Originalurkunde wurde vom Erzbischof eingezogen. Der Ratsbrief ist daher nur abschriftlich erhalten geblieben. Er ist das zentrale Stück in dem um 1500 angelegten Privilegienbuch der Stadt Salzburg, in dem insgesamt 53 Urkunden mit wichtigen Rechten, Privilegien und Freiheiten der Stadt aus der Zeit zwischen 1327 und 1506 verzeichnet sind.

Privilegienbuch der Stadt Salzburg, um 1500. Der Ratsbrief vom 8. November 1481 ist auf den Seiten 21 und 22 eingetragen.

Stadtarchiv Salzburg, Städtisches Archiv, Buchförmige Archivalien I.

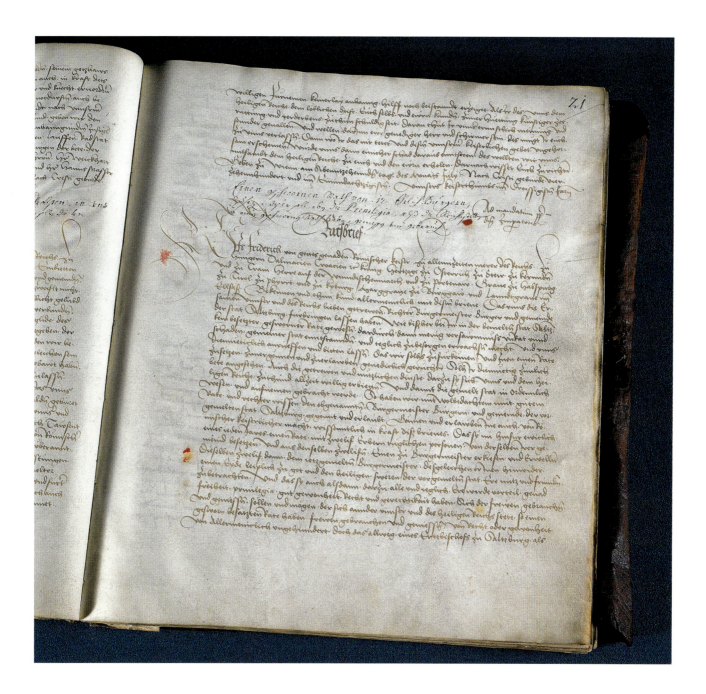

DIE SALZBURGER MÄRKTE

Seit der Verleihung durch Kaiser Otto III. im Jahr 996 gab es in Salzburg einen täglichen Markt als Mittelpunkt eines umfangreichen Warenverkehrs. Ältester Marktplatz war der heutige Waagplatz. Im 13. Jahrhundert wurde der heutige „Alte Markt" als neuer, großräumiger Marktplatz angelegt. Der zumeist dreimal wöchentlich stattfindende Hauptmarkt war durch eine genaue Marktordnung geregelt und diente vor allem der Versorgung der Bevölkerung mit Gütern des täglichen Bedarfs. Im Spätmittelalter entwickelte sich eine Reihe von Spezialmärkten (Brotmarkt, Fischmarkt etc.) in den umliegenden Gassen und auf den Plätzen bis hin zur Residenz. Die Fleischbänke der Metzger befanden sich bis zur Zeit Erzbischof Wolf Dietrichs auf der Stadtbrücke. Auch in der Rechtsstadt lagen zwei Marktplätze, darunter der Getreidemarkt vor dem Inneren Steintor.

Neben Märkten, die den täglichen Bedarf der Stadtbevölkerung abdeckten, fanden in Salzburg zwei überregionale Jahrmärkte statt, bei denen auswärtige Händler neben einheimischen Gewerbetreibenden die Möglichkeit hatten, ihre Waren anzubieten. Die Salzburger hatten anlässlich dieser Jahrmärkte die Gelegenheit zum günstigen Einkauf von Importwaren. Zudem bot die frühe Verbindung von Markt und Volksfest mit Schaustellern aber auch „Zahnbrechern" und Quacksalbern eine beliebte Abwechslung. Der ältere Herbstmarkt (Dult) ging aus dem Fest des Hl. Rupert am 24. September hervor und ist erstmals für das Jahr 1331 bezeugt. Im Salzburger Stadtrecht des 14. Jahrhunderts (um 1368/71) wird gemeinsam mit dieser Herbst- oder Rupertidult auch bereits ein zweiter Jahrmarkt zur Fastenzeit genannt, der am Jahrestag des Todes des Salzburger Gründerheiligen, am 27. März, gehalten wurde. Dieser Jahrmarkt acht Tage vor und nach „Mitterfasten" wurde 1481 von Kaiser Friedrich III. per feierlichem Privileg verliehen. Ein dritter Jahrmarkt, den der Habsburger der Stadt 1482 verliehen hatte, der Vinzenzimarkt im Jänner, vermochte sich nicht durchzusetzen.

Die Jahrmärkte wurden 1856 auf den Mirabellplatz und vierzig Jahre später vor das Linzer Tor in die großteils noch unverbaute Franz-Josef-Straße und Schallmooser Hauptstraße verlegt. 1890 wurde die Frühjahrsdult eingestellt, sechs Jahre später auch die Herbstdult (nochmals 1924/25 auf dem Areal der heutigen Festspielhäuser abgehalten). Große Volksfeste in der Brodhäuslau, die aus Anlass des Regierungsjubiläums des Kaisers zum „Franz-Josef-Park" ausgebaut wurde, traten an ihre Stelle. Nach dem Zweiten Weltkrieg wurde die Dult wiederbelebt und fand mit einem Hauptakzent auf dem Vergnügungssektor im Volksgarten und Baron-Schwarz-Park statt. Der Jahrmarkt zur Fastenzeit war nun als Frühjahrs- oder Pfingstdult in die wärmere Jahreszeit gerückt und fand ab 1974 im Ausstellungszentrum (SAZ) seine endgültige Bleibe. 1977 wurde die Herbstdult in Form des fünftägigen Rupertikirtags wieder belebt und kehrte auf die Plätze um den Salzburger Dom zurück.

Die Märkte der Stadt Salzburg in der ersten Hälfte des 16. Jahrhunderts. Grundlage der Darstellung sind die Stadtansicht von 1553, das Reuter'sche Stadtbuch 1498, die Stadt- und Polizeiordnung 1524 und die Marktordnung 1556.

Entwurf: Peter F. Kramml, Ausführung: Friedrich Pürstinger, aus: Historischer Atlas der Stadt Salzburg 1999.

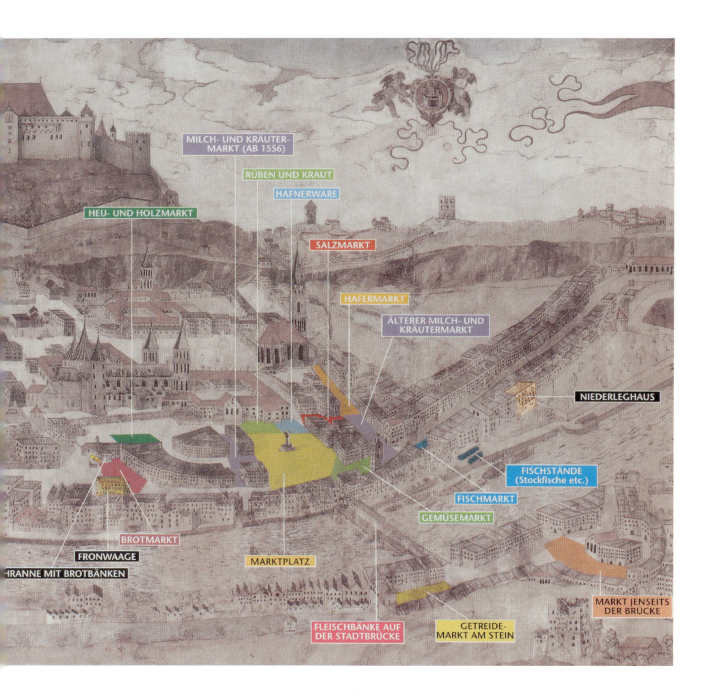

ARMENFÜRSORGE UND BÜRGERLICHE STIFTUNGEN

Die Anfänge von Armenfürsorge und Krankenpflege in der Stadt Salzburg lassen sich bis in das 12. Jahrhundert zurückverfolgen. Die ersten Spitäler verdankten den Klöstern und dem Domkapitel ihr Entstehen. Zur Absonderung von Schwachen und Leprösen, also „Aussätzigen", entstand vor den Toren der Stadt in Mülln ein Leprosenhaus, zu dessen Erhaltung auch die Salzburger Bürgerschaft maßgeblich beitrug.

In das frühe 14. Jahrhundert datiert die erste bürgerliche Spitalstiftung, ein von einem Patrizier gestiftetes Spitalhaus bei der Stadtbrücke (vor 1322). Es wurde von einem kommunalen Neubau am heutigen Waagplatz abgelöst. Erzbischof Friedrich III. verlegte dieses Gemeindespital 1327 zum Inneren Klausentor (Gstättentor) und wurde dadurch zum eigentlichen Stifter der Spitalherberge St. Blasius, für die sich nach wenigen Jahren der Begriff „Bürgerspital" einbürgerte.

Angesehene Bürger fungierten als Verwalter und das durch den Handel reich gewordene Stadtpatriziat manifestierte sein Selbstbewusstsein in reichen Stiftungen für den Ausbau der Spitalgebäude. Besonders Martin Aufner d. J. und der durch den Venedighandel reich gewordene Ulrich Samer haben als die großen Gönner des Bürgerspitals zu Anfang des 15. Jahrhunderts zu gelten. 1429 konnten bereits 72 Personen auf Dauer versorgt werden. Durch weitere bürgerliche Stiftungen, wie jener des Hans Elsenheimer (1478), stieg die Zahl der versorgten Pfründnerinnen und Pfründer schließlich auf 80 an.

Die bürgerlichen Stiftungen machten das Bürgerspital zu einem bedeutenden Wirtschaftskomplex, zu einem der größten Grundherren im Land. Eine lange Reihe der Spitalurbare, das älteste stammt von 1368, hat sich im Stadtarchiv erhalten.

1512 übernahm der Bürger Sebastian Waginger für eineinhalb Dezennien als Spitalmeister die Verwaltung des Bürgerspitals. Wir verdanken ihm die Anlage neuer Urbare, ein Verzeichnis aller Bürgerspitalurkunden und penibel geführte Rechnungsbücher, die viele Details der Spitalgeschichte, darunter die älteste Spitalordnung, überliefern. Während das prunkvoll kolorierte Titelblatt seines Bürgerspitalurbars von 1512 seit dem Ende des Zweiten Weltkrieges verschollen ist, hat sich im Stadtarchiv eine prachtvolle Handschrift mit dem Wappen des Patriziergeschlechts, das im 15. und 16. Jahrhundert auch mehrere Bürgermeister stellte, von seinem Verwandten Ruprecht Waginger († 1510) erhalten. Dieser stiftete eine tägliche Messe für die Bruderhauskirche St. Sebastian samt der dazu nötigen Kirchengerätschaft, und dotierte diese mit fünf Gütern, die er der Verwaltung des Bürgerspitals übertrug.

Das Bruderhaus St. Sebastian an der Linzer Gasse, 1496 vom Salzburger Bürger und Gewerken Virgil Fröschlmoser gestiftet, war die zweite wichtige kommunale Armenstiftung und diente ursprünglich als Pilgerhaus, Armenherberge sowie als Pestspital. Später entwickelte sich das Bruderhaus zu einem Alten- und Versorgungsheim für die weiblichen und männlichen Dienstboten und Tagelöhner.

Urbar der Messstiftung des Ruprecht Waginger, angelegt im Jahr 1511.

Stadtarchiv Salzburg, Stiftungsarchiv, Buchförmige Archivalien 18a.

DIE STADTPFARRKIRCHE (HEUTE FRANZISKANERKIRCHE)

Das heute bekannte Bild des barocken Salzburg mit der Franziskanerkirche lässt vergessen, dass die Kirche „Zu unserer lieben Frau" durch Jahrhunderte keine Klosterkirche, sondern ein Prestigebau der Salzburger Bürgerschaft und mit dieser sehr eng verbunden gewesen war. Die Liebfrauenkirche war die Kirche der Salzburger Bürger und fungierte von 1139 bis 1635 als Stadtpfarrkirche. Führende Ratsbürger verwalteten das ansehnliche Vermögen und die zahlreichen Messstiftungen der Stadtpfarrkirche. Die Bürgerschaft war in die Besetzung der geistlichen Stellen eingebunden. Der Stadtpfarrer, der dem Domkapitel angehörte, wurde durch einen Nachpfarrer (Vizeplebanus) vertreten, der als Pfarrseelsorger die Sonntagspredigt hielt. Bürger stifteten die Prädikatur bei der Annakapelle, der Prediger wurde von der Stadt gemeinsam mit dem Stadtpfarrer bestellt und wohnte im städtischen Rathaus. Der Prediger hatte jeden Tag eine Messe zu lesen und wöchentlich am Samstag und in der Advent- und Fastenzeit täglich zu predigen. Zur Fastenzeit wurden bekannte auswärtige Prediger verpflichtet, wie schon 1512 und erneut ab Frühjahr 1518 Johann von Staupitz oder bis zum Spätsommer 1517 der Schwabe Paulus Speratus, später einer der ersten lutherischen Bischöfe.

Der romanische Neubau der Stadtpfarrkirche wurde 1223 geweiht und im Auftrag der Bürgerschaft in den Jahren 1408 bis 1498 im Stil der Gotik umgebaut. Die Bürger finanzierten den Bau des mächtigen spätgotischen Hallenchores und des 1498 vollendeten Turmes, der jenen der Domkirche deutlich überragte. Und es waren die Salzburger Bürger, die mit dem Brunnecker Maler und Bildhauer Michael Pacher einen der bedeutendsten Künstler der Zeit engagierten. Er schuf mit dem Liebfrauenaltar einen der größten Hochaltäre der damaligen Zeit. Auch der Kapellenkranz des Hallenchores war ein Abbild des bürgerlichen Lebens. Hier befanden sich die Kapellen und Altäre der „Alten Bürgerbruderschaft", der „Unserer-Lieben-Frauen-Bruderschaft" sowie der Bruderschaften der Zimmerleute, Steinmetze und Maurer, der Bäcker, Schiffleute und Schopper, der Goldschmiede und Schmiede, Weber und auch der Fischer.

Die Stadtpfarrkirche konnte bis in das ausgehende 16. Jahrhundert ihre Bedeutung als bürgerlich-städtisches Symbol bewahren. Kurz nach seinem Regierungsantritt ließ Erzbischof Wolf Dietrich von Raitenau 1588 die protestantischen Bürger der Stadt ausweisen und die Annakapelle, deren Einkünfte bisher dem Stadtprediger zugestanden waren, als Grabstelle seiner Schwester neu errichten. Damit begann der barocke Umbau des Kirchenraumes und des spätgotischen Kapellenkranzes. Die Symbole der Bürgerschaft wichen fürstlicher Repräsentation und die Gegenreformation trat auch architektonisch in Erscheinung.

1592 wurde die Kirche dem neu ansässigen Bettelorden der Franziskaner übergeben. Die Residenz rückte baulich immer näher an die ehemals freistehende Pfarrkirche heran und dem erzbischöflichen Oratorium fiel die alte Georgskapelle zum Opfer. Während des Domneubaues (1598–1628) wurde die Liebfrauenkirche als Domkirche genutzt und 1635 die Pfarrrechte auf den Dom übertragen.

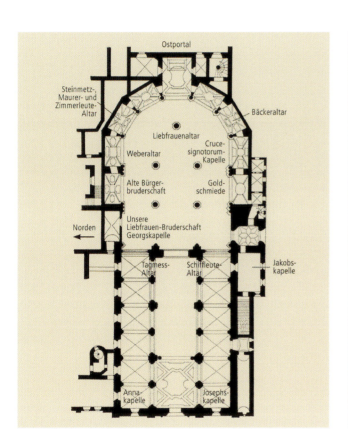

Grundriss der Stadtpfarrkirche mit rekonstruiertem
spätgotischen Kapellenkranz
(Plangrundlage Österreichische Kunsttopografie).
*Entwurf: Alfred Rinnerthaler, Ausführung: Herbert Moser,
aus: Ammerer/Weidenholzer, Rathaus- Kirche - Wirt 2009.*

Die Stadtpfarrkirche „Zu unserer lieben Frau"
in der Mitte des 16. Jahrhunderts. Ausschnitt aus
der Rekonstruktion von Richard Schlegel
(„Steckbild" aus den Jahren 1936–1940).
© *Walter Schlegel, Foto: Stadtarchiv Salzburg 2004.*

DAS RATHAUS

Das Rathaus war Jahrhunderte lang das zentrale Bauwerk der Salzburger Bürger, Symbol der Stadtobrigkeit und Sitz der Kommunalverwaltung. Der ehemalige mittelalterliche Geschlechterturm der Patrizierfamilie Keutzl mit angebautem Wohntrakt und Nebengebäuden hat eine mehr als 800jährige Geschichte. Der Komplex entstand im 12. Jahrhundert an der ältesten Stadtmauer und bei einem alten Tränktor, das später überbaut wurde. Der nach italienischen Vorbildern konstruierte markante sechseckige Turmaufbau und die älteste der drei Stadtglocken stammen aus dem 14. Jahrhundert.

1407 wurden der Keutzlturm und das spätere Rathausareal von der Stadtgemeinde erworben. Der nunmehrige „Stadtturm" hatte militärische und Aufsichtsfunktionen, etwa bei Feuer und Aufruhr, gebot mit seinen Glocken die Nachtruhe, und vermittelte mit der Turmuhr, den Turmbläsern sowie den die Stunden ausrufenden Nachwächtern den Faktor „Zeit" an die StadtbewohnerInnen. 1482 wurde der Stadtturm offiziell in „Rathaus" umbenannt.

Die Nebengebäude wurden in den ersten beiden Dezennien des 16. Jahrhunderts Richtung Rathausplatz und auch salzachseitig in der heutigen Dimension ausgebaut. Im Ratssaal tagte der Stadtrat, urteilte das Stadtgericht und wurden bürgerliche Tanzveranstaltungen abgehalten. Auch die städtische Kanzlei, die Boten- und Postzentrale, das Zeughaus und ein Vorläufer des Stadtarchivs befanden sich hier. Der Stadtschreiber, die Stadthebamme und andere Beamte hatten im Rathaus ihre Dienstwohnungen. Verkaufsläden und Lagerräume waren an verschiedene Berufsgruppen, wie die Stadtbäcker, vermietet.

Unter den absolut herrschenden Erzbischöfen der frühen Neuzeit wurden Bürgermeister und Stadtrat auf rein administrative und Repräsentationsaufgaben beschränkt und das Rathaus für diese Nutzung 1616 bis 1618 umgebaut. Nun entstanden die Säulenhalle im ersten Stock und darüber ein großer repräsentativer Tanzsaal. Die wehrhaften Zinnen wurden beseitigt, der Turmaufsatz kuppelförmig eingedacht und das Gebäude mit hohen Rundbogenfenstern und Ochsenaugen versehen. Die Nutzung des Rathauses als Sitz des erzbischöflichen Stadtgerichts trat in den Vordergrund, woran die von Hans Waldburger geschaffene Statue der „Justitia" über dem Eingangsportal erinnert. Der Magistrat war hingegen äußerst beengt untergebracht. 1675 und 1772 bis 1775 erfolgten neuerliche Umbauten und das Rathaus erhielt seine heutige Rokokofassade.

In nacherzbischöflicher Ära beherbergte das Rathaus weiterhin die Stadtverwaltung, diente als bürgerlicher Veranstaltungsort, wurde Standort der Stadtpolizei und 1855 für zwei Jahrzehnte erster Sitz der damals noch kommunalen „Salzburger Sparkasse".

Mit der Erlangung der Gemeindeautonomie erhielten Gemeinderat und Bürgermeister neue politische Bedeutung. Nach Erlassung des Gemeindestatutes wurde der ehemalige Tanzsaal durch Einzug einer Mauer in Ratssaal und Vorsaal geteilt. 1870 fand die erste Gemeinderatssitzung im neuen Sitzungssaal statt.

1928 wurde salzachseitig das Dachgeschoss ausgebaut, womit die Fassade an der Salzach ihr heutiges Aussehen erhielt. 2012 wurden groß angelegte Umbauten im Inneren des Rathauses abgeschlossen.

Fassade des Rathauses, Architekturzeichnung von Mathias Karlstorffer, 1799.
Salzburg Museum, Inv.-Nr. 14.033/49.

DIE BÜRGERSTADT UM 1500

Die Stadt Salzburg zählte um 1500 rund 5000 EinwohnerInnen und galt damit als europäische Mittelstadt. Zum Burgfrieden, den Bereich des Stadtgerichts, gehörten außer der Innenstadt auch die Vorstädte Mönchsberg, Nonntal, Mülln, Innerer und Äußerer Stein sowie Parsch. Für das Jahr 1531 sind – ohne Hofgesinde und Geistlichkeit – 4600 EinwohnerInnen belegt.

Über das Aussehen der damaligen Stadt und die Häuser ihrer BewohnerInnen unterrichten uns die beiden ältesten Ansichten der Stadt Salzburg. Die zwei Holzschnitte, die nach Vorzeichnungen des Nürnberger Malers Michael Wolgemut aus den Jahren 1452 bis 1465 angefertigt wurden, erschienen 1493 in der in Nürnberg in deutscher und lateinischer Sprache gedruckten Weltchronik des Arztes, Humanisten und Geschichtsschreibers Hartmann Schedel. Die bekannte, große repräsentative Stadtansicht zeigt Salzburg von Mülln, die kleine, erst 1992 von Wilfried Schaber unter den so genannten „Phantasieansichten" als Salzburg-Ansicht identifiziert, überliefert im unteren Bildstreifen den Blick, der sich aus Südosten (von oberhalb des Nonnbergs) bot. Diese Stadtansicht kommt dreimal in der lateinischen und zweimal in der deutschen Ausgabe vor.

Die Stadt wird von der Festung Hohensalzburg und dem Trompeterschlössl beherrscht, der alte romanische Dom, die Kirchen, Türme und Stadtmauern und der markante Rathausturm fallen ins Auge. Die Wohnbebauung steht in der Bildhierarchie an letzter Stelle. Dennoch lässt der Blick auf die Bürgerstadt erkennen, dass die Bürgerhäuser noch nicht dicht zu Zeilen verbaut sind, sondern noch einzeln, durch Traufengassen, Gärten und Höfe getrennt, stehen. Es dominieren die Satteldächer gegenüber vereinzelten Grabendächern. Auch der Fachwerkstil war bis in das 15. Jahrhundert weit verbreitet. 1327 wird in einer Urkunde ausdrücklich erwähnt, dass nur jedes zweite Haus in der Stadt gemauert war.

Über die Ausstattung der Häuser ist wenig bekannt. Nachgewiesen sind in Steinobjekte eingebaute hölzerne Bohlenstuben zur Hebung der Wohnqualität. Aus dem 15. und frühen 16. Jahrhundert stammen Wandmalereien mit ornamentalem Dekor und Wappendarstellungen, geschnitzte Tramdecken und Täfelungen. Die einfachen Fenster dieser Häuser waren feststehend und mit Butzenscheiben verglast, durch Schiebekonstruktion konnten Teile der Fenster in ein Wandfach geschoben und dadurch geöffnet werden.

In den Jahrzehnten um 1500, also der Zeit der größten Autonomie der Stadt, erlebte diese einen Bauboom. Eine starke Verdichtung der Bürgerstadt war die Folge. Die Zeilenverbauung wurde zur Regel und damit entstand auch eine neue Dachform, das Grabendach hinter ringsumlaufenden, zinnengeschmückten Vorschussmauern. Die in der Erzabtei St. Peter erhaltene Stadtansicht aus dem Jahre 1553 dokumentiert diese tief greifenden Veränderungen. Die gotischen Häuser mit spitzen und weit heruntergezogenen (Sattel-)Dächern sind hohen, dächerlosen und stark durchfensterten Fassaden gewichen und die Bürgerhäuser sind fast alle vier- bis fünfgeschoßig.

Michael Wolgemut, Tracia, Holzschnitt in der lateinischen Ausgabe aus der Weltchronik des Hartmann Schedel, Nürnberg 1493.
Der untere Bildstreifen dieser Phantasieansicht zeigt die Stadt Salzburg von Südosten aus gesehen: links der romanische Dom, rechts davon der Rathausturm, dann die Salzach und das Äußere Steintor. Rechts im Vordergrund die Stadtmauer mit dem Inneren Nonntaltor vorne und dahinter kleiner das Kumpfmühltor. In der Bildmitte ist der Turm des Chiemseehofes zu erkennen.

Nächste Seite:
Die älteste Stadtansicht von Salzburg: Michael Wolgemut, Salzburg um 1460, Holzschnitt aus der Weltchronik des Hartmann Schedel, Nürnberg 1493.

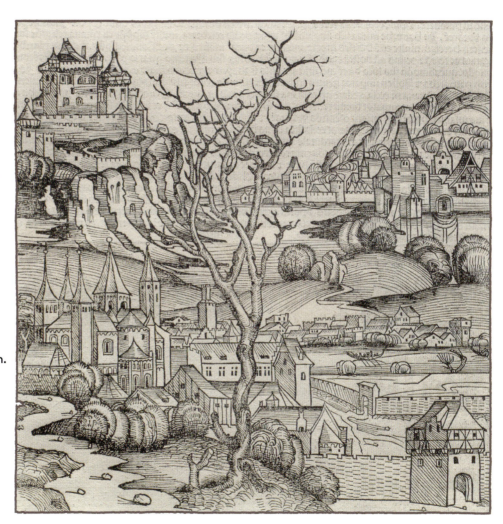

DAS JAHR 1511
UND SEINE FOLGEN

Die mit dem Regierungsantritt Leonhards von Keutschach (1495–1519) einsetzenden Versuche, die weitreichende städtische Autonomie zurückzudrängen, mündeten in jahrelange Auseinandersetzungen, die 1511 durch einen Gewaltakt des Stadtherrn beendet wurden. Der Erzbischof ließ den Bürgermeister und den Stadtrat gefangen setzen und zwang die Bürgerschaft zum Verzicht auf das Recht der freien Ratswahl. Der Zustand, wie er vor 1481 geherrscht hatte, wurde wieder hergestellt.

Die Stadtverwaltung lag wiederum in den Händen des Stadtrichters und zweier Bürgermeister, die von der Bürgerversammlung vorgeschlagen und vom Erzbischof genehmigt werden mussten. Die Bürger wurden verpflichtet, dem Stadtherrn den Treueid abzulegen. Versammlungen bedurften seiner Zustimmung und der Keutschacher behielt sich vor, die von den Bürgern erlassene Stadtordnung abzuändern, aufzuheben oder neu zu erlassen.

Die neuen städtischen Amtsträger begannen sofort damit, den Besitzstand der Stadt und die gültigen Ordnungen aufzuzeichnen. 1512 legten die Bürgermeister Virgil Waginger und Sebastian Klanner das älteste Stadturbar an und erließen eine Ordnung für das Bruderhaus St. Sebastian. Der neue Spitalmeister Sebastian Waginger, der Bruder des Bürgermeisters, ließ ein prachtvolles Güterverzeichnis des Bürgerspitals ausführen, verzeichnete alle Urkunden und die Spitalsordnung. Auch die ältesten Ratsprotokolle setzen 1512 ein.

1515 schuf Bürgermeister Virgil Waginger ein 484 Blätter umfassendes neues Stadturbar. Der Codex mit einem prächtigen Ledereinband mit Blindprägung und Messingschließen wurde im Jahr 2000 vom Archivrestaurator Christian Moser aufwändig restauriert. Am Buchblockrücken kamen dabei Fragmente einer pergamentenen Notariatsurkunde von 1468/69 zum Vorschein.

Das Stadturbar von 1515 verzeichnet folgende Objekte in städtischem Besitz: das Niederleghaus in der Getreidegasse, das Waaghaus und das Stadtgerichtshaus am Waagplatz, den Stadtturm mit dem Rathaus und Amtshaus samt Nebengebäuden, das Frauenhaus (Bordell) und das daneben liegende Scharfrichterhaus in der Herrengasse, das Haus des Brudermeisters von St. Sebastian, elf Läden auf der Stadtbrücke und Stände sowie Fischkalter am Fischmarkt.

Im Rathaus wohnten der Stadtschreiber, die Stadthebamme, der Ratsknecht und Stadtmautner, der Weinrufer (eine Art Makler) und der Stadtprediger. Die Zeugkammer, die Große Ratsstube und ein Schreibstüberl sind ebenso dokumentiert wie der Vorläufer des Stadtarchivs, ein Gewölbe zur Aufbewahrung „Gemainer Stat Brief". Im Amtshaus befand sich das Gefängnis mit Ketten, Fuß- und Halseisen, Steinen und Gewichten für die Folter. Das Urbar verzeichnet auch Einnahmen und Ausgaben, darunter für den Betreuer der Stadtuhr und die Nachtwächter, die am Stadtturm und in den Gassen den Dienst versahen und auch die Stunden ausriefen.

Bei der Restaurierung des Buchblockrückens kamen Pergamentfragmente einer Urkunde mit dem Notariatszeichen des Leonardus Angerer zum Vorschein.

**„Gemainer Stat Salltzburg urber"
(Stadturbar) von 1515.**

*Stadtarchiv Salzburg, Städtisches Archiv,
Buchförmige Archivalien 257.*

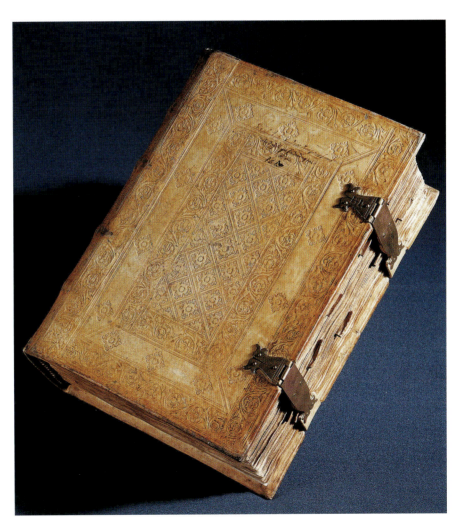

MATTHÄUS LANG, DIE REFORMATION UND DER „LATEINISCHE KRIEG"

In den letzten Lebensjahren Leonhards von Keutschach bestand ein Machtgleichgewicht zwischen dem Stadtherrn und der Bürgerschaft, die Mandate des Erzbischofs ignorierte und die städtischen Positionen ausbaute. Das Rathaus wurde bis 1523 massiv erweitert und erhielt jenes Aussehen, mit dem es auf der Stadtansicht von 1553 als drittwichtigstes Profangebäude der Stadt erscheint. 1512 wurde an das Rathaus anschließend ein neues Amtshaus mit Gefängnis errichtet. Salzachabwärts stand ab 1511 das neue Niederleghaus, das entgegen erzbischöflichem Gebot weiter ausgebaut wurde. Das alte Stadtgerichtshaus am Waagplatz wurde 1523 als Stadttrinkstube adaptiert.

Beim Regierungsantritt von Kardinal Matthäus Lang 1519 versuchte die Stadt erfolglos eine Annullierung der Bestimmungen von 1511 zu erwirken. Als der Erzbischof dann eine neue Getränkesteuer einführen wollte, wurde deren Genehmigung von den Bürgern an die Bestätigung der städtischen Privilegien und auch Zugeständnisse in religiösen Fragen geknüpft. Die neue Lehre Luthers hatte durch Handelskontakte zur Reichsstadt Nürnberg und Salzburger Studenten in Wittenberg auch im Salzburger Bürgertum, insbesondere bei den reichsten Geschlechtern, Anhänger gefunden und der Abt von St. Peter, Johann von Staupitz (gest. 1524), einst direkter Vorgesetzter des Reformators, war diesem freundschaftlich verbunden. In Salzburg wurden lutherische Bücher gelesen und beim damals einzigen Buchhändler in der Stadt zum Kauf angeboten.

Die Lage war angespannt, der Erzbischof griff rigoros durch. Seine Juristen werteten die Verweigerung der neuen Steuer als klare Widersetzlichkeit der Untertanen gegen den Landesfürsten. Kardinal Lang ließ die Festung besetzen und Geschütze auf die Stadt richten. Er überrumpelte die Bürger mit einem Trupp angeworbener Söldner und ritt am 11. Juli 1523 als Sieger im Prunkharnisch mit rotem Mantel und Kardinalshut in die Stadt ein. Lang übernahm von den beiden Bürgermeistern, die kniefällig um Gnade baten, die Stadtschlüssel. Gleich seinem Vorgänger erzwang Matthäus Lang die Zusage, jede künftige Stadtordnung bedingungslos zu akzeptieren, auf alle seit 1481 strittigen Rechte zu verzichten und ihn uneingeschränkt als Stadtherrn anzuerkennen. Wenige Tage später erließ er ein scharfes Religionsmandat gegen die lutherische Lehre.

Mit dem unblutigen „Lateinischen Krieg" kam der jahrzehntelange Kampf zwischen dem Erzbischof und der Bürgerschaft zum Abschluss. Ein Symbol dafür war der Bau des Bürgermeisterturms oberhalb des Kaiviertels, errichtet um die Bürger zu „meistern". Die Geschütze dieses ersten modernen Geschützturmes der Festung waren auf die Altstadt gerichtet. Im Herbst 1524 publizierte Kardinal Lang die „Regensburger Einung", die das Festhalten am katholischen Glauben festschrieb und entsprechende Maßnahmen, wie das Verbot eines Studiums in Wittenberg, setzte. Die neue Lehre blieb aber im Untergrund verbreitet, von Strafmaßnahmen gegen wohlhabende Bürger wurde aus wirtschaftlichen Überlegungen abgesehen. Scharf verfolgt wurden ab 1527 hingegen die Anhänger der radikalreformatorischen Täufer, mehrere von ihnen aus der Stadt Salzburg wurden hingerichtet.

Meister der Donauschule:
Kardinal Matthäus Lang
von Wellenburg, 1529.
Öl/Pergament, 1954 auf
Mahagoniholz übertragen,
Kunsthistorisches Museum
Wien, Gemäldegalerie,
Inv.-Nr. 5636.
*© Residenzgalerie Salzburg,
Aufnahme Fotostudio Ghezzi,
Oberalm.*

DIE STADT- UND POLIZEIORDNUNG 1524

Ein Jahr nach dem „Lateinischen Krieg", im Sommer 1524, erließ Kardinal Matthäus Lang eine umfassende neue „Stadt- und Polizeiordnung" für Salzburg. Der erste Teil des Gesetzes regelte die Stadtverfassung und Verwaltung. Der Stadtrichter war allein dem Stadtherrn verantwortlich und durch seinen Eid an diesen gebunden. So wie er wurden auch der Bürgermeister und die zwölf Räte vom Erzbischof ernannt. Neu war der aus 48 Personen bestehende Äußere Rat, der gemeinsam mit dem Inneren den Großen Rat bildete. Im Äußeren Rat sollten alle Handwerkssparten vertreten sein und es wurden für diesen von jedem Stadtviertel zwölf Bürger gestellt. Ratssitzungen durften grundsätzlich nur im Beisein des Stadtrichters stattfinden, sonst waren die Beschlüsse ungültig. Als Beisitzer des Stadtgerichtes fungierten der Bürgermeister, sechs Stadträte und zwei Mitglieder des Äußeren Rates.

Das Malefizgericht für todeswürdige Vergehen wurde vom Stadtgericht getrennt und zählte 36 Beisitzer. Der Stadtrichter durfte Todesurteile verhängen und nach Bestätigung durch den Landeshauptmann vollstrecken lassen. Die Stadt- und Polizeiordnung enthielt auch genaue Vorschriften für das Amt des Stadtkämmerers und weitere Ämter und Funktionen, die durch zusätzliche Aufgaben notwendig geworden waren.

Der noch umfangreichere zweite Teil der Stadt- und Polizeiordnung regelte die Aufrechterhaltung der öffentlichen Ordnung und Sicherheit und griff in viele bürgerliche Lebensbereiche wie etwa Handel und Gewerbe beaufsichtigend und reglementierend ein. Dieser Abschnitt setzt sich unter anderem auch mit Sozialeinrichtungen, dem Bettelwesen oder der Markt- und Feuerpolizei auseinander und enthält Vorschriften bezüglich Löhne, Preise, Arbeitszeiten, Maß und Gewicht oder Zölle. Eine „gute Polizey" zur genauen Überwachung der Bevölkerung wurde installiert und insbesondere für Zusammenrottung und Rebellion harte Strafen vorgesehen.

Nicht immer eindeutig ist, ob bei der Verwendung des Maskulinums (z. B. „die Inwohner") Ge- und Verbote ausschließlich an Männer gerichtet oder auch Frauen „mitgemeint" sind, da relativ häufig Paarformulierungen (z. B. „Burger und Burgerin") verwendet werden. Wie andere zwischen dem 13. und 16. Jahrhundert entstandene Rechtstexte zeugt die Stadt- und Polizeiordnung von einer eingeschränkten Rechtsfähigkeit von Frauen. Sie enthält aber auch Regelungen eines funktionsbezogenen Schutzes von Frauen, um deren Rolle als Hüterin familiärer Strukturen und damit der bestehenden Gesellschaftsordnung zu manifestieren und einige wenige direkt an Frauen gerichtete Handlungsanweisungen. So etwa für die Witwe eines Handwerksmeisters, der es erlaubt war, noch ein Jahr nach dem Tod des Ehemannes den Betrieb weiter zu führen oder für die „Hingeberin", die Verkäuferin, als Vertreterin eines offensichtlich hauptsächlich von Frauen ausgeübten Gewerbes.

Die Stadt- und Polizeiordnung, das erste neuzeitliche Gesetzeswerk eines Salzburger Erzbischofs, bestimmte fortan das Leben in der Haupt- und Residenzstadt und blieb bis zum Ende der geistlichen Herrschaft (1803) im Wesentlichen in Geltung.

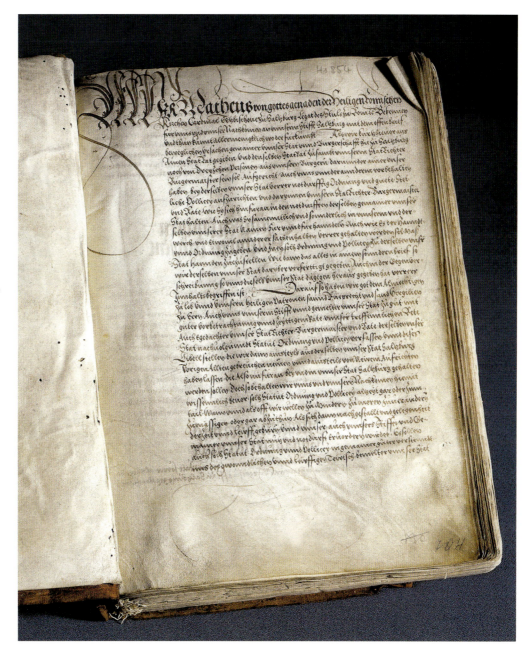

Erste Textseite der von Kardinal Matthäus Lang am 18. Juli 1524 erlassenen „Stadt- und Polizeiordnung".
Stadtarchiv Salzburg, Städtisches Archiv, Buchförmige Archivalien 3.

ERHEBUNG GEGEN DEN STADTHERRN IM „BAUERNKRIEG" 1525

Ein Jahr nach der Erlassung der Stadt- und Polizeiordnung bot sich zum letzten Mal die Möglichkeit einer Änderung der Machtsituation. Im so genannten Bauernkrieg des Jahres 1525, der Erhebung der Gasteiner und Rauriser Gewerken gegen ihren Landesherrn, drohte zeitweilig sogar das Ende der geistlichen Herrschaft. Als der Aufstand, dem sich Bergknappen und Bauern anschlossen, in den Gebirgsgauen losbrach, verhielten sich die wohlhabenden Salzburger Bürger eher ablehnend. Die Mehrheit der Stadtbewohner sympathisierte aber mit den Aufständischen. Nach militärischen Erfolgen der Aufständischen, der Besetzung der Feste Hohenwerfen und der Salinenstadt Hallein, wurde ihnen die Stadt Salzburg am 6. Juni 1525 kampflos übergeben. Kardinal Matthäus Lang zog sich mit einem Gefolge von 60 Personen auf die gut verproviantierte Festung Hohensalzburg zurück. Knappen, Bauern und städtische Unterschichten plünderten die erzbischöfliche Residenz.

Der auf seiner Festung von den Aufständischen belagerte Erzbischof wurde zum Spielball der Nachbarfürsten, die sich Salzburg einverleiben wollten. Die Gewerken als Führer des Aufstandes tendierten zu den Habsburgern, andere neigten Bayern zu. Die Stadt Salzburg erstellte einen radikalen Forderungskatalog, in dem auch religiöse Fragen eine wichtige Rolle spielten. In den 59 Artikeln wurden u. a. die freie Predigt des Evangeliums und gute Prediger ebenso gefordert wie die Einsetzung des Stadtpfarrers durch die Stadtgemeinde. Das Erzstift sollte säkularisiert, der Erzbischof auf sein geistliches Amt beschränkt werden. Domkapitel und Klöster wollte man auflösen und die Regierung den Landständen übertragen.

Durch die militärische Entwicklung blieben diese Pläne nur eine Episode, denn Matthäus Lang gelang es durch die Anerkennung des jungen Herzogs Ernst von Bayern als seinen Koadjutor und Nachfolger ein Bündnis mit Bayern zu schließen und durch große Geldsummen eine Hilfszusage des Schwäbischen Bundes, damals die bedeutendste Kriegsmacht in Süddeutschland, zu erhalten. Nach über zwei Monaten Belagerung wurde der Kardinal von Truppen des Schwäbischen Bundes unter Herzog Ludwig von Bayern und dem bekannten Landsknechtsführer Georg von Frundsberg entsetzt. Nach einem Waffenstillstand und einem Vertrag zwischen den Aufständischen und dem Schwäbischen Bund zogen Kardinal Lang und Herzog Ludwig von Bayern Anfang September 1525 feierlich in die Stadt ein. Die Bürgerschaft musste erneut huldigen und die Stadtschlüssel übergeben. Die Bürger hatten den beachtlichen Anteil an den Kriegskosten zu übernehmen und 14 Bürger leisteten dem Schwäbischen Bund und dem Bayernherzog Bürgschaft für eine Entschädigung von 14.000 Gulden. Ein nochmals vorgelegtes abgeschwächtes städtisches Forderungsprogramm wurde abgewiesen. Der Stadtherr hatte dank seiner für damalige Verhältnisse unbezwingbaren Festung endgültig über die Bürgerschaft gesiegt und den Fortbestand des geistlichen Fürstentums gesichert.

Der angebliche Bauernführer Mattias Stöckl,
Ölgemälde auf der Festung Hohensalzburg.

Salzburg Museum, Inv.-Nr. 1194/91.

Salzburg vom Kapuzinerberg 1553. Kolorierte Federzeichnungen in der Erzabtei St. Peter (Ausschnitt).
Kunstsammlungen der Erzabtei St. Peter, G 411.

PARACELSUS IN SALZBURG

Eine Marginalie in der Zeit des Bauernkrieges ist der erste Aufenthalt des Naturforschers, Philosophen, Laientheologen und Sozialvisionärs Theophrast von Hohenheim, genannt Paracelsus, in Salzburg. 1493 in Einsiedeln in der Schweiz geboren, verbrachte er seine Jugend in Kärnten und kam nach dem Universitätsstudium und seinem Wirken als Feldarzt nach Salzburg. Der junge Arzt wohnte 1524/25 im Haus Pfeifergasse 11, in unmittelbarer Nachbarschaft des Rapplbades, und stand in freundschaftlicher Beziehung zu Badern und Wundärzten, aber auch zum gehobenen, teils studierten Bürgertum.

Paracelsus befasste sich in Salzburg mit den theologischen Streitfragen der Zeit und verfasste frühe kirchenkritische Schriften, die ihn als eigenwilligen religiösen Denker ausweisen. Besonders bekannt ist ein Brief, den er Ende März 1525 von Salzburg aus an das Wittenberger Dreigestirn Martin Luther, Johannes Bugenhagen und Philipp Melanchthon übersandte. Eine mehrfach angenommene Verstrickung des Hohenheimers in den Salzburger „Bauernkrieg" kann nicht nachgewiesen werden. Noch bevor die mit den Aufständischen sympathisierenden Bewohner der Residenzstadt diesen die Stadttore öffneten, verließ er Ende Mai 1525 die Stadt und reiste über Ingolstadt, Neuburg und Tübingen in den deutschen Südwesten.

In Straßburg erwarb der Hohenheimer 1526 das Bürgerrecht und ein Jahr später wurde er Stadtarzt und Universitätslektor in Basel, verließ die Stadt aber nach einem Streit mit der Kollegenschaft fluchtartig. 1529 verlegte er in Nürnberg seine ersten Schriften unter dem Namen „Paracelsus".

In den 1530er Jahren hielt er sich mehrfach in der Schweiz auf. 1536 erschien in Augsburg sein erstes großes medizinisches Werk, die „Große Wundarznei". Sein letztes Lebensjahr verbrachte Paracelsus wieder in der Stadt Salzburg. Hier machte er am 21. September 1541 im Gasthof zum „Weißen Roß" an der Kaigasse sein Testament und verstarb drei Tage später. Er wurde auf dem Armenfriedhof St. Sebastian beigesetzt. Sein für die Stadtarmen bestimmtes Legat kam dem Bruderhaus an der Linzer Gasse zu Gute, dessen Rechnungsbuch für das Jahr 1542 den Empfang von zehn Gulden verzeichnet.

Zu Lebzeiten des Paracelsus wurden nur vier seiner medizinischen und zwölf astronomisch-prognostischen Schriften gedruckt. Insgesamt hinterließ er mit mehr als 200 Schriften ein kaum überschaubares Gesamtwerk. In der Medizingeschichte werden seine generellen Leistungen, wie etwa das Eintreten für ein Standesethos des Arztes, die Betonung der Heilkraft der Natur, seine Ganzheitsbetrachtung und die Rolle in der pharmazeutischen Chemie ebenso gewürdigt wie in Teilgebieten (Gewerbemedizin, Bäderwesen etc.). Paracelsus war kein Reformator oder Wegbereiter der modernen Medizin, aber der letzte Arzt, der eine geschlossene Theorie der Medizin vorlegte. Die moderne Forschung würdigt auch seine Rolle als Laientheologe, Philosoph und Sozialreformer.

In Salzburg entstand früh eine rege Paracelsustradition. 1752 wurde ein Grabdenkmal für Paracelsus in der Kirchenvorhalle von St. Sebastian errichtet. Auch Sage und Dichtung nahmen sich seiner Person an.

Rechnungsbuch
des Bruderhauses St. Sebastian
für das Jahr 1542.

Stadtarchiv Salzburg, Stiftungsarchiv, Buchförmige Archivalien 756.

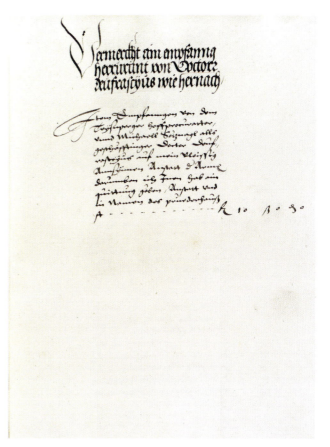

Eintrag über den Empfang von zehn Gulden aus dem
Nachlass des „Doctor Deufrascyus", genannt Paracelsus,
im Rechnungsbuch von 1542.

Stadtarchiv Salzburg, Stiftungsarchiv, Buchförmige Archivalien 756.

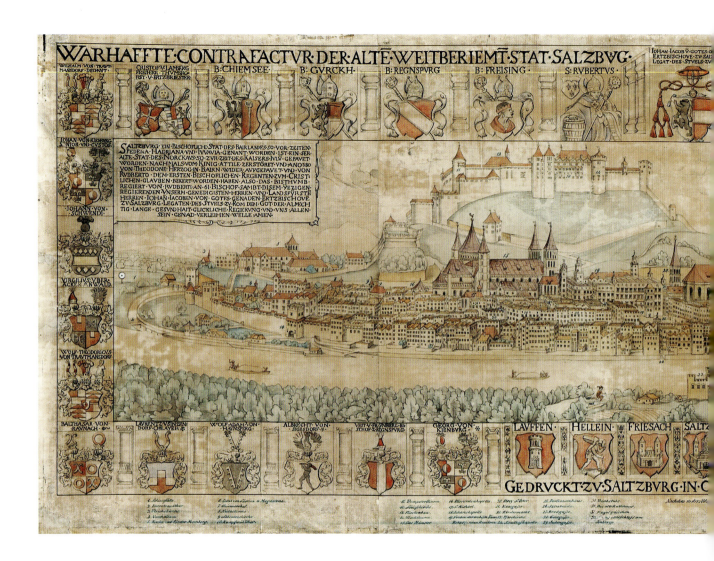

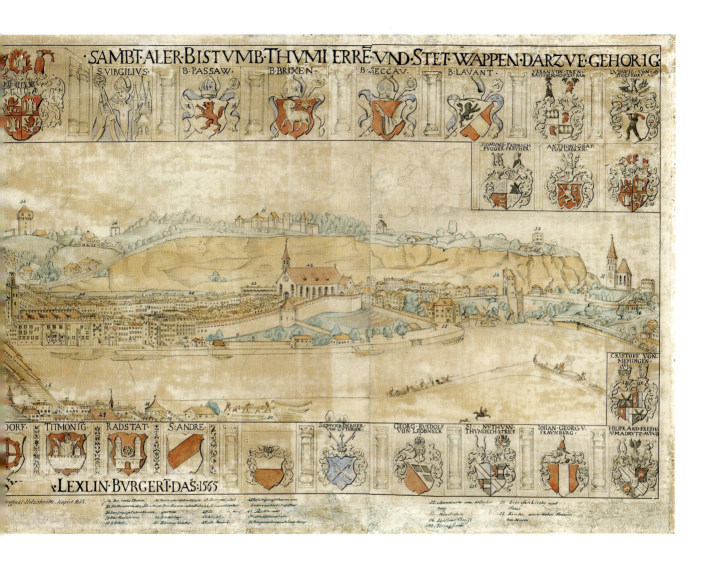

Salzburg vom Kapuzinerberg im Jahr 1565.
Originalgroße Kopie in Bleistift und Aquarell des verschollenen Holzschnittes,
1858 von Georg Pezolt angefertigt.

Salzburg Museum, Inv.-Nr. 1331/49.

WOLF DIETRICH – EIN ABSOLUTER FÜRST

Wolf Dietrich von Raitenau, der wohl populärste aller Salzburger Erzbischöfe, der 1587 als 28-Jähriger die Regierung übernahm, ist als Bauherr des barocken Salzburg und Förderer und Mäzen der schönen Künste in die Geschichte eingegangen. Seine Beziehung zu Salome Alt, die ihm 15 Kinder gebar, und sein tragisches Ende haben ihm bis heute Sympathien bewahrt.

Als überzeugter Vertreter des fürstlichen Absolutismus regierte er Salzburg zweieinhalb Dezennien despotisch und mit Machtbesessenheit. Als absoluter Fürst fühlte er sich an keine Gesetze gebunden und regelte viele Bereiche in der Verwaltung nach seinen Vorstellungen neu.

An die Spitze der Stadtverwaltung Salzburgs – und damit Bürgermeister und Räten vorangestellt – trat nun ein Stadthauptmann. Der Stadtrichter wurde durch den Stadtsyndikus ersetzt und die Blutgerichtsbarkeit dem Hofrat unter Vorsitz des Erzbischofs übertragen. Mit den höchsten Positionen in der Stadtverwaltung wurden landfremde Adelige betraut. Durch diese Reformen wurde der politische Spielraum der Residenzstadt noch mehr als bisher eingeschränkt.

Die gegenreformatorischen Maßnahmen Wolf Dietrichs führten zu personellen Änderungen im Stadtrat und durch die Emigration zahlreicher alter städtischer Familien zu einem Wandel in der Führungsschicht. Die Aufforderung zur Ablegung des katholischen Glaubensbekenntnisses beantworteten mehrere Stadträte mit ihrem Rücktritt. Trotzdem ging der Fürst weiter kompromisslos vor. Im September 1588 erließ er ein scharfes Religionsmandat. Sämtliche des Protestantismus verdächtige Personen seiner Residenzstadt sollten sich öffentlich zur katholischen Religion bekennen oder aber Salzburg verlassen. Rund 20 wohlhabende Bürger wanderten daraufhin in protestantische Reichsstädte und das benachbarte Oberösterreich aus.

Die Machtverhältnisse werden auch durch Herrschaftssymbole deutlich, wie ein bekannter Vorfall, dessen Ergebnis noch heute sichtbar ist, zeigt. Da die von Wolf Dietrich geplante neue Stadtbrücke keine Fleischbänke mehr beherbergen sollte, schenkte er der Stadt Grund am Gries, um dort zwölf neue Fleischbänke zu errichten. Der Erzbischof stellte darüber am 11. Juni 1608 einen feierlichen „Donations- und Übergabebrief" aus. Die Stadt erbaute daraufhin auf ihre Kosten den Fleischbankstock am Gries und ließ am Neubau ein steinernes Stadtwappen anbringen. Auf Befehl des Raitenauers musste dieses aber sofort wieder entfernt und durch sein Wappen (mit zwei kleinen städtischen Wappen als deren Basis) ersetzt werden. Zweifelsohne ist es ähnlich zu verstehen, dass das Portal des Rathauses seit 1616 mit der Justitia, dem Symbol des ebenfalls im Rathaus untergebrachten Stadtgerichts unter Vorsitz des erzbischöflichen Syndikus, geschmückt ist.

Eigenhändig unterfertigte Schenkungsurkunde Erzbischof Wolf Dietrichs vom 11. Juli 1608.

Stadtarchiv Salzburg, Städtisches Archiv, Urkundenreihe.

Der Bauzustand von Residenz und Neugebäude zu Ende der Regierungszeit von Erzbischof Wolf Dietrich von Raitenau im Jahr 1612. Der Domneubau war ein Jahr zuvor in Höhe der Fundamente stehen geblieben. „Steckbild" von Richard Schlegel aus den Jahren 1936–1940.

© Walter Schlegel, Foto: Stadtarchiv Salzburg 2004.

DAS BAROCKE SALZBURG

Erzbischof Wolf Dietrich leitete jene, fast zweihundert Jahre dauernde Phase ein, in der die Stadt Salzburg eine grundlegende Umgestaltung im Sinne des Barocks erfuhr. Sofort nach seinem Regierungsantritt begann er, die spätmittelalterliche Stadt zur modernen Residenzstadt im Sinne der Spätrenaissance und des Frühbarocks umzugestalten. Am Beginn seiner rund 70 Bauvorhaben in der Stadt stand die Schaffung einer repräsentativen Residenz. Dem so genannten „Neubau" gegenüber dem alten Bischofshof musste eine Reihe von Bürgerhäusern am heutigen Mozartplatz weichen. Danach begann er mit dem Umbau des alten Bischofshofes zur Residenz, die – bei Beseitigung der alten Käsgasse sowie weiterer Bürgerhäuser – bis zur heutigen Sigmund-Haffner-Gasse, erweitert wurde. Insgesamt fielen 50 Bürgerhäuser den erzbischöflichen Planungen zum Opfer.

Der Raitenauer ließ den mittelalterlichen Bezirk rund um den Dom niederreißen, den Domfriedhof beseitigen und nach einem Brand (1598) den schwer beschädigten romanischen Dom abtragen. Nach Plänen des venezianischen Architekten Vincenzo Scamozzi sollte ein monumentaler Domneubau ausgeführt und Salzburg zu einer idealen Stadt mit fünf Plätzen umgestaltet werden. Ein erster, gigantischer Domentwurf kam nicht zur Ausführung. 1611 wurde mit dem Bau eines Nord-Süd-gerichteten Domes begonnen, dessen Fassadenausrichtung zum Residenzplatz die Schleifung weiterer Bürgerhäuser am Waagplatz bedeutet hätte. Dieser Bau scheiterte, ebenso wie jener einer ersten steinernen Brücke über die Salzach, am Sturz des ehrgeizigen Erzbischofs im „Salz-Streit" mit Bayern. Ab 1612 wurde er in der Festung Hohensalzburg gefangen gehalten, starb dort fünf Jahre später und wurde in seinem Mausoleum, der Gabrielskapelle am Sebastiansfriedhof, beigesetzt. Diese im Stil eines Campo Santo als Ersatz für den alten Domfriedhof neu geschaffene Begräbnisstätte zählt ebenso wie Franziskanerkloster, Kapuzinerkirche und -kloster, Hofmarstall und Schloss Altenau (später Mirabell) zu den bleibenden Leistungen des Raitenauers. Auch seine Infrastrukturmaßnahmen, die neu angelegte Kapitel-, Franziskaner-, Hofstall und Griesgasse und die Standortverlegung der Stadtbrücke zum Rathaus, wirken bis heute nach.

Dennoch war Salzburg bei seinem Sturz noch eine unvollendete „Baustelle". Große Bauvorhaben, wie Domneubau und Fertigstellung der Residenz, hatte er seinen Nachfolgern hinterlassen. Der von seinem Vetter und Nachfolger Markus Sittikus von Hohenems 1612 aus Rom als Hofbaumeister nach Salzburg berufene Santino Solari stellte in dieser Zeit durch sein 34jähriges Wirken in der Stadt eine Kontinuität in der Stadtplanung dar. 1614 begann er mit dem Bau des neu konzipierten Domes, der – obwohl noch immer nicht ganz fertig gestellt – unter Erzbischof Paris Graf Lodron 1628 feierlich geweiht wurde. Mit der Eröffnung des Gymnasiums der Benediktiner im Jahr 1617 schuf Markus Sittikus den Vorläufer der Salzburger Universität, die – ebenfalls unter seinem Nachfolger eröffnet – heute dessen Namen (Alma Mater Paridiana) trägt. Auch als Bauherr des Lustschlosses Hellbrunn hat sich Markus Sittikus einen Namen gemacht.

Erzbischof Markus Sittikus von Hohenems (1612–1619) mit seinen wichtigsten Bauten, dem barocken Dom sowie Schloss und Garten Hellbrunn.
Porträt 1618, Arsenio Mascagni zugeschrieben, im Schloss Hellbrunn.

© *Schlossverwaltung Hellbrunn, Foto Sulzer.*

SCHLOSS MIRABELL

Das Schloss wurde 1606 von Erzbischof Wolf Dietrich von Raitenau für seine Gefährtin Salome Alt, eine Salzburger Bürgerstochter, und die gemeinsamen Kinder außerhalb der mittelalterlichen Stadtmauern „an den ungestümen Wassern der vorbei fließenden Salzach" als Lustschloss und zugleich adeliger Ansitz errichtet. Der gewählte Name „Altenau" war das Adelsprädikat von Salome Alt und der vom Kaiser legitimierten Kinder, die 1609 als „Alt von Altenau" in den erblichen Adelsstand erhoben wurden. Teile des Schlosses Altenau haben sich im Südwesteck der Schlossanlage, in dem sich heute die Räumlichkeiten des Bürgermeisters befinden, erhalten.

Nach dem Sturz Wolf Dietrichs (1612) änderte sein Nachfolger Markus Sittikus von Hohenems den Namen des Schlosses in „Mirabella". Er hatte bereits als Dompropst in Konstanz eine Villa in einem Mirabellgarten (Mirabellen sind gelbe Zwetschgen) besessen und übertrug diesen Namen nach Salzburg. Mirabell wurde von Erzbischof Paris Lodron in den neuen starken Befestigungsgürtel der Stadt einbezogen und in der Folge zu einer Vierflügelanlage um einen großen Innenhof ausgebaut. Es diente nun als erzbischöfliche Sommerresidenz. Im Jahr 1689 leitete Erzbischof Johann Ernst Thun mit der Neugestaltung der Gärten durch Johann Bernhard Fischer von Erlach die Umgestaltung der Anlage in eine hochbarocke Residenz ein.

Erzbischof Franz Anton Graf Harrach beauftragte den berühmten österreichischen Barockbaumeister Johann Lukas von Hildebrandt mit einer großzügigen Umgestaltung und Vereinheitlichung der Baukörper. In sechsjähriger Bauzeit erstand 1721 bis 1727 eine der prächtigsten barocken Sommerresidenzen im heutigen österreichischen Raum. Im Inneren des Schlosses schuf Hildebrandt in Zusammenarbeit mit dem Bildhauer Georg Raphael Donner die einzigartige Marmorstiege, neben dem Marmorsaal die bedeutendste hochbarocke Raumschöpfung auf Salzburger Boden.

Während der Zugehörigkeit Salzburgs zu Bayern (1810–1816) residierte Kronprinz Ludwig I. im Schloss, wo 1815 sein Sohn Otto, der spätere König von Griechenland, geboren wurde. Drei Jahre später, 1818, fielen sämtliche Dächer mit Balustraden und Statuen, der Turmhelm und wertvolle Fresken einem verheerenden Stadtbrand zum Opfer. Mit der Wiederherstellung des Schlosses nach Plänen von Wolfgang Hagenauer erhielt Mirabell seinen noch heute eigenen nüchternen klassizistischen Charakter. Das Schloss war nun kaiserliche Sommerresidenz und bis zum Bezug des erzbischöflichen Palais auch für zwölf Jahre Sitz des Salzburger Erzbischofs.

1870 erwarb die Stadtgemeinde Salzburg das Schloss Mirabell, das bisweilen 40, durchaus auch prominente Mietparteien wie Pater Joachim Haspinger oder den Festspielpräsidenten Heinrich Puthon, beherbergte. 1938 wurden städtische Ämter und Dienststellen aus dem Rathaus nach Mirabell übersiedelt und 1947 zog auch der Bürgermeister im Schloss ein. Seit damals ist Schloss Mirabell Sitz des Salzburger Stadtoberhauptes.

Das historisierende Gemälde von Johann Vinzenz Reim „Mirabellplatz in Salzburg", um 1835, dokumentiert die spätbarocke Silhouette des Schlosses vor den Zerstörungen durch den Stadtbrand 1818.

Salzburg Museum, Inv.-Nr. 9/63.

FESTUNGSSTADT SALZBURG

Da die spätmittelalterlichen Befestigungsanlagen der Stadt Salzburg modernen militärischen Anforderungen nicht mehr entsprachen, betraute Erzbischof Paris Graf Lodron (1619–1653) nach seinem Amtsantritt den Architekten und Hofbaumeister Santino Solari mit deren vollständiger Erneuerung. Ab 1621 wurde die nach Norden offene Rechtsstadt mit dem erzbischöflichen Schloss Mirabell durch einen bis zum Kapuzinerberg reichenden Viertelbogen von Bastionen und Schanzen gesichert, die für annähernd 250 Jahre das Stadtbild Salzburgs prägen sollten. Auch der Kapuzinerberg wurde in die Befestigung der Rechtsstadt mit einbezogen und seine Süd- und Ostseite mit einer hohen Sperrmauer gesichert. Das 1629 errichtete Franziskischlössl diente der Kontrolle des Geländes zwischen Kapuziner- und Kühberg.

Am linksseitigen Salzachufer wurde die Stadtmauer bis zum Ufer der Salzach vorgerückt und bis dahin ungeschützte Bereiche in die Befestigung einbezogen. Am Gries entstand 1641 ein lang gestrecktes schmales Kasernengebäude, die „alte Türnitz". Südlich der Stadtbrücke wurden die bis an den Fluss reichenden Häuser abschnittsweise befestigt, die Mauer bis zum Nonntal geführt und 1644 mit den Basteien des Kajetanertores verstärkt. Die Festung Hohensalzburg wurde ausgebaut und die Befestigungen des Mönchsberges nach Nordwesten hin erweitert. Den am Nordende oberhalb von Mülln gelegenen Zugang zum befestigten Bereich sicherte ab 1623 bzw. 1638 die so genannte Monikapforte. Nach der Fertigstellung der Fortifikationen um 1644 war die Stadt Salzburg zu einer fast uneinnehmbaren Zitadelle geworden. Weder im Dreißigjährigen Krieg noch bei späteren militärischen Auseinandersetzungen mussten sich Solaris Befestigungen jemals praktisch bewähren.

Die neue Stadtbefestigung vergrößerte den Siedlungsraum der Rechtsstadt um die Hälfte. Hier ließ Erzbischof Paris Lodron standesgemäße Bauten für seine Familie errichten. Diese „Lodronstadt" umfasste den Lodronischen Primogeniturpalast an der heutigen Dreifaltigkeitsgasse („Altes Borromäum"), Häuser an der Bergstraße mit dem Graf-Lodronschen-Garten und den 1652 am Mirabellplatz errichteten Sekundogeniturpalast (Mirabellplatz 7–10).

Durch den Ausbau des massiven Befestigungsgürtels waren aber andererseits stadtnahe Gärten verloren gegangen. Zur Schaffung von Ersatz und Gewinnung neuer landwirtschaftlicher Flächen für die Versorgung der Stadtbevölkerung bot sich das vorgelagerte Schallmoos an, dessen Urbarmachung unter Erzbischof Wolf Dietrich von Raitenau eingesetzt hatte. Zwischen 1625 und 1644 wurden im großen Stil aufwendige Trockenlegungsarbeiten des Schallmooses sowie des Itzlinger Moores durchgeführt. Aus dem Moorgrund entstanden zum größten Teil Wiesen und Weideland und nur wenige Äcker, die neuen Höfe und Scheunen mussten auf Piloten errichtet werden.

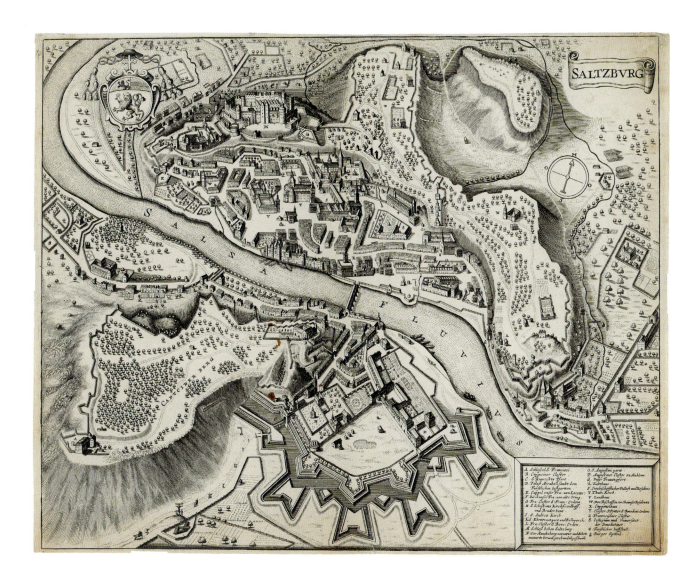

Matthäus Merian, Salzburg von Norden 1644,
Radierung und Kupferstich kombiniert.

Salzburg Museum, Inv.-Nr. 119/25.

Philipp Harpf, Salzburg von Norden 1643, Kupferstich.

Salzburg Museum, Inv.-Nr. 1084/49.

UNIVERSITÄTSSTADT SALZBURG

Unter Erzbischof Paris Graf Lodron avancierte Salzburg zur Universitätsstadt, wodurch bis in das 15. Jahrhundert zurückreichende Pläne der Errichtung einer eigenen „Landesuniversität" realisiert wurden. Die 1622 eröffnete „Alma Mater Paridiana" ging aus dem 1617 gestifteten Gymnasium hervor und bestand bei der Gründung aus einer Theologischen Fakultät mit fünf Lehrstühlen, einer Juridischen mit ebenfalls fünf und einer Philosophischen Fakultät mit vier Lehrstühlen. In den Jahren 1632 bis 1635 existierte auch eine Medizinische Fakultät. Der Erzbischof stattete seine Gründung auch mit den notwendigen Universitätsgebäuden aus. Der Vierflügelbau mit Aula Academica am ehemaligen Frauengarten wurde 1631 vollendet.

Die junge Benediktineruniversität in dem von Kriegswirren weitgehend verschonten Salzburg erfreute sich regen Zuspruchs und zählte zeitweise zu den am stärksten frequentierten deutschen Hochschulen. Zur Blütezeit immatrikulierten jährlich 300–400 Studenten, insgesamt studierten mehr als 32.000 junge Menschen, darunter über 400 spätere Bischöfe und Äbte, an der alten Universität. Die qualitative und quantitative Blütezeit fällt in die ersten beiden Dezennien des 18. Jahrhunderts, als Salzburgs Studentenzahlen hinter Wien und Leipzig an der dritten Stelle im deutschsprachigen Raum standen.

Die Studenten stellten für die Stadt einen nicht zu unterschätzenden wirtschaftlichen Faktor dar. Die meisten von ihnen kamen in Untermiete in privaten Quartieren, oft bei Witwen, unter. Die Unterkunft schloss meistens auch Verpflegung und Wäschepflege mit ein. Neben den bürgerlichen QuartiergeberInnen profitierten vor allem die Salzburger Wirte. Aber auch Klagen über Trinkgelage in Wirtshäusern wurden laut. Zahlreiche Anzeigen wegen nicht bezahlter Schulden, meist für Kost und Logis, sind ebenso belegt wie Vaterschafts- und Unterhaltsklagen und solche über die Nichteinhaltung von Eheversprechen.

Der Rektor besaß das Gerichtsprivileg in Straf- und Zivilsachen und hatte absolute Rechtsgewalt, der alle immatrikulierten Studenten, Professoren und Universitätsbediensteten samt ihren Familien unterstellt waren. Damit genossen diese Personen eine Immunität, die sie vor dem Einschreiten anderer Gerichte schützte. Die heterogene Gruppe der Studierenden barg aber auch ein Potential für neue innerstädtische Spannungen in sich. Vor allem von Raufhändeln in und mit der Studentenschaft waren auch die Stadtbürger, insbesondere Handwerksgesellen, betroffen.

Neben vielen, aus wohlhabenden Verhältnissen stammenden Studenten, gab es zahllose mittellose Studierende. Mehrere von ihnen hatten Freitische bei Adeligen oder Bürgern, andere wurden durch Almosen unterstützt. Mit einer eigenen Studentenbüchse wurde in der Stadt gesammelt. Zur Aufnahme von Studierenden und einer standesgemäßen Erziehung stiftete Erzbischof Paris Lodron zwei Kollegien, das „Collegium Marianum Lodronum" (Bergstraße 16) sowie das „Collegium Rupertinum" an der Sigmund-Haffner-Gasse.

Ansicht der Hofseite des Südtrakts der Salzburger Universität um 1700 („Prospect von dem inneren Plaz der Benedict. Universitet"), altkolorierter Kupferstich von Johann Baptist Homann nach P. Odilo Guetrat, um 1716.
Privat, Foto: Stadtarchiv Salzburg.

Prospect von dem unteren Platz der Benedict Universitet.

A. der Academische Saal darinen zusehen das berühmte große Theatrum von 13. Veränderungen in verwunderliche Zugswerk. Unter diesem B. die Mindere Schulen. C. Rhetorica. D. die Philos: Schulen. E. das Kleinere Auditor: darinen auch das Klein: Theat: F. die Medicin. Iurid: und Theologische classes. G. Relig: Convictus. H. Oratoria in die Kl. Kirch u. Teutsche Congreg. Des t.ten Stocks mittere Gade haltet Stuben acad: und die Zimer des Rectorats, der Oberste ist die gr. Bibliot:

HÄUSER UND IHRE BEWOHNER/INNEN

In der zweiten Hälfte des 16. Jahrhunderts zählte die Stadt Salzburg mit einer Bevölkerung von rund 8.000 Menschen zu den europäischen Mittelstädten. Auf dem Gebiet des heutigen Österreich waren nur Wien (40.000–50.000 EinwohnerInnen), die Bergbausiedlung Schwaz (über 10.000 EinwohnerInnen) und die expandierende Eisenstadt Steyr größer (1543 ca. 6.400, 1567 ca. 8.600 Menschen).

Die Seelenbeschreibung der Stadt Salzburg mit den Vorstädten Mülln und Nonntal aus dem Jahr 1647 kam auf 7.407 Personen und 611 Häuser. Da diese Zählung die Geistlichkeit, den erzbischöflichen Hof und die Studenten nicht berücksichtigte, kann man von einer Gesamtbevölkerung von rund 9.100 Personen in Salzburg ausgehen. Ende des 17. Jahrhunderts stieg diese auf rund 13.000 EinwohnerInnen an. Wie in anderen Residenzstädten auch, war der Anteil an Frauen generell höher als jener der Männer. Dieser strukturell bedingte Frauenüberschuss war vor allem durch Beschäftigte in den Haushalten des Handels- und Transportwesens, der Gast- und Beherbergungsbetriebe und der Beamtenschaft bedingt. So kamen 1647 auf 100 Männer 128,5 Frauen. Erst nach dem Verlust der Residenzfunktion reduzierte sich der Frauenanteil 1811 auf ein Verhältnis von 100 Männern zu 119 Frauen.

Ende des 18. Jahrhunderts stieg die Einwohnerzahl von 14.290 im Jahr 1713 auf 16.837 (1795). Sie sank bereits 1805 geringfügig, bevor aufgrund der politischen Veränderungen eine Abwärtsentwicklung einsetzte, die 1817 mit 12.037 Personen ihren Tiefpunkt erreichte. Erst nach 1843 lebten wieder mehr als 16.000 Frauen, Männer und Kinder in der Stadt, die ab 1860 ein kräftiges Bevölkerungswachstum erfuhr.

Ende des 16. Jahrhunderts begann durch die Planungs- und Bautätigkeit Erzbischof Wolf Dietrichs eine nachhaltige Veränderung des Stadtbildes, die unter Erzbischof Paris Lodrons umfangreicher Stadtbefestigung Fortsetzung fand. Dabei wurden neue städtebauliche Ideen und italienische Bauformen übernommen. Wie in vielen anderen Bereichen von Kunst und Kultur orientierte sich das Bürgertum bei der Neu- und Umgestaltung an den erzbischöflichen Profanbauten. Im Zuge des nach dem Dreißigjährigen Krieg einsetzenden konjunkturellen Aufschwungs wurden die Innenausstattungen der Häuser aufwändiger und Fassaden künstlerisch gestaltet. Darüber hinaus wurden Liegenschaften „verstuckt", das heißt ausgebaut, aufgestockt und in einzelne Wohneinheiten aufgeteilt – wovon das für Salzburg typische Stockwerkseigentum zeugt. In der Getreidegasse entstanden die ersten charakteristischen Durchhäuser zwischen Universitätsplatz und Griesgasse, die im Mittelalter noch nicht existierten, sich während verschiedener Bauetappen weiterentwickelten und teilweise auch erst im 20. Jahrhundert als Einkaufspassagen geschaffen wurden.

Im Stadtarchiv sind beginnend mit dem Spätmittelalter eine große Anzahl von Kauf- und Übergabebriefen erhalten, die zur Erforschung der Baugeschichte der einzelnen Häuser herangezogen werden können. Mit dem Erlass einer Stadtbauordnung 1801 setzt auch die ältere Reihe der Bauakten ein. Diese finden in den „lebenden Akten" der Baubehörde, die bis zu elektronischen Akten der Gegenwart reichen, ihre Fortsetzung. Darin sind alle privaten und öffentlichen Bauten im Stadtgebiet dokumentiert.

Kaufurkunde des Christoph Mayr und seiner Frau Catharina für die Stadt Salzburg vom 8. Juli 1671.

Stadtarchiv Salzburg, Städtisches Archiv, Urkundenreihe.

DAS HANDWERK

Im Früh- und Hochmittelalter gab es unter den Eigenleuten an den Höfen des Erzbischofs und der Klöster spezialisierte Handwerker. Mit der Entstehung eines freien Marktes und einer Bürgerstadt entwickelten sich auch außerhalb der geistlichen Grundherrschaften Handwerksbetriebe. Bis in das 13. Jahrhundert besaßen von den Handwerkern lediglich Bäcker, Goldschmiede, Kürschner, Maler, Sattler, Schildmacher, Schmiede, Steinmetze und Wirte das Bürgerrecht. Aber auch zahlreiche weitere Handwerkszweige wie Metzger, Brauer, Krämer, Lederer, Schneider, Schuster, Weber, Maurer und Wundärzte sind bereits in dieser frühen Zeit belegt.

Der Charakter Salzburgs als geistliche Residenzstadt und Regierungs- und Verwaltungsmittelpunkt bestimmte die strukturelle Zusammensetzung des Gewerbes wesentlich mit. Besonders stark vertreten waren der Nahrungsmittel-, Bekleidungs- und der Metallverarbeitungssektor. Die Mehrzahl der Sparten diente der Deckung des lokalen Bedarfs, nur wenige wie Goldschmiede und Kürschner produzierten exportorientiert.

Organisatorischer Mittelpunkt des Handwerks war die Hauptstadt Salzburg mit den Hauptladen der einzelnen Handwerkssparten. Die einzelnen Gewerbe erhielten Handwerksordnungen, die durch den erzbischöflichen Stadtherrn erlassen wurden. Als Organisationsform dienten Zechen und Bruderschaften mit stark religiöser Ausrichtung. Nur wer Mitglied einer Zeche oder Bruderschaft war, konnte als Meister tätig sein. Die Zahl der Meister war streng limitiert und jeder Meister durfte nur einen Lehrling und zwei bis drei Gesellen beschäftigen.

Im 19. Jahrhundert wurden viele Zunftaltertümer dem Stadtmuseum übereignet. Eine stattliche Zahl an Lehrlings-, Gesellen und Meister- sowie Rechnungsbüchern, Zunftakten und vor allem die erzbischöflichen Handwerksordnungen haben sich im Stadtarchiv erhalten. Von diesen zumeist in Libellform überlieferten handschriftlichen Ordnungen hebt sich ein Druck der Bruderschaftsordnung der Steinmetzen des Jahres 1563 ab.

Die Steinmetzen zählten wie Maurer und Zimmerleute zum Bauhandwerk, für dessen Zweige zunächst gemeinsame Ordnungen erlassen waren. Vom 16. Jahrhundert bis zur Trennung in zwei Zünfte im Jahr 1750 waren für die Salzburger Maurer und Steinmetzen gemeinsame Handwerksordnungen gültig.

Meister und Gesellen der Steinmetzen als besondere Spezialisten der Steinbearbeitung waren zudem seit 1563 in einer Bruderschaft zusammengeschlossen. Die Ordnung dieser Bruderschaft aller Steinmetzen des deutschen Reiches wurde anlässlich einer Tagung auf der Haupthütte zu Straßburg erstellt. Als Teilnehmer an der Zusammenkunft wird auch Niclaus Statner, „Statmeister zu Saltzburg" genannt, der 1557 als Maurer in das Bürgerrecht der Stadt Salzburg eingetreten war. Statner (auch Gstattner) folgte als Stadtmeister (Zechmeister) noch im Jahr 1563 Wolfgang Hasenperger nach, der die handschriftlichen Eintragungen in das Bruderschaftsbuch eröffnet.

Bruderschaftsordnung der Steinmetzen, erlassen zu Straßburg 1563.

Stadtarchiv Salzburg, Zunftarchivalien 274.

KAUFLEUTE, HANDELSMÄNNER UND HANDELSFAKTOREN

Salzburg verdankte seinen Charakter als Handelsstadt seiner günstigen Verkehrslage am Rand der Alpen. Schon früh wurde die Stadt zu einem bedeutenden Knotenpunkt zwischen den Ländern nördlich und südlich der Alpen. Salzburger Kaufleute beteiligten sich seit dem Spätmittelalter als eigenständige Unternehmer und als Faktoren großer süddeutscher Handelshäuser erfolgreich am europäischen Fernhandel. Einige Salzburger Bürgerfamilien errangen dadurch einen beachtlichen Wohlstand, der in Stiftungen, Bauten und Kunstwerken seinen sichtbaren Ausdruck fand.

Besonders bedeutend war der Warentransport nach Venedig, wo die Salzburger Kaufleute im Handelshaus der Deutschen, dem Fondaco dei Tedeschi, um 1500 über die drittgrößte Lagerkapazität aller Handelsstädte verfügten. Der Nord-Südhandel erlebte zu Beginn des 17. Jahrhunderts seinen letzten Höhepunkt. 1608 besaßen 33 Handelsmänner mehr als die Hälfte des zu versteuernden Gesamtvermögens in der Stadt.

Der Fernhandel florierte noch bis kurz vor dem Dreißigjährigen Krieg, danach führten verschiedenste Wirtschaftsfaktoren und die zunehmende Verlagerung der europäischen Handelswege und -zentren zum Rückgang der Wirtschaft. Die Auswirkungen des Krieges brachten den Ruin zahlreicher Handelsunternehmungen, darunter der alteingesessenen Salzburger Firmen Fröschlmoser, Alt, Steinhauser und Straßer. Der internationale Seehandel verlagerte sich vom Mittelmeer mit dem Zentrum Venedig zum Atlantik und zur Nordsee. Niederländische Häfen, vor allem Antwerpen, wurden Zentren des einträglichen Gewürzhandels. Durch den Rückgang des Nord-Süd-Handels ging auch das Frachtaufkommen auf der ehemaligen Salzburger Haupthandelsroute massiv zurück. Am Aufstieg der habsburgischen Freihäfen Triest und Fiume konnten die Salzburger Händler nicht partizipieren. Hingegen gewann die von Leoben über Salzburg nach Augsburg verlaufende „Tuch-Eisen-Straße" an Bedeutung, der Warenwert konnte aber den Rückgang des Venedighandels nicht kompensieren. Die Rezession wurde durch das Fehlen großer Messen und eines exportorientierten Gewerbes in Salzburg noch verschärft. Die Salzburger Dult konnte mit internationalen Messen wie Leipzig, Bozen oder Frankfurt nicht mithalten. Importsperren in den Nachbarländern Bayern und Österreich führten im 18. Jahrhundert zu einem weiteren Niedergang.

Die Zahl der großen Kaufmannsfamilien, die eine eigene Branche, die der Handelsfaktoren, bildeten, sank von etwa zehn im 17. Jahrhundert auf fünf im 18. Jahrhundert. Zu den am Ende des 18. Jahrhunderts noch in der Stadt existierenden bedeutenden Faktoreien bzw. Speditionshandlungen zählte außer Triendl (früher Haffner), Mayr, Atzwanger und Späth die Faktorei des Kaspar Freisauff. Ahnherr dieser Familie war der langjährige Welser Bürgermeister Kaspar Freisauff, der 1631 von Kaiser Ferdinand II. in den erblichen Reichsadelsstand erhoben worden war. Sein Sohn Christoph, Faktor und Süßwarenhändler, trat 1641 in das Salzburger Bürgerrecht ein und begründete eine reiche Handelsherrendynastie, die zeitweilig mehrere Schlösser und Bürgerhäuser besaß, dann aber im 19. Jahrhundert völlig verarmte.

Das Wappen der Freisauff in einer Kopie der Erhebung in den erblichen Reichsadelsstand durch Kaiser Ferdinand II. vom 16. Juni 1631 aus dem Jahr 1693.
Stadtarchiv Salzburg, Standeserhebungsdiplome und Wappenbriefe 6.

BÜRGERMEISTER UND STADTRAT IM FÜRSTLICHEN ABSOLUTISMUS

Nach der Beseitigung der weit gediehenen städtischen Autonomie in den ersten Jahrzehnten des 16. Jahrhunderts blieb die Haupt- und Residenzstadt Salzburg bis zum Ende des alten Reiches eine bischöfliche Stadt ohne politische Mitsprache der Stadtbevölkerung und ihrer Vertreter, des Bürgermeisters und des Stadtrates.

Die Auftritte der Bürgergemeinde beschränkten sich weitgehend auf Repräsentationsaufgaben und die Mitwirkung bei kirchlichen Festen. Dies galt auch für die stark obrigkeitlich kontrollierten Handwerkszünfte. Der im kleinen städtischen Rathaus auch räumlich beengt untergebrachte Magistrat – dieser Ausdruck wurde in der Zeit von Erzbischof Paris Lodron allgemein üblich – nahm zunehmend administrative Aufgaben wahr, die politische Partizipation blieb gering. Zu den wenigen verbliebenen politischen Aktivitäten gehörte die schon seit dem Mittelalter belegte Vertretung der Stadt auf den Landtagen, wodurch die Stadt einen Anteil an der Landesherrschaft besaß, sofern der Landesfürst den Ständen eine Mitregierung zugestand. Auch die militärischen Aufgaben der Bürger hatten nur mehr in Ausnahmefällen, wie dem Österreichischen Erbfolgekrieg und den Napoleonischen Kriegen, tatsächliche Schutzfunktion. Als Mitglieder der Salzburger Garde, die aus zwei Kompagnien Infanterie und einer Kompanie Kavallerie bestand, mussten die Bürger in ihren repräsentativen Uniformen an Festtagen und besonderen Anlässen paradieren. Die Bürgergarde, auch „Bürger-Miliz" oder „Bürger-Compagnie" genannt, wurde nach dem Anschluss an Österreich 1821 aufgelöst. 1979 wurde sie unter Berufung auf den Erstbeleg bewaffneter Bürger im „Sühnebrief von 1287 als „Bürgergarde der Stadt Salzburg" wieder gegründet.

Johann Peter Metzger, Handelsmann und Bürgermeister 1775–1795. Lithografie von Sebastian Stief in Vinzenz Maria Süss, Die Bürgermeister in Salzburg von 1433 bis 1840.
Stadtarchiv Salzburg, Bibliothek.

Die wirtschaftlich führenden und meist durch Heirat untereinander verwandten Großhandels- und Kaufmannsfamilien bestimmten den Stadtmagistrat. Die meisten Ratsherrenstellen – die Nachbesetzung erfolgte durch den Erzbischof aus einem Dreiervorschlag – waren mit Vertretern der einflussreichen Handelsfamilien besetzt und die Position des Bürgermeisters war ihnen beinahe ausschließlich vorbehalten. Diese elitäre Salzburger Oberschicht hatte starke Affinitäten zum Hof und fungierte als Mittler zwischen Bürgerschaft und Stadtherrn. Folgerichtig unterblieben schwerwiegende Konflikte zwischen Bürgermeister, Stadtrat und dem erzbischöflichen Stadtherrn, wie diese am Ausgang des Mittelalters an der Tagesordnung gewesen waren. Soziopolitische Spannungen sind eher zwischen dem elitären Rat und der übrigen Bürgerschaft zu konstatieren.

„Erzbischöflich salzburgisches Bürger Militär 1800", kolorierte Zeichnung im Manuskript
„Kurze Kriegs Geschichte des Herzogthums Salzburg 1851" von Anton Ritter von Schallhammer.

Stadtarchiv Salzburg, Privatarchivalien 721.

SALZBURG WIRD DAS „DEUTSCHE ROM"

Die Wende vom 17. zum 18. Jahrhundert war die fruchtbarste Epoche Salzburgs auf dem Gebiet der Kirchenbaukunst, die zunächst unter der Dominanz italienischer Baumeister stand. Giovanni Antonio Dario koordinierte die Baumaßnahmen unter Erzbischof Guidobald Graf Thun (1654–1668), in dessen Regierung die Vollendung des Domes (Domtürme 1655) und des Domplatzes mit den „Dombögen" und die barocke Fassadierung des Konventstrakts von St. Peter ebenso fallen, wie die Errichtung des Residenzbrunnens und der Winterreitschule.

Unter seinem Nachfolger Max Gandolf von Kuenburg (1668–1687), der Salzburg zu einem modernen Beamten- und Polizeistaat ausbaute, entstanden die von Gaspare Zugalli im Geiste des italienischen Hochbarocks geplanten Kirchenneubauten der Kajetaner- und Erhardkirche sowie das Kuenburgpalais an der Sigmund-Haffner-Gasse, Schloss Fronburg und schließlich die riesige Feuer- oder Kuenburgbastei (1681), durch die die Festung Hohensalzburg ihre endgültige Prägung erhielt. 1682 wurde mit barocker Prachtentfaltung das – angebliche – 1100jährige Jubiläum der Ankunft des Hl. Rupert in Salzburg begangen. In die Zeit der Regierung Max Gandolfs datiert auch eine der größten Naturkatastrophen in der Stadt, der Bergsturz vom 16. Juli 1669, dem im Gstättenviertel 220 Menschen, zwölf Häuser, das Priesterseminar und zwei Kirchen zum Opfer fielen.

Eine entscheidende Neuorientierung in der Baukunst im Sinne des österreichischen (Spät-)Barocks setzte mit Erzbischof Johann Ernst Graf Thun (1687–1709) ein, der für seine Verdienste um die Gestaltung Salzburgs auch den Beinamen „der Stifter" trägt. Er war der letzte große Barockfürst und Bauherr Salzburgs. Die Stadt erhielt endgültig das Gepräge einer Barockstadt und wurde dadurch – wie zu dieser Zeit erstmals bezeichnet – zum „Deutschen Rom". Erzbischof Graf Thun berief Johann Bernhard Fischer von Erlach nach Salzburg, der als (quasi Hof-)Architekt die Dreifaltigkeitskirche mit dem neuen Priesterseminar und Collegium Virgilianum, die Kollegienkirche, die Markuskirche, die St.-Johanns-Spitalkirche und die Vierflügelanlage des 1695 eröffneten St.-Johanns-Spitals, damals noch vorrangig ein Hospital für Pilger und Studenten, schuf. Auch für den Hochaltar der Franziskanerkirche, die Seitenfassade des Hofmarstalls, die Felsenreitschule, die Pferdeschwemme und die erste spätbarocke Anlage des Mirabellgartens zeichnet Fischer von Erlach verantwortlich. Als Maler von Fresken und Ölbildern ragte zu dieser Zeit der aus dem damals salzburgischen Laufen gebürtige Johann Michael Rottmayr hervor.

Die Schlussakzente in der Barockisierung der Residenzstadt setzte Erzbischof Franz Anton Graf Harrach (1709–1727), der unter Leitung von Johann Lukas von Hildebrandt Schloss Mirabell zu einem Sommersitz des Landesfürsten (Prunkstiege von Georg Raphael Donner) umgestalten und die Residenz ausbauen ließ. Seine Regierungsjahre wurden – obwohl das 18. Jahrhundert für Salzburg ein Jahrhundert des Niedergangs war – als friedliche und wirtschaftlich gute Periode („Goldene Harrachzeiten") verklärt.

Philipp Jakob Leidenfrost nach
Johann Friedrich Pereth,
Erzbischof Johann Ernst Graf Thun
mit seinen Stiftungen, Kupferstich
und Radierung kombiniert, vor 1699.
Salzburg Museum, Inv.-Nr. 1813/49.

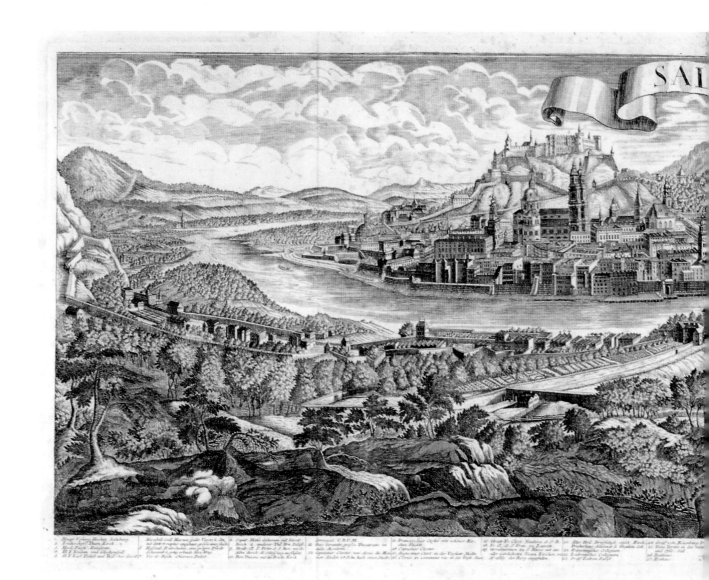

Johann Friedrich Probst, Salzburg vom Kapuzinerberg,
um 1710. Kupferstich und Radierung kombiniert.

Salzburg Museum, Inv.-Nr. 1042/49.

HOF UND HOFSTAAT

Salzburg entsprach bis zur Säkularisation des Erzstiftes sowohl dem Typus einer Residenzstadt als auch einer von fortschreitender Spezialisierung gekennzeichneten Handelsstadt. Das wirtschaftliche Leben wurde neben dem Domkapitel, einigen Orden und sozialen Einrichtungen maßgeblich durch den erzbischöflichen Hof und die Zentralbehörden bestimmt.

Ein kleiner Kreis des Salzburger Hochadels, zu dem u. a. die Familien Firmian, Kuenburg, Lodron, Plaz, Überacker, Rehligen oder Schidenhofen zählten, hatte weitgehend die obersten Hofämter inne. Ihnen gegenüber stand die größere Gruppe des einheimischen, unbegüterten niederen Brief- und Beamtenadels, die während des 17. Jahrhunderts zunahm. Häufig mit nur wenigen Agenden ausgestattet, waren ihre Vertreter nur kärglich besoldet und konnten keineswegs den Lebensstandard führen, der für standesgemäß erachtet wurde.

Der Hof eines katholischen Fürsterzbischofs war naturgemäß überwiegend männlich, jedoch nicht gänzlich „frauenlos". Zumindest eine kleine, privilegierte Gruppe von adeligen Frauen und Ehefrauen der Zentralbeamten hatte Zugang zu offenen Hoftafeln. Die Ehefrauen der Hofbeamten begleiteten den Erzbischof und sein Gefolge auch bei Ausflügen, waren bei Gesellschaften und beim Kartenspiel anwesend und für Hofbälle und -veranstaltungen unentbehrlich. Wie viele und welche Frauen zu welchen Veranstaltungen geladen waren, hing vom Amtsverständnis des jeweiligen Erzbischofs ab.

Erzbischof Wolf Dietrich erweiterte den Hofstaat im Jahr 1611 auf 335 Bedienstete und förderte die Einbindung gelehrter Bürgerlicher in höhere Ämter. Trotz einer damit verbundenen sozialen Verflechtung zwischen Hof und Stadt orientierten sich die bürgerlichen Beamten weitgehend am höfischen Lebensstil und an den Interessen des Adels. Während des Dreißigjährigen Krieges verringerte sich die Anzahl der Hofbediensteten und umfasste erst wieder 1710 329 Personen.

Der Hof erfüllte eine wesentliche Funktion als Arbeitgeber und Konsument in der Stadt. So war vor allem die Nahrungs- und Genussmittelerzeugung von der Anwesenheit des Hofes und des Domkapitels stärker beeinflusst als von der Beteiligung der Stadt am Fernhandel. Die rege Bautätigkeit der Erzbischöfe während des 17. Jahrhunderts schuf zahlreiche Arbeitsplätze für – auch von auswärts kommende – Maurer, Steinmetze und Zimmerer. Neben dem Haushalt des Landesfürsten bestand beim Hofadel und den höheren Hofbediensteten auch eine große Nachfrage nach Luxusartikeln. Der Handel mit dem und für den Hof vergrößerte die Auftrags- und Karrierechancen von Wirtschaftstreibenden. Im Dienst des Hofes und des stadtansässigen Adels war auch der Großteil der Dienstbotinnen und -boten sowie Kutscher und Boten beschäftigt.

Mit der geistlichen und höfischen Ausrichtung der Stadt ist auch eine relativ große Anzahl an Musikern zu erklären. Die Hofmusikkapelle unterstand in künstlerischen Belangen seit 1597 dem Hofkapellmeister. Von 1684 bis 1704 bekleidete Heinrich Ignaz Franz Biber (1644–1704) das Amt des Hofkapellmeisters, der noch zu Lebzeiten zu den berühmtesten Komponisten des 17. Jahrhunderts zählte und 1690 von Kaiser Leopold I. in den Adelsstand erhoben wurde.

Eintrag Leopold Mozarts, 1780.

Eintrag in das Einschreibbuch des assoziierten Musikerpaktes der Heilig-Kreuz-Bruderschaft von Heinrich Biber, 1695.

Stadtarchiv Salzburg, Privatarchivalien I.188.

BRUDERSCHAFTEN DER GEGENREFORMATION

Religiöse Bruderschaften erlebten auch in Salzburg im Zuge der Gegenreformation einen starken Aufschwung. Ihr Ursprung lag in den mittelalterlichen Gebetsverbrüderungen und Zechen, die jedoch mit dem Konzil von Trient eine andere Bedeutung erhielten. Während Totenkult und Memoria weiterhin konstitutive Motive blieben, wandelte sich der korporative Zusammenhang der alten Handwerkerbruderschaften. Im Kern der von religiösen, weltlichen, materiellen, kommunikativen und persönlichen Faktoren bestimmten Vereinigungen standen nun der frei gewählte Zusammenschluss von Gleichgesinnten, der häufig Männern und Frauen offen stand und in dessen Zentrum sich die Sieben Werke der Barmherzigkeit, aber vor allem Totengedenken, Totendienst und der Erwerb von Ablässen für das Seelenheil befanden. Die zu Tausenden in ganz Europa verbreiteten Bruderschaften fungierten als zentrale Einrichtung von Laien in der Kirche und waren Rückgrat des sozialen, religiösen und staatlichen Lebens.

In Salzburg kam es unter Erzbischof Markus Sittikus zu einer ersten Welle von Neugründungen bzw. Erneuerung bestehender Bruderschaften. So wurde etwa 1613 die bestehende Bürger-Bruderschaft in die neu errichtete Corpus-Christi-Bruderschaft eingegliedert, während die ältere Allerseelen-Bruderschaft weiter bestand. Wegen ihrer typischen roten Gewänder wurde die Corpus-Christi-Bruderschaft auch „Rote Bruderschaft" genannt. Als ihren Sitz wurde 1618 die St. Salvator-Kirche, auch als „Rote Bruderschaftskirche" (heute Kaigasse 4) bezeichnet, errichtet.

Die in der „Schwarzen Bruderschaftskirche" angesiedelte „Schwarze Bruderschaft" befand sich in unmittelbarer Nachbarschaft (heute Kaigasse 10). Mit dem Bau eigener Kirchen verfügten die städtischen Bruderschaften über eine bessere Infrastruktur als ihre mittelalterlichen Vorgängerorganisationen. In der Mitte des 17. Jahrhunderts wurde eine Reihe weiterer Bruderschaften ins Leben gerufen, deren Mitglieder durch das Tragen von Gürteln oder Skapulieren (eine Art Schulterband) erkenntlich waren. Die in St. Peter beheimatete Marianische Skapulier-Bruderschaft war eine der erfolgreichsten, sie umfasste innerhalb von 300 Jahren etwa 150.000 Mitglieder.

Aus dem ausgehenden 17. Jahrhundert datieren – nicht zufällig zeitgleich mit dem berüchtigten Zauberer-Jackl-Prozess und der Vertreibung der Protestanten aus dem Defreggental – weitere Bruderschaftsgründungen. 1683 initiierten Salzburger Bürger eine Bruderschaft im Bürgerspital unter dem Zeichen des Heiligen Kreuzes, zu dessen Mitgliedern auch die meisten Erzbischöfe zählten. Die Verpflichtung zur täglichen Kommunion und zur feierlichen Begehung der Kirchenfeste, Kreuzauffindung und -erhöhung zeigen das katholische Programm.

Die Aufklärung stand den Bruderschaften und ihrer Funktion als religiöse Dienstleister ablehnend gegenüber und Erzbischof Hieronymus Graf Colloredo schränkte ihre liturgisch-rituellen Tätigkeiten weitgehend ein. Ab dem ausgehenden 18. Jahrhundert verloren sie allmählich ihre Bedeutung.

Bruderschaftsbuch der
Heilig-Kreuz-Bruderschaft
im Bürgerspital, 1686–1778,
daraus:
Gouache mit dem knieenden
Erzbischof Franz Anton
Graf Harrach, 1710.
Stadtarchiv Salzburg,
Privatarchivalien I.140.

AM RANDE DER GESELLSCHAFT – BETTELBEKÄMPFUNG

Am Beginn der Neuzeit vollzog sich durch das starke Anwachsen der Anzahl der Armen in den großen Städten Mitteleuropas, unter dem Einfluss der Reformation und aus macht- und wirtschaftspolitischen Interessen ein Einstellungswandel gegenüber Armut, der sich grundlegend von der mittelalterlichen Haltung bedingungsloser Nächstenliebe unterschied. Bettler und Bettlerinnen wurden nun nicht mehr als integraler Bestandteil der Gesellschaft betrachtet, sondern zunehmend als ordnungsgefährdend empfunden, v. a. dann, wenn sie, wie beispielsweise bei Wallfahrten, in großen Massen auftraten.

Bettelordnungen unterschieden nun zwischen ehrbaren, schwachen, arbeitsunfähigen Armen und falschen, starken, arbeitsfähigen BettlerInnen sowie zwischen Einheimischen und Fremden. Sie enthielten Beschränkungen der Aufenthaltsdauer und Strafandrohungen für zu aggressives Betteln, sie verordneten Arbeitszwang, Ausweisung von arbeitsfähigen Bettlelnden und bevorzugten einheimische Arme. Damit wurden die Grundlinien des armenpolitischen Vorgehens für fast drei Jahrhunderte festgelegt. Diese geänderten Grundprinzipien kamen bereits in der in der Salzburger Stadt- und Polizeiordnung von 1524 enthaltenen Bettlerordnung zum Ausdruck.

Bis ins frühe 17. Jahrhundert herrschte in Salzburg ein relativ freundliches „Bettlerklima". Große Akte der Wohltätigkeit gerieten aber zunehmend in Widerspruch zur absolutistischen Ordnungspolitik, wovon eine Reihe von Bettel-Verordnungen in der zweiten Hälfte des 17. Jahrhunderts Ausdruck sind. Darin ordnete Erzbischof Max Gandolf unter anderem an, dass müßiggehende, gesunde Menschen in Stadt und Land Salzburg nicht geduldet, sondern unter Androhung der Landesverweisung zur Arbeit angehalten werden müssten. Alte, kranke und arbeitsunfähige Menschen seien hingegen in ihren Herkunftsorten zu versorgen. Eine 1678 erlassene Almosenordnung forderte die Registrierung der Armen in einer Art Bettelkataster und zielte damit einerseits auf eine gerechte Verteilung der Mittel und andererseits auf eine Unterbindung des Bettels. Auch die Einstellung der Bevölkerung gegenüber bettelnden und vagierenden Menschen änderte sich. Die BettlerInnen kamen immer mehr in die Rolle von EmpfängerInnen, die zu persönlichem Dank verpflichtet waren. Dadurch verschlechterten sich ihre Chancen, was wiederum zu aggressiveren Bettelpraktiken führte.

Tragischer Ausdruck der Zuspitzung des Bettlerproblems in Salzburg im späten 17. Jahrhundert ist der berüchtigte Zauberer-Jackl-Prozess (1675–1690), bei dem die Obrigkeit bei ihrer Bekämpfung von Bettel und Vagantentum den Umweg über Hexerei und Zauberei nahm. Das Salzburger Gerichtsverfahren zählt zu den letzten großen Hexenprozessen im Alten Reich, bei dem etwa 200 Menschen Opfer der Hexeninquisition wurden und über 130 Menschen den Tod fanden. In der Geschichte der Hexenverfolgung ist dies ein besonderer Fall, da es sich bei den Opfern fast ausschließlich um Angehörige der Rand- und Unterschichten handelte und zwei Drittel von ihnen männliche Jugendliche waren.

Hochfürstlicher General-Befelch

Demnach Jhro Hochfürstl: Gnd: vnser Gnädigister Fürst vnd Herr/ ꝛc. ꝛc. Gnädigist verordnet/ daß die innländig müssiggehende starcke/ vnnd gesunde Leuth/ so dem Allmusen nachgehen/ keines weegs also seyrent gedultet/ sonder zu würcklicher Arbeit mit Ernst vnnd Betrohung deß auß Landt-schaffen angehalten/ auch im fahl sie derselben inn= oder ausser deß Ertzstiffts nit nachgehen/ vnnd darzu sich gebrauchen lassen wolten/ in dem Land nit mehr gedultet/ sonder würcklich/ wann sie gleich Land=Kinder wären/ als vnnütze Leuth darauß geschafft: die Alters: oder Preßhafftigkeit halber vntüchtige Personen aber denen vorhin ergangenen Generalien gemäß/ in jhre Gerichter/ all= wo sie gebohren/ oder erzogen worden/ verweisen/ vnnd daselbst von der Gemainde nach not-thurfft vnderhalten (denen alsdann das Allmusen auch anderwerts zusuchen/ keines weegs zugestatten ist) wie nicht weniger die Wittiben/ so mit vilen/ vnnd die maiste Zeit jhrer warth vonnöthen habenden Kindern beladen/ da sie anders durch die Hand=Arbeit die nothwendige Vnderhaltung nicht völlig gewinnen möchten/ von denen Vnderthanen (bey wel-chen eine gewisse Außthailung der von tag zu tag darzaichendt/ essendenwahr/ zu machen: dabey aber jhnen die vertröstung zu geben ist/ daß/ wann ain: oder anderem ins konfftig dergleichen Noth vnd Armuth auch widerfahren wurde/ jhme ebenfahls auff solche weiß geholffen werden solle) in jhren Gerichtern ein Beybulff vorgeraicht: hingegen denen gartirendt: Salzburgischen Soldaten die bey sich tragente Patenten ohne vnderschid abgenommen: vnnd einem Löbl: Kriegs=Rath anhero/ all= wo sie sich auch Beschaidts zu erholen habe/ überschickt/ die außländische aber sowol Bethler/ als Landts=Knecht durchgehents auß dem Ertzstifft/ vnd zwar mit Betrohung exemplarischer Straffe/ da sie sich abermahlen darinnen betretten liessen/ fortge-schafft/ vnd erhaischender notturfft nach mit gewalt außgetriben: ingleichem die jenige Soldaten/ so sich in Salzburgl. Kriegs-dienst ainmahl gebrauchen lassen/ wann sie von disem dato anzurechnen mit jüngere Patent von dem Löbl. Kriegs=Rathe all-hie auffzuweisen haben/ vngeacht der ältern Abschied nicht mehr passirt werden sollen; Als werdet Jhr sothane Gnädigiste resolution neben Einsendung einer ordentlichen Beschreibung der in eurem Ambts=district sowol preßhafft: als starcken/ vnd zur Arbeit tauglichen betl: vnd andern müssig-gehenden Leuthen in ainem vnd anderen gehorsamist zuvollziehen/ vnnd zu Jedermanns Nachricht offentlich/ vnnd zwar öffters im Jahr verlesen auch anschlagen zulassen; So dann wie ain: vnnd an-ders beschehen/ insonderheit aber/ wie die anstalt wegen verpflegung der Armen/ vnd Wittiben/ welche Leibs=defect, vnd viler Kinder halber die Nahrung mit der Hand=Arbeit nit mehr/ oder völlig gewinnen mögen/ gemacht/ euren außführlichen bericht einzuschicken/ vnd damit von Zeit zu Zeit zu continuiren/ also hierinfahls euren Fleiß vnd schuldigen Eyffer dergestalt zugebrauchen wissen/ damit euch kein Schuld vnd Hinlässigkeit möge zugemuthet werden. An deme beschicht Oero Gnädigister Will vnd Mainung. Salzburg den 9. Junij. Anno 1671.

Unsers gnädigisten Fürsten vnd Herrn zu Salzburg
Statthalter Hoff=Cantzler vnd andere Hoff=Rähte.

Bettlermandat Erzbischof Maximilian Gandolfs vom 9. Juni 1671.

Stadtarchiv Salzburg, Generaliensammlung.

OFFENE ARMENFÜRSORGE UND MASSNAHMEN GEGEN FINANZIELLE NOT

In der Haupt- und Residenzstadt Salzburg zeichneten sich zu Beginn der Neuzeit – wie in vielen anderen Städten Mitteleuropas – jene Veränderungen im Umgang mit Armut ab, die mit den Schlagworten Kommunalisierung, Rationalisierung, Hierarchisierung und Pädagogisierung der Armenfürsorge umschrieben werden.

Bis in das beginnende 16. Jahrhundert verteilten kommunale Einrichtungen der geschlossenen Armenfürsorge wie das Bürgerspital und das Bruderhaus Almosen. Daneben setzten die Klöster St. Peter und Nonnberg die seit dem frühen Mittelalter praktizierte Beteilung von Armen fort. Nun war auch die Stadt Salzburg bestrebt, Verantwortung für die „eigenen Armen" zu übernehmen und kommunale Unterstützung zu gewähren, sofern diese bestimmte Voraussetzungen erfüllten. Fremde wurden aus dem Kreis der Unterstützungswürdigen ausgeschlossen.

Eine städtische Kasse, das „Gemeine Stadtalmosen", wurde explizit zur Versorgung von einheimischen Armen angelegt. Die ersten im Stadtarchiv erhaltenen Rechnungen gehen in das Jahr 1544 zurück. Die Gelder stammten aus den wöchentlichen Sonntagssammlungen, Legaten, Erträgen aus Sammelbüchsen und Strafgeldern. Zu den größten Ausgabenposten zählten bis ins 19. Jahrhundert das freitägliche Wochenalmosen und Unterstützungen im Bedarfsfall.

Aus dem Jahr 1649 datiert die erste Rechnung eines weiteren Fonds der Armenfürsorge, des Armen-Bürgersäckels, der – wie der Name schon sagt – als Unterstützung für arme Bürger(kinder) eingerichtet wurde.

Zur Regelung des Armenwesens setzte Erzbischof Maximilian Gandolf von Kuenburg 1668 sporadisch eine städtische Armenkommission ein und initiierte das sogenannte Hofalmosen, über dessen Vergabe der Erzbischof und in der Folge auch seine Nachfolger verfügten. Erzbischof Hieronymus Colloredo wandelte die Kommission 1799 dann in eine dauerhaft bestehende, regelmäßig tagende Einrichtung um, welche die offene städtische Armenfürsorge, die Erschließung neuer Geldquellen und die Bettelbekämpfung organisierte.

1747 stiftete Erzbischof Jakob Ernst von Liechtenstein im „frömmigen Andenken der 33 Lebensjahre Jesu" dem Magistrat 33.000 Gulden zur Errichtung eines Leihhauses, damit Bedürftige gegen geringe Zinsen auf ein Pfand die erforderliche Geldhilfe erhalten und gegen Wucher geschützt werden. 20.000 Gulden stellte der Erzbischof zusätzlich für den Ankauf eines Gebäudes für den „Mons Pietatis", wie das Leihhaus in italienischer Tradition genannt wurde, zur Verfügung. Zuerst eröffnete die Stadt den Leihhausbetrieb in der Getreidegasse 6, dann kaufte sie ein Palais gegenüber der Dreifaltigkeitskirche am Hannibalplatz (heute Makartplatz) und ließ dieses adaptieren. Das Haus wurde 1908 demoliert, heute ziert das Portal das Gebäude der Salzburger Sparkasse am Alten Markt.

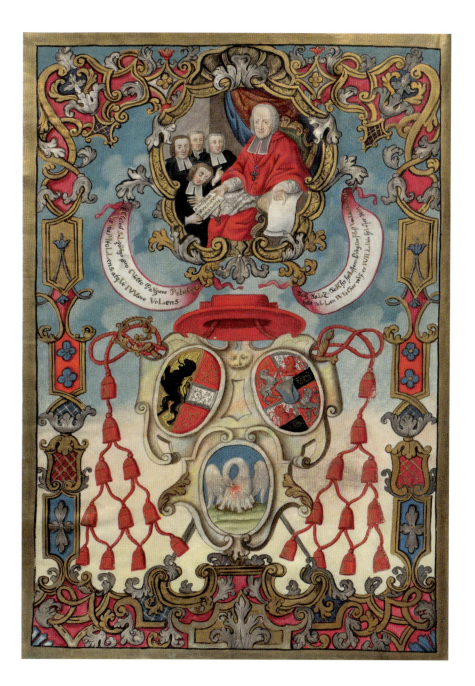

Erzbischof Jakob Ernst Graf von Liechtenstein mit seinem Wappen, darunter das Wappen des von ihm gestifteten Leihhauses. Titelminiatur auf Pergament im Fundationsbuch des Salzburger Leihhauses aus dem Jahr 1747.
Stadtarchiv Salzburg, Stiftungsarchiv, Buchförmige Archivalien 2.768.

DAS SCHARFRICHTERTAGEBUCH – STRAFVOLLZUG IM 18. JAHRHUNDERT

Zu den im Stadtarchiv befindlichen Raritäten zählt das sogenannte „Executions Einschreib Buch" des letzten Salzburger Scharfrichters Franz Joseph Wohlmuth (1739–1823), der im Scharfrichterhaus (heute Neukommgasse 26) in unmittelbarer Nähe der Richtstätte wohnte und bis 1807 seinem Beruf nachging. Im deutschen Sprachraum existieren nur ganz wenige derartige Journale, die wichtige Quellen zur Strafrechtspflege darstellen.

Stichwortartige Notizen über das „Meisterstück" bilden 1757 den Anfang von insgesamt 226 formelhaft verfassten Eintragungen, die 60 Jahre Henkersarbeit Wohlmuths dokumentieren. Die Tätigkeiten des seit 1761 in Salzburg amtierenden Scharfrichters waren umfangreich: So gehörte etwa die Durchführung der sogenannten „peinlichen Frage", der Folter, die der Wahrheitsfindung dienen sollte, wie auch Leibes- und Lebensstrafen zu seinen Dienstpflichten. Als leichte Strafe galt zum Beispiel das Ausstellen am Pranger, das häufig mit der Verabreichung von Hieben mit Spitzgerten oder Brandmarken verbunden war. Dabei hatte der Henker einem des Landes zu verweisenden Verurteilten den „Relegationsbuchstaben" „S", für Salzburg in die Haut einzubrennen. Todesurteile vollstreckte Wohlmuth durch das Schwert oder den Strang. Oftmals waren mit der Hinrichtung aber auch noch Zusatzstrafen verbunden, etwa dass einem Verurteilten vor oder nach der Enthauptung die Hand abgehackt wurde. Wohlmuth hatte aber auch noch andere Funktionen, die alle als „unehrlich", ohne Ehre, angesehen wurden. Wie mehrere Eintragungen in seinem Einschreibbuch belegen, war er für die „Entsorgung" von Selbstmödern und -mörderinnen zuständig, die am Friedhof nicht bestattet werden durften.

Während Salzburg unter der Regentschaft von Erzbischof Hieronymus Colloredo zu Recht als ein Zentrum der süddeutschen Aufklärung gepriesen wurde, waren Strafrecht und -vollzug von großer Rückständigkeit gekennzeichnet. Ende des 18. Jahrhunderts wurde im Erzstift Salzburg noch immer das grausame mittelalterliche Rechtssystem der Constitutio Criminalis Carolina angewendet. Davon zeugen sowohl die – in anderen Ländern bereits abgeschaffte – Todesstrafe und die Folter, als auch die damals schon anachronistischen geltenden Zusatzstrafen wie Abhacken und Zurschaustellung von Körperteilen Hingerichteter, die oft monatelang am Richtplatz als abschreckendes Exempel dienen sollten.

Details aus dem Titelblatt.

Titelblatt des „Executions Einschreib Buch" des Salzburger Scharfrichters Franz Wohlmuth, 1757–1817.

Stadtarchiv Salzburg, Privatarchivalien I.156.

STADTRAT UND STADTVERWALTUNG IM 17. UND 18. JAHRHUNDERT

Seit der Kassierung der städtischen Freiheiten durch die Erzbischöfe Leonhard von Keutschach und Mattäus Lang waren der Bürgermeister und der Stadtrat Befehlsempfänger des erzbischöflichen Stadtherrn. Der Stadtrat durfte seit der Regentschaft Wolf Dietrichs nur mehr unter Anwesenheit des erzbischöflichen Stadtrichters, ab 1599 Stadtsyndikus, tagen. Der Stadtrat fungierte letztlich als Schanierstelle zwischen erzbischöflicher Obrigkeit einerseits und Bürgern und Einwohnern der Stadt andererseits. Auf „gnädigsten" Befehl war der Stadtrat angehalten, Gutachten etwa über die Verleihung von Gewerben oder bei Gewerbsstreitigkeiten zu erstatten. Der Stadtrat beschloss die Aufnahme von Bürgern – nach obrigkeitlicher Genehmigung.

Er nahm Gesuche und Bittschriften von Bürgern entgegen und reichte sie an den Hofrat oder die Hofkammer weiter. Vor dem Stadtrat konnten Heiratskontrakte, Erb- und Übergabeverträge oder auch Schuldverschreibungen – allerdings nur unter Anwesenheit des Stadtsyndikus – ratifiziert werden. Relativ selbständig blieb der Stadtrat in wirtschaftlichen Fragen des bürgerlichen Erwerbslebens. Er war für die Vergabe und Abrechnung von Vormundschaften zuständig – ein häufiger Vorgang. Über in finanzielle Schwierigkeiten geratene Gewerbe konnte die Kuratel verhängt und diese am „Schwarzen Brett" im Rathaus öffentlich bekannt gemacht werden. Trotz eines gewissen Einflusses auf die Regulierung lebenswichtiger Preise wie bei Brot oder Fleisch oder auf das Armenwesen kam dem Stadtrat letztlich kaum mehr Bedeutung zu, als einem neuen Erzbischof beim Eintritt in die Stadt den Stadtschlüssel zu überreichen.

Die Stadtratsprotokolle, von denen das Stadtarchiv ab 1561 eine geschlossene Reihe bis in die Gegenwart verwahrt, geben einen plastischen Einblick in das bürgerliche Alltagsleben.

Das wichtigste Amt neben dem des Bürgermeisters war jenes des Stadtkämmerers, der als Generalsteuereinnehmer Mitglied der Landschaft, dem Repräsentationsorgan der Stände, war. Er hatte zu Jahresende die Kammer-Raittung, eine Art Bilanz der städtischen Finanzverwaltung, zu legen. Mitte des 17. Jahrhunderts betrugen die Einnahmen der Stadt etwa 12.000 Gulden, eine Summe, die sich bis 1800 auf 35.000 Gulden erhöhen sollte. Im Besitz der Stadt waren etwa 60 Gebäude: Brunnhaus, Getreideschranne, die Stadttore, Rathaus, Niederleghaus, Stadttrinkstube usw. Durch die Vermietung von Geschäftslokalen und Wohnungen erzielte die Stadt nicht unbeträchtliche Einnahmen. Dazu lukrierte die Stadt bestimmte Steuern wie etwa das Umgeld und Gebühren.

Verwendung fanden die Gelder für die Instandhaltung der Infrastruktur wie die Brunnleitungen, Gefängnisse, Bergskarpierung, Pflasterung, Stadtbeleuchtung und die Bezahlung von Personal.

**Simon Weibhauser,
Das Städtische Brunnhaus,
Schnitt, Tusche 1796.**

*Salzburg Museum,
Grafiksammlung 7615/49.*

GAST- UND BRAUHÄUSER IM 17. UND 18. JAHRHUNDERT

Gast- und Wirtshäuser hatten und haben innerhalb eines Gemeinwesens wichtige Aufgaben. Sie sind lebendige Orte der Kommunikation. In ihnen wird gegessen und getrunken, werden Kontakte geknüpft, Nachrichten, Meinungen und Gerüchte kolportiert. Die Welt der Gasthäuser war auch im 18. Jahrhundert vielfältig. Der Bogen reichte von der verrufenen Spelunke und Branntweinstube über das Brauhaus bis zum noblen Kaffeehaus.

Die einzelne Gerechtsame (Gewerbeberechtigung) regelte, was deren Inhaber gestattet war. Brauhäuser vereinigten Brauhandwerk, Gastgewerbe und Weinschank. Das von den Brauern eingesottene Bier durfte allerdings nur in den eigenen Gaststuben ausgeschenkt oder über die Gasse verkauft werden.

Die Wirte verfügten im Regelfall über die Bier- und Weinausschanks-Gerechtsame. Die Bierschenken (auch Zäpfler genannt) durften lediglich landesfürstliches Hofbier ausschenken und an Speisen nur kaltes Fleisch oder Würste verabreichen.

Einen besonderen Nachteil gegenüber den Brauern hatten die Wirte und Zäpfler durch den sogenannten „Bierzwang". Seit Leonhard von Keutschach waren die Salzburger Erzbischöfe im Besitz der Kaltenhauser Brauerei. Schrittweise brachten die Landesfürsten die gesamte Bierproduktion unter ihre Kontrolle. 1645 wurde die Einfuhr fremden Bieres in die Stadt untersagt. 1659 verbot Erzbischof Guidobald Thun den bürgerlichen Brauern, ihr Bier an Wirte und Zäpfler zu verkaufen. Ab 1664 waren die Wirte gezwungen, ausschließlich fürsterzbischöfliches Bier auszuschenken. Die Auseinandersetzungen zwischen den staatlichen Monopolbetrieben und den bürgerlichen Brauern zogen sich lange hin. Deren größter Trumpf war die bessere Qualität.

Der Ausschank von welschen Süßweinen und Muskateller war Faktoren und Handelsleuten vorbehalten.

Die Stadt Salzburg besaß das Recht, auf Wein, Bier und Branntwein Umgeld, eine Art Getränkesteuer, einzuheben. Die aufgeschlagene Seite des Steuerbuches der Stadt Salzburg zeigt die Steuereinzahlungen der jeweiligen Pächter der „Stadttrinkstube" (Waagplatz 1). Sie war eine der renommiertesten Gaststätten Salzburgs, gehörte der Stadtgemeinde und wurde von dieser verpachtet.

Die „Stadttrinkstube" war ursprünglich Gerichts- und Rathaus gewesen. Seit der Übersiedlung des Rathauses auf seinen heutigen Standort im 15. Jahrhundert wurde das Gebäude als Waag- und Niederleghaus verwendet. Damit war auch ein Ausschank verbunden. Die „Trinkstube" bildete den geselligen und gesellschaftlichen Mittelpunkt der Stadt.

Hier wurden die Jahrtage der Zünfte gehalten, hier tafelte der Stadtrat, hier wurden Hochzeitsmähler gefeiert und Totenzehrungen gehalten. 1804 verkaufte die Stadt das Gebäude an den Schiffwirt Andrä Mayr.

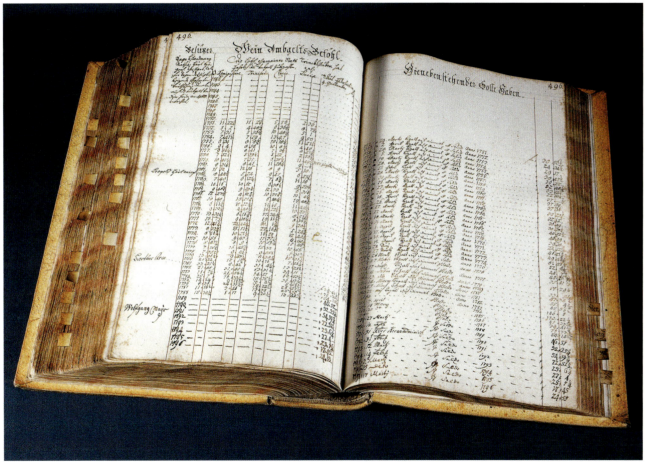

Steuerbuch der Stadt Salzburg, 1742–1811, fol. 496.

Stadtarchiv Salzburg, Städtisches Archiv, Buchförmige Archivalien 260 a.

SALZBURGER BÜRGERINNEN UND IHRE EHEMÄNNER

Nicht nur der Adel, sondern auch das vermögende Bürgertum wie beispielsweise die Familien der großen Handelsfaktoren Haffner, Mayr, Atzwanger und Freisauff betrieben bewusste Heiratspolitik. Die Heirat mit einer Tochter oder einer Witwe aus dem Salzburger Handelsstand war auch in Salzburg eine Möglichkeit für auswärtige, fachlich qualifizierte Männer eine Handlung oder einen Betrieb zu übernehmen und in der Folge auch den Status des Bürgers zu erlangen.

Franz Anton Spängler, 1705 in Südtirol geboren, kam 1729 nach Salzburg, um die Stellung eines Handelsbediensteten in der Laimprucherschen Faktorei anzutreten. Zwei Jahre später, mit 26 Jahren, heiratete er die 32 jährige Witwe Maria Katharina Prötz (geb. Ingerl, 1699–1743). Sie brachte die elterliche Seiden-, Tuch- und Knopfhandlung mit in die Ehe und starb 1743. Ein Jahr darauf vermählte sich Spängler mit der 43jährigen Witwe Anna Elisabeth Lang (geb. Egger, 1701–1754), welche die Devotionalienhandlung ihres ersten Ehemannes bis zu ihrem Tod 1754 weiterführte. In dritter Ehe heiratete er, nun 50 Jahre alt, die 25jährige Maria Theresia Traunbauer (1730–1780), die Tochter eines verstorbenen Wiener Spezereihändlers und einer Senfhändlerin aus Krems, die er auch um vier Jahre überlebte. Dass es Franz Anton Spängler gelang, für die bis in die Gegenwart anhaltende Erfolgsgeschichte seiner Familie den Grundstein zu legen, ist nicht zuletzt auf seine Ehefrauen zurückzuführen. Mit ihren Leistungen in den verschiedenen Funktionen, die sie als Haus-, Kauf-, Ehefrau und Mutter erfüllten, trugen sie wesentlich zum Wohlstand der Familie bei. 1828 wurde das Bankhaus Spängler gegründet, das nach wie vor in Familienbesitz ist. Aloys Spängler war von 1854 bis 1861 Bürgermeister der Stadt Salzburg und Mitinitiator der Mozartfeste, der Vorläufer der Salzburger Festspiele.

Nach einem systemerhaltenden Muster heirateten auch andere bedeutende Salzburger Familien. So schlossen beispielsweise Maria Theresia und Johann Lorenz Hagenauer 1738 den üblichen Ehevertrag, um den Fortbestand der wirtschaftlichen Basis und des sozialen Standes zu sichern. Groß- und Spezereiwarenhändler Johann Lorenz Hagenauer (1712–1791) ist als Freund und Geldgeber der Familie Mozart bekannt, die in seinem Haus in der Getreidegasse 9, im Jahr 1747 eine Dreizimmerwohnung bezog. Seine Cousins waren der bekannte Architekt Wolfgang Hagenauer (1726–1801) und der Bildhauer Johann Baptist Hagenauer (1732–1811). Seine Ehefrau Theresia Hagenauer (geb. Schuster 1717–1800) war in erster Ehe mit dem Kaufmann Bartholomäus Weiser verheiratet und gebar in 21 Ehejahren elf Kinder. 1799, nach dem Tod ihres Sohnes Johann Nepomuk und Geschäftsnachfolger ihres Mannes, übernahm sie gemeinsam mit ihren Töchtern die Führung der Handlung. Einer der Söhne, der spätere Abt Dominicus, stand von 1786 bis 1811 dem Kloster St. Peter vor. Zu dessen Primiz komponierte Mozart 1769 die Dominicus-Messe.

Unbekannter Künstler,
Franz Anton Spängler,
Öl auf Leinwand, 1756.
Bankhaus Spängler, Familienarchiv I.A.10.1.

Unbekannter Künstler,
Maria Katharina Spängler,
Öl auf Leinwand, 1756.
Salzburg Museum, Inv.-Nr. 561/28.

Unbekannter Künstler,
Anna Elisabeth Spängler,
Öl auf Leinwand, 1756.
Salzburg Museum, Inv.-Nr. 563/28.

Unbekannter Künstler,
Maria Theresia Spängler,
Öl auf Leinwand, 1756.
Bankhaus Spängler, Familienarchiv I.A.10.10.

HANDELSHERREN ALS WOHLTÄTER

Einer der reichsten Wirtschaftstreibenden der Stadt Salzburg war Sigmund Haffner der Ältere (1699–1772). Seine Lebensgeschichte zeigt exemplarisch, dass das kulturelle, gesellschaftliche und politische Leben der Stadt von wenigen Familien der Großkaufleute dominiert wurde, die auch häufig den Bürgermeister – Haffner bekleidete von 1768 bis 1772 das Bürgermeisteramt – stellten, im Stadtrat vertreten waren und sich aus ganz unterschiedlichen Beweggründen für das Allgemeinwohl einsetzten. Der gebürtige Tiroler, der in das Salzburger Handelshaus Laimprucher eingeheiratet hatte und 1733 zum Bürger aufgenommen worden war, erwarb mit Geschäftssinn und Tatkraft ein enormes Vermögen. Bei der durch die europaweite Hungersnot bedingten Teuerung in den Jahren 1770/71 gewährte er der Stadt für den Ankauf von Getreide einen zinsenfreien Kredit von 200.000 Gulden.

Sein Sohn, Sigmund Haffner der Jüngere (1756–1787), der beim Tod seines Vaters erst 16 Jahre alt und von schwacher Gesundheit war, überließ die Führung des Handelshauses seinem Schwager Anton Triendl und gab beträchtliche Summen seines Vermögens sowohl für ein Leben in Luxus als auch für großzügige Unterstützungen der Armen aus. 1782 erhob ihn Kaiser Josef II. in den Reichsritterstand mit dem Prädikat „Edler von Innbachhaussen" (Innbach oder Imbach, alte Schreibeweise von Jenbach in Tirol, dem Geburtsort seines Vaters). Das Adelsdiplom begründet die Verleihung des Titels damit, dass sich sein Vater als Großhändler besonders verdient gemacht und er die Großhandlung in noch „größerem Flore" fortgeführt habe. Aus Anlass der Erhebung Sigmund Haffners in den Adelsstand komponierte Mozart 1782 die berühmte Haffner-Symphonie. Haffner hatte bei ihm bereits 1776 zur Hochzeit seiner Schwester Maria Elisabeth mit dem Handelsfaktor Franz Xaver Späth die sogenannte Haffner-Serenade in Auftrag gegeben.

In seinem Testament, mit dem er als einer der größten Wohltäter in die Geschichte der Stadt Salzburg einging, stiftete er 396.000 Gulden für sozial-karitative Zwecke. Während sein Schwager und Erbe seine Zurechnungsfähigkeit bezweifelte, wollte Erzbischof Colloredo Haffner ein Denkmal setzen lassen, das aber nie realisiert wurde. 1873 ehrte ihn schließlich die Stadt Salzburg mit der Umbenennung der ehemaligen Kirchgasse in Sigmund-Haffner-Gasse.

Auch Haffners Neffe, Sigmund Triendl (1769–1809), Sohn des Anton Triendl, engagierte sich für die Armen der Stadt. Als Mitglied der Armenkommission war er direkt mit den Lebensumständen der Notleidenden konfrontiert und kaufte bei der Hungersnot von 1805 Getreide an, um es an einkommensschwache BewohnerInnen zu niedrigem Preis und an Arme kostenlos auszugeben.

Der aus Seekirchen stammende Bauernsohn Mathias Bayrhammer (1769–1845), der mit viel Geschick, vor allem durch Geldwechsel und -verleih, ein beträchtliches Vermögen anhäufte, vermachte 1844 mehreren Armenfürsorgeeinrichtungen der Stadt Salzburg, darunter dem Bürgerspital und Bruderhaus, ebenfalls außerordentlich hohe Legate. Er zählt neben Sigmund Haffner zu den großen privaten Wohltätern der Stadt des 18. und 19. Jahrhunderts.

Adelsbrief für Sigmund Haffner d. J., 1782.

Stadtarchiv Salzburg, Standeserhebungsdiplome und Wappenbriefe 10.

WOLFGANG AMADÉ MOZART

Mozartstadt lässt sich Salzburg gerne nennen. Diesen Beinamen verdankt Salzburg dem schlichten Umstand, dass hier am 27. Jänner 1756 um 20 Uhr im dritten Stockwerk des Hagenauerischen Hauses in der Getreidegasse Wolfgang Amadé Mozart als Sohn der Anna Maria Pertl und des Hofmusikers Leopold Mozart zur Welt kam.

In Salzburg waren Vater wie Sohn Teil des Hofstaates. Selbst die ausgedehnten Reisen, die die Familie Mozart durch ganz Europa an zahlreiche Fürstenhöfe führte, dienten der Repräsentation des Landesfürsten.

Die fürstliche Kammermusik in der Residenz, zumeist im Ritter- oder im Carabinierisaal, gehörte zum beinahe täglichen Ritual. Abendmusik bei Hof konnte Stunden dauern, sie begann gewöhnlich mit einer Sinfonie. Der Erzbischof selbst pflegte nicht selten als Violinist mitzuspielen. Für die fürstliche Kammermusik komponierte Mozart Sinfonien, Konzerte und Arien.

Auch die Kirchenmusik war Fürstendienst. Kirchenmusikalische Werke zu komponieren gehörte zu den Pflichten von Vater wie Sohn. Die Mehrheit der Messen, die Wolfgang in Salzburg schuf, entstand wohl zu Anlässen, bei denen der Erzbischof selbst im Dom zelebrierte.

Bereits als Elfjähriger komponierte Mozart für die Universität 1767 das geistliche Singspiel „Die Schuldigkeit des ersten Gebotes" (KV 35) nach einem Text des Salzburger Kaufmanns Ignaz Weiser. Theatralische Kompositionen wie Singspiele oder Opern entstanden zu Anlässen im höfischen Festkalender wie Fürstenhochzeiten, Staatsempfänge. 1769 wurde Mozart zum unbesoldeten Konzertmeister der Salzburger Hofmusik ernannt.

Zum Regierungsantritt des neuen Erzbischofs Hieronymus Graf Colloredo überarbeitete er 1772 die eigentlich für dessen Vorgänger gedachte Kammeroper „Sogno di Scipione" (KV 126). Der Erzbischof ernannte den jungen Mozart zum – nunmehr besoldeten – Konzertmeister der Hofkapelle. Diese Anstellung sicherte ihm ein fixes Einkommen, verpflichtete ihn aber auch zum Hofdienst. Im Herbst 1773 übersiedelte die Familie Mozart aus der zu eng gewordenen Wohnung in der Getreidegasse in die geräumige Wohnung im Tanzmeisterhaus am heutigen Makartplatz.

Neben den zahlreichen Symphonien, Klavierkonzerten und anderen Musikstücken, die in Salzburg entstanden, sei nur die D-Dur-Serenade (KV 250) genannt, die anlässlich der Hochzeit des Handelsfaktors Franz Xaver Späth mit Maria Elisabetha Haffner im Haffnerschen Gartenhaus bei Loreto aufgeführt wurde.

Von der Reise, die Mozart 1777 gemeinsam mit seiner Mutter unternahm, um in Mannheim oder Paris eine Anstellung zu finden, kehrte Mozart nach deren Tod in Paris allein zurück. Nach seiner Ankunft in Salzburg avancierte Mozart zum Hoforganisten, zu dessen Aufgaben vor allem das Präludieren gehörte.

Als Mozart 1781 die Brücken zu Salzburg abbrach und sich dauerhaft in Wien niederließ, war dies keine Flucht aus Salzburg, sondern ein Akt der Emanzipation eines selbstbewussten Künstlers aus dem Korsett des Hof- und Fürstendienstes. In Wien avancierte Mozart zu einem Star des Gesellschaftslebens: ein künstlerisch selbstbestimmtes Individuum. 1783 besuchte er mit seiner Gattin zum letzten Mal Salzburg.

Mozart-Geburtshaus,
im Erdgeschoß das Geschäft von „A. Saullich zum Mozart",
Hagenauerplatz (alter Fischmarkt) noch mit dem alten Brunnen.
Franz Segl, Salzpapierabzug, 1855.

Stadtarchiv Salzburg, Fotosammlung.

BÜRGERLICHE ÖFFENTLICHKEIT UND AUFKLÄRUNG

Bereits kurz nach seinem Regierungsantritt gebot Erzbischof Hieronymus Graf Colloredo 1775 dem Magistrat, auf dessen Kosten das Ballhaus auf dem Hannibalplatz (Makartplatz) in ein öffentlich bespielbares Theater umzubauen. Colloredo wollte damit ein Bildungstheater im Sinne der Aufklärung schaffen. Das Theater „als moralische Bildungsanstalt" sollte einem breiteren Publikum zugänglich gemacht und dadurch gleichzeitig dem Treiben der wandernden „Komödiantenbanden" Einhalt geboten werden.

Der Salzburger Stadtrat sträubte sich vergeblich, die Umbaukosten zu übernehmen. In diesem Zusammenhang musste Bürgermeister Ignaz Weiser zurücktreten, der Magistrat zahlen.

Die großen Erwartungen, welche die Aufklärer in das Theater als Bildungsanstalt setzten, erfüllten sich jedoch nicht. Nach wie vor dominierten wandernde Schauspielergesellschaften mit ihren „zwerchfellerschütternden" Ritter- und Märchenstücken die Bühne. So gastierten in den achtziger Jahren in Salzburg Emanuel Schikaneder, Franz Heinrich Bulla, Johann Perchtold, Alexandre Pochet. Im Juni 1783 machte die Schauspielergesellschaft um Felix Perner in Salzburg Station. Ihm folgte Ernst Kühne, der zwar Friedrich Schillers „Fiesko" zum Besten gab, über dessen Truppe es aber im übrigen hieß, ihr einträglichstes „Stück" sei wohl Madam K., „eine schöne und coquette Frau".

Das abgebildete Flugblatt ist ein Dankschreiben der Pernerschen Theatergruppe an das Theaterpublikum anlässlich ihres Aufenthalts 1783 in Salzburg.

Erfolgreicher waren die aufgeklärten Bemühungen um die Publizistik. Lorenz Hübner, der 1783 von Colloredo geholt worden war, machte Salzburg zu einem Zentrum der katholischen Spätaufklärung. Etliche in Salzburg wirkende Gelehrte und Publizisten erreichten überregionale Bedeutung. Unter ihnen der Jurist Judas Thaddäus Zauner, dessen Notariatssignet aufgeklärte Prinzipien symbolisiert. Besondere Erfolge zeitigte die Aufklärung in Salzburg auf den Gebieten der Pädagogik und des Schulwesens, der landeskundlichen Forschung und dem Gesundheitswesen. Versuche, das religiöse sowie das Alltags- und Arbeitsleben nach „vernünftigen" Prinzipien zu organisieren, stießen jedoch bei der Bevölkerung weitgehend auf Unverständnis und wachsende Ablehnung.

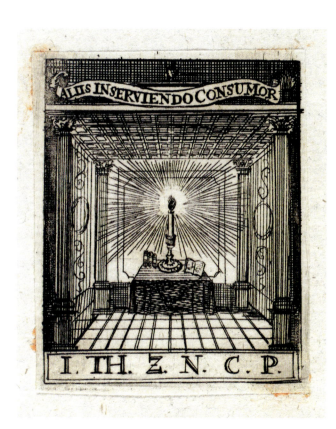

Notariatssignet von Judas Thaddäus Zauner, 1803.
Stadtarchiv Salzburg, Städtisches Archiv, Pezoltakten 561-2.

Danksagung der Pernerischen Truppe an das Salzburger Theaterpublikum, 1783.
Stadtarchiv Salzburg, Bibliothek 15.799 Ü.

UNEHELICHE KINDER UND IHRE MÜTTER – DER FALL JOSEPH MOHR

„Das dritte Verbrechen geschah vor 3 Jahren mit dem Soldat Jos[eph] Mohr, der von hier desertirte. Das Kind, ein Knab lebt, und hat v[on] gemeinem Almosen wochentlich 30 x [Kreuzer]." Dieses Zitat stammt aus einem Eintrag im städtischen Fornikationsprotokoll aus dem Jahr 1796. Darin wurden Sittlichkeitsverbrechen festgehalten, da „Unzucht", un- und außerehelicher Geschlechtsverkehr, in Salzburg bis 1807 per Gesetz für Frauen wie Männer verboten war und bestraft wurde. Sobald eine unverheiratete Frau schwanger war, musste darüber Anzeige erstattet werden. Dies galt theoretisch auch für den Mann, doch war der Kindsvater nach dem „Delikt" oft nicht mehr greifbar. Der Anteil der im Fornikationsprotokoll von 1795 bis 1804 eingetragenen Männer beträgt rund ein Fünftel der Gesamtanzeigen.

Am 3. Februar 1796 zeigte die 38jährige, ledige Anna Schoiber ihre vierte uneheliche Schwangerschaft an. Sie war die Tochter eines Salzeinnehmers aus Hallein und lebte schon seit 32 Jahren in der Stadt Salzburg, wo sie ihren Lebensunterhalt hauptsächlich mit Handarbeiten bestritt. Sie hatte sich mit einem Tagwerker am Mönchsberg „fleischlich verbrochen" und bereits vorher drei Kinder von drei verschiedenen Männern bekommen. Die finanzielle Lage von Anna Schoiber war offensichtlich so prekär, dass sie für ihr drittes Kind, ihren vierjährigen Sohn Joseph Mohr, der – wie damals üblich – auch als unehelich geborenes Kind den Nachnamen des Vaters trug, eine wöchentliche Unterstützung aus der städtischen Armenkasse erhielt. Während sie die Strafe für das erste „Verbrechen" „abgedient" und für das zweite uneheliche Kind eine Geldstrafe erlegt hatte, gab sie an, für Joseph Mohr „noch nie abgestraft worden" zu sein.

In der Stadt Salzburg wurde gegen Ende des 18. Jahrhunderts beinahe jedes dritte Kind unehelich geboren. Heiratswillige Paare benötigten in Salzburg bis in die 1880er Jahre zur Eheschließung einen obrigkeitlichen Heiratskonsens, das heißt, die Zustimmung der zuständigen Grundherrschaft, Gemeinde oder politischen Behörde, mit der bestätigt wurde, dass das Paar über eine ausreichende materielle Basis für eine Familiengründung verfügte. Der Ehekonsens konnte zwar eine Heirat, aber keine Geburten verhindern. Der Verlust der Residenzfunktion Salzburgs 1805 brachte dann noch eine Verschlechterung der Lebensbedingungen von Frauen aus den Unterschichten, da viele Arbeitsmöglichkeiten schwanden. Bei der österreichischen Militärkonskription 1817 verfügte Salzburg über die geringste Verehelichungsrate in der Habsburgermonarchie: nur mehr 27,7 Prozent der Bevölkerung waren verheiratet.

Erzbischof Hieronymus Colloredo setzte sich gleich nach seinem Regierungsantritt 1772 mit der Lage unehelicher und armer Kinder auseinander, deren zweckmäßige Erziehung ihm als ein Beitrag zur Sicherung des Staatswohls galt. Sie sollten auf dem Land bei wohlhabenden Bauernfamilien angestiftet und dort auf christliche Weise zu „brauchbaren Dienstboten" erzogen werden. Davon sollten die Kinder, die Eltern und der Staat profitieren. Trotz prinzipiell wohlmeinender Absicht wurde auch Gewalt gegen Mütter angewandt, wenn sie sich weigerten, ihre Kinder zu Zieheltern zu geben.

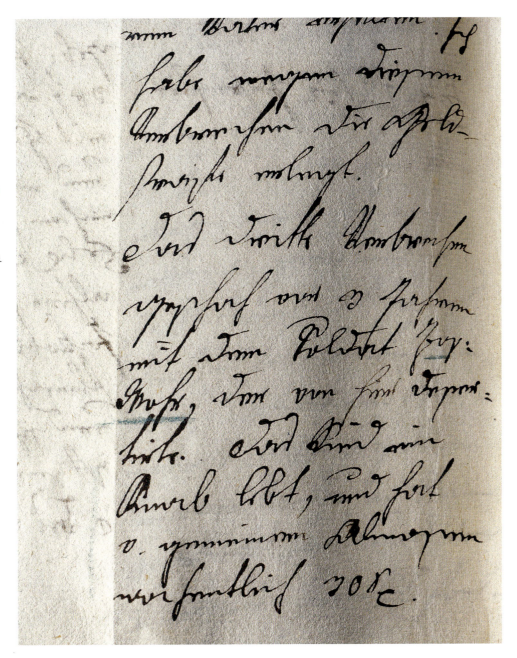

Detail aus dem Eintrag vom 3. Februar 1796 in das Fornikationsprotokoll von 1795–1805.
Stadtarchiv Salzburg, Städtisches Archiv, Buchförmige Archivalien I.460.

KRISE DER HERRSCHAFT

Die letzten Jahre des Erzstiftes verliefen krisenhaft. Aufklärung, Revolution, der Prozess der Verweltlichung erschütterten nachhaltig die Fundamente althergebrachter Gewissheiten. Damit verloren traditionale Lebensordnungen ihre Selbstverständlichkeit und die Menschen ihren gewohnten Halt. Die liturgischen Reformen Erzbischofs Hieronymus und die Abschaffung zahlreicher Feiertage einerseits und die Montage von Blitzableitern, aber auch groß angelegte Impfkampagnen andererseits empfanden viele nicht nur als Eingriffe in ihre Gewohnheiten, sondern auch in die göttliche Vorsehung. Bevölkerung und Klerus begegneten den Reformen mit Skepsis und offener Auflehnung.

Truppendurchmärsche kündigten das Nahen des Krieges gegen das revolutionäre Frankreich an. Aushebungen zum Militär sorgten – vor allem Innergebirg – regelmäßig zu Aufruhr und Desertion. Auch wenn die Obrigkeit „Franzosengeist" hinter den Rebellionen vermutete, ging es den Aufrührern um die Verteidigung des „Althergebrachten" und weniger um das französische Gleichheits- und Freiheitsideal. Die staatliche Macht verlor zusehends an Autorität, auch in der Stadt dämmerte ihre Endlichkeit. Als 1787 die Schustermeister das traditionelle Martinigansl-Essen durch eine (bescheidene) Geldsumme ablösen wollten, beriefen sich die Gesellen auf die „alte Gewohnheit" und legten die Arbeit nieder. 1801 streikten die Bäckerjungen aus gleichem Kalkül.

Auch wenn der St. Peter-Keller dem Polizeiamt als Ort galt, „an dem ungescheut die Disposition der Regierung, öffentlicher Ämter und Verwaltungen bekrittelt" werde und obwohl der Salzburger der Buchhändler Kaspar Zaunrith mit einem egalitärem „Bürger" tituliert wurde, war Salzburg bei weitem kein revolutionäres Zentrum. Dass aber die „hiesige Dilletanten-Gesellschaft", eine musikalische Vereinigung angesehener Einwohner, anlässlich des Friedensschlusses von Campoformido im Oktober 1797, der die Niederlage der Koalitionstruppen gegen die Franzosen besiegelte, eine große Friedensfeier „in orientalischer Harmonie" veranstalten wollte, war aber eine eindeutige politische Bekundung.

Als im August 1796 in der Stadt bekannt wurde, dass Erzbischof Hieronymus seine Flucht vor herannahenden französischen Truppen vorzubereiten begann und beabsichtigte, Gelder aus der Kameral-Kassa sowie Hofsilber, verpackt in 25 Fässern, mitzunehmen, verhinderten tumultartige Proteste die Flucht des Landesherrn.

Auch wenn die aufgebrachten Salzburger schließlich öffentlich wegen ihrer „Dreistigkeit" Abbitte leisten mussten, erschütterte dieses Ereignis endgültig das Verhältnis der SalzburgerInnen zu ihrem Landesherrn. Niemand weinte dem Erzbischof nach, als dieser im Dezember 1800 flüchtete. Hieronymus sollte Salzburg nie wieder betreten. Er starb 1812 in Wien.

Hochfürstliche Regierungs-Deputation, „Aktenmäßige Aufklärung über das neuliche Ereigniß wegen Aufhebung einer Schlafnacht der Bäckerjungen", 22. Mai 1801.
Stadtarchiv Salzburg, Generaliensammlung.

Aktenmäßige Aufklärung über das neuliche Ereigniß wegen Aufhebung einer Schlafnacht der Bäckerjungen.

Die Unruhen und Besorgnisse, welche das Publikum in vergangener Woche duldete, machen es nun, nach gänzlich berichtigter Sache, der dießfalls angeordneten hochfürstl. Regierungs-Deputation zur Pflicht, den Vorfall mit den Bäckerjungen aufzuklären, und dadurch zugleich die schiefen Urtheile jener, welche keine ordentliche Kenntniß dieses Ereignisses haben, zu berichtigen.

Die Landesregierung beschloß nach reiflichem Erwägen mit Bestättigung der hohen Statthalterschaft die Aufhebung einer Schlafnacht der Bäckerjungen, nähmlich vom Samstage auf den Sonntag. Die wichtigen Gründe hiezu sind:

I. Sorge für das Beste aller Einwohner der Hauptstadt; denn

1.) erhält dadurch das Publikum alle Sonntage frisches weißes Brod,

2.) wird künftig nicht mehr bey schönem Wetter, wo viele Leute vom Lande kommen, und Wirthshäuser um die Stadt häufiger besuchet werden, der Fall wie bisher eintretten können, daß schon Nachmittags kein weißes Brod mehr zu haben ist. —

3.) Das Publikum hat mehr Auswahl, und ist für sein Geld nicht an einige wenige Bäcker gebunden.

II. Sorge für die Gewerbe der Bäckermeister.

1.) In vorigen Zeiten, wo weniger weisses Brod genossen wurde, der Luxus noch nicht so weit gestiegen war, sondern die Leute auf dem Lande, wenn sie zur Stadt kamen, und die Einwohner, welche Wirthshäuser besuchten, schwarzes Brod aßen, reichte eine kleinere Zahl von Bäckern hin, um an solchen Tagen weisses Brod zu backen. Jetzt kann sich jeder Bäckermeister wegen häufigerem Gebrauch dieses Brodes mehr als sonst verdienen, seine Familie besser ernäh-

KRIEG UND SÄKULARISATION

Die gesellschaftlichen und politischen Umbrüche setzten die Auflösung der geistlichen Territorien auf die Tagesordnung der europäischen Machtpolitik. Mit dem Beginn der Koalitionskriege und der Eroberung der linksrheinischen Gebiete durch das französische Revolutionsheer stand auch das Gebiet des Erzbistums Salzburg zur Disposition. Der ungünstige Verlauf des ersten Koalitionskrieges (1792–1797) ließ das antifranzösische Bündnis sukzessive zerfallen. In einem geheimen Zusatz zum Friedensvertrag von Campoformido (1797) versprach die Französische Republik dem Kaiser als Entschädigung für Gebietsverluste Unterstützung beim Erwerb des Erzstiftes.

Als im zweiten Koalitionskrieg (1799–1802), nach der vernichtenden Niederlage des kaiserlichen Heeres bei Hohenlinden, der französischen Rheinarmee der Weg Richtung Österreich offenstand und sich diese Salzburg näherte, flüchtete am 10. Dezember 1800 Erzbischof Colloredo – und das für immer – aus der Stadt Salzburg. Trotz des für die Kaiserlichen günstigen Verlaufes der Schlacht auf dem Walserfeld im Dezember 1800 musste der Rückzug angetreten werden, da den Franzosen bei Laufen der Übergang über die Salzach geglückt war und damit der Kaiserlichen Armee die Einkesselung drohte. Mehr als 20.000 Franzosen und Kaiserliche blieben auf dem Schlachtfeld.

Am 15. Dezember besetzten die Franzosen die Stadt Salzburg. Während ein (kleiner) Teil der Bevölkerung sich von den Franzosen eine neue Ordnung erhoffte, fürchtete der andere (größere) Teil Unordnung und Gottlosigkeit.

Das Ritual der Sieger: Vergewaltigung und Plünderung. Demütigung. Die militärische Logistik presste das Land aus: Reparationszahlungen in Millionenhöhe, Einquartierungen, Vorspann- und Robotdienste sowie Requisitionen von Schlachtvieh über Branntwein bis Zwieback. Alte Bücher und Gemälde wanderten in Pariser Bibliotheken und Museen. Die Generäle verlangten nicht nur standesgemäßes Quartier und Gratifikationen. Manche Offiziere bedienten sich schamlos an allem, was ihnen gefiel. Insgesamt beliefen sich die Kosten für die französische Besatzung auf mindestens zwölf Millionen Gulden.

Zu guter Letzt ließ sich 1801 auch der exilierte Landesherr Hieronymus Graf Colloredo Möbel, Uhren, Tafelsilber, die Reste seines Weinkellers usw. per Schiff nach Wien bringen und forderte pekuniäre Entschädigung und ansehnliche Apanagen.

Ein Polizeiamt, das dem Stadt-Syndikat unterstand, koordinierte die „Wünsche" der Besatzer, wie etwa die Nummerierung der Häuser der Stadt zur Erleichterung der Einquartierung von Soldaten.

Der Friede von Lunéville (1801) beendete die französische Besatzung und leitete die Säkularisation des Erzstifts ein, welche der Reichsdeputationshauptschluss (1803) besiegelte.

„Plan der am 14. December 1800 zwischen den Kaiserlich Königlichen und den Französisch-republikanischen Truppen nächst Salzburg bey Wals, Siezenheim, und dem fürstlichen Lustgarten Klessheim vorgefallenen Bataille; nebst dem Übergang der Franzosen über die Salza bey Laufen, und dem Rükzuge der K.K. Armee nach Oesterreich", gezeichnet von Johann Anton Lang, gestochen von Carl Scheich.

Stadtarchiv Salzburg, Privatarchivalien 721, Nachlass Anton Ritter von Schallhammer.

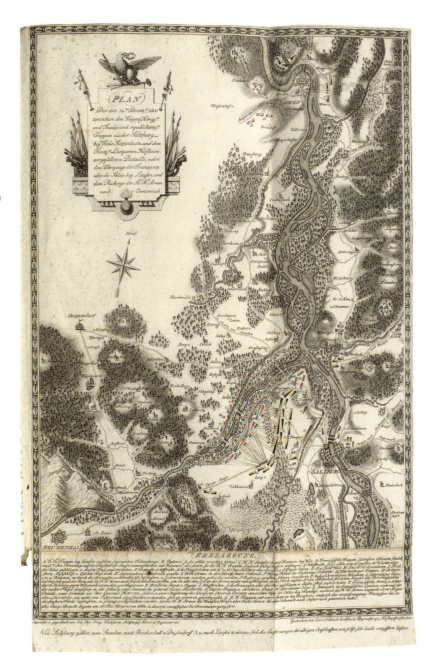

DIE STADT IM MEHRFACHEN WECHSEL DER HERRSCHAFT

Am 11. Februar 1803 dankte Erzbischof Hieronymus Graf Colloredo als Landesherr ab. Daraufhin ergriff Großherzog Ferdinand von Toskana in Salzburg, Berchtesgaden sowie Teilen von Eichstätt und Passau die Herrschaft. Noch im selben Jahr erhob Kaiser Franz II. Salzburg zum Herzogtum und verlieh diesem die Kurfürsten-Würde.

Kurfürst Ferdinand nahm umgehend eine umfassende Verwaltungsreform in Angriff, die die Trennung von Verwaltung und Justiz zum Ziel hatte. An die Stelle des Hofrates traten Hofgericht und Landesregierung. Die Abspaltung des Polizeiamtes vom Stadtsyndikat verfolgte ebenfalls das Ziel einer moderaten Gewaltenteilung. Die Trennung von Kirche und Staat war zumindest intendiert, immerhin wurde beispielsweise die Schulaufsicht säkularisiert. Die Liberalisierung des Gewerberechts 1804 minimierte den Einfluss der Zünfte erheblich. Nunmehr war die Ausübung eines Gewerbes nur mehr von der Berufsqualifikation abhängig. Allein in der Stadt belebten 325 neue Konzessionen das Gewerbe. Das Armenwesen wurde auf neue Grundlagen gestellt. Die neu gegründete Medizinische Fakultät sollte die ärztliche Ausbildung verbessern.

Die Niederlage der Österreicher bei Ulm veranlasste die Flucht auch des Kurfürsten, der sich ebenfalls an Salzburger Kulturschätzen bediente. Am 26. Oktober 1805 rückten französische und bayerische Truppen in Salzburg ein. Es folgte abermals das Ritual der militärischen Besetzung und abermals wurden die Ressourcen des Landes bis zum Letzten ausgeplündert. Der Friede von Pressburg beendete 1805 nicht nur den dritten Koalitionskrieg, sondern auch die kurze Episode des Kurfürstentums. Ein Beamter notierte zwar „Es ist Friede", dem folgte aber ein apathisches „Unser Land ist gefallen. Wir sind österreichisch".

Auch wenn der Abt von St. Peter in einem feierlichen Hochamt dafür dankte, österreichisch und nicht bayerisch geworden sein, war die Begeisterung für die Österreicher eher bescheiden. Archiv- und Bibliotheksgut sowie Kunstschätze wurden nach Wien verfrachtet. Ebenso flossen nun Gelder direkt in die Hauptstadt, gleichzeitig wurde die Steuerschraube angezogen. Kaufleute haderten mit der österreichischen Bürokratie. Als die europäischen Machtspiele abermals Kriegswolken aufziehen ließen, sorgten die zahlreichen Einziehungen zur Landwehr nicht gerade für österreich-patriotische Begeisterung, vor allem nicht in der Stadt. Dem Einmarsch der mit den Franzosen verbündeten Bayerischen Armee am 29. April 1809 in die Stadt begegneten die BewohnerInnen mit geteilten Gefühlen. Vermeinten die einen ein „fürchterliches Gebrüll" zu hören, vernahmen die anderen ein „jubilierendes Jauchzen". Zum dritten Mal überrollte nun die Kriegsfurie Salzburg. Zum dritten Mal holte die französische Besatzung alles, was ging, aus dem Land. Die französische Generallandesadministration, die aus Salzburgern zusammengesetzt war, hatte die Vorstellungen der französischen Besatzer umzusetzen.

Den Aufständischen in Tirol und den Salzburger Gebirgsgauen begegneten die Stadt-SalzburgerInnen allerdings kaum mit Sympathie. Als aber gefangene TirolerInnen zur Abschreckung durch die Stadt geschleppt wurden, bewirkte das im Gegenteil eher Mitgefühl.

Abdankungsdekret von Erzbischof Hieronymus, 11. Februar 1803.

Stadtarchiv Salzburg, Generaliensammlung.

„Mappe über die Brunnen und Canal-Leitungen zu und in der Stadt", gezeichnet von Ludwig Grenier, 1816.

Der 1816 fertig gestellte Plan erfasst auf insgesamt zehn Blättern das Wasserversorgungssystem der Stadt Salzburg mit allen Quellfängen, Leitungen und Hausanschlüssen. Auch das System des Almkanals mit seinen Strängen und allen Werken und Hämmern, die entlang seines Laufes angesiedelt waren, ist planlich dargestellt.

Stadtarchiv Salzburg, Plansammlung 1.717.

SALZBURG ALS HAUPTSTADT IM BAYERISCHEN SALZACHKREIS

Mit der Besitznahme Salzburgs durch das Königreich Bayern erlangte die Bayerische Konstitution von 1808, ein verfassungsrechtliches Regelwerk, das Prinzipien einer modernen Staatsgestaltung folgte, auch in Salzburg Gültigkeit. Diese definierte mit der Abschaffung der Stände und der Landschaftlichen Korporationen nicht nur die Gleichheit aller Staatsbürger vor dem Gesetz, sondern löste gleichzeitig die ständischen Vertretungen, in Salzburg die Landschaft, sein Repräsentationsorgan auf ständischer Grundlage, auf. Die Ergebnisse der bayerischen Reformen waren zwiespältig: zum einen war Salzburg nun Teil eines der damals fortschrittlichsten Verfassungsgebilde, anderseits verlor Salzburg dadurch seine staatliche Selbständigkeit und ging in der übergeordneten Verwaltungseinheit des Salzachkreises auf. Gleichzeitig wurde auch der Magistrat der Stadt Salzburg aufgelöst und in die zentralisierten Verwaltungsstrukturen des Königreichs eingebunden. In das Rathaus, in dem bisher der Stadtrat getagt hatte und die städtischen Ämter untergebracht waren, zog das „Museum", ein bürgerlicher Kultur- und Geselligkeitsverein, der die Elite der Stadt vereinigte, ein. Für diesen Zweck erhielt das (nunmehr ehemalige) Rathaus eine Bibliothek, eine Restauration und Veranstaltungsräumlichkeiten für Konzerte und Bälle.

Von der Tatsache, dass Kronprinz Ludwig im Schloss Mirabell residierte und die Stadt ein General-Kreiskommissariat beherbergte, gingen wirtschaftliche Impulse aus. Dagegen bedeutete die Aufhebung der Universität einen empfindlichen Verlust.

Sympathien, die die Stadt-SalzburgerInnen den Bayern entgegengebracht hatten, schwanden aber mit Fortdauer ihres Regimes. Während sich die „Bayernfreunde" in der Hagenauerischen Handlung trafen, war der Direktor der landärztlichen Schule und Dichter Aloys Weißenbach der Mittelpunkt der österreichischen Partei. Die Teuerung der Preise für Lebensmittel und die militärischen Aushebungen für den Russland-Feldzug Napoleons, an dem Bayern teilnehmen musste, brachten die Stimmung zum Kippen, auch in der Stadt. Und als nach ihrem Bündniswechsel rasch klar wurde, dass die Bayern Salzburg nicht halten würden können, und daher begannen, das Land abermals auszupressen und verbliebene Kunstschätze zu requirieren, verspielten sie die letzten Sympathien.

Im Münchner Vertrag vom 14. April 1816 einigten sich schließlich Österreich und Bayern auf eine Teilung Salzburgs. Die Gebiete, die heute als Rupertiwinkel bezeichnet werden, kamen zu Bayern, der größere Teil zur Habsburgermonarchie. Die endgültige Eingliederung Salzburgs in Österreich am 1. Mai 1816 besiegelte den Abstieg Salzburgs in die Provinzialität. Salzburg sah sich als Teil des Erzherzogtums Ob der Enns wieder. Die Stadt beherbergte nur mehr ein Kreisamt.

Allegorie auf das Jahr 1809 und Friedenswünsche für 1810, Radierung von Joseph Bergler, Einlage im Tagebuch von Abt Dominicus Hagenauer.
Stiftsarchiv St. Peter, A 79, Beil. 87 post p. 767.

Der große Brand der Rechtsstadt am 30. April 1818, Gouache von Johann Michael Sattler, um 1820.
Salzburg Museum, Inv.-Nr. 2065/49.

DIE KREISSTADT SALZBURG

Mit der Unterfertigung des Besitzergreifungspatents am 22. April 1816 wurde Salzburg endgültig Teil Österreichs. Verwaltungsmäßig der Provinz Österreich ob der Enns und Salzburg als fünfter Kreis untergeordnet, wurde das Land nunmehr von Linz aus administriert.

Die Stadt hatte bereits mit dem Ende des Kurfürstentums 1805 ihre Funktion als Haupt- und Residenzstadt verloren, nun wurde aber mit der Degradierung zur Provinzstadt der weitere Abstieg besiegelt. Mehrmaliger Herrschaftswechsel und zweimalige Besatzung durch die Franzosen, Einquartierungen und hohe Kontributionszahlungen hatten Stadt und Land ausgeplündert. Dazu kamen der Verlust des Rupertiwinkels und die bürokratischen Schwierigkeiten bei der Eingliederung in die Habsburgermonarchie, deren Zollpolitik den Handel stark behinderte.

Für Gewerbe und Arbeitsmarkt in der Stadt Salzburg hatte der Verlust der Eigenstaatlichkeit, des Regierungssitzes und der Unterbehörden eine Sogwirkung. Zahlreiche arbeitslose Beamte verließen mit ihren Familien die Stadt, dafür kamen Wiener Beamte, über deren Überheblichkeit und Geringschätzung geklagt wurde. 1815 waren noch einschließlich des Justiz- und Lehrpersonals 549 Beamte und Bedienstete im Dienst, 1819 nur mehr 162 Personen.

Einer der größten Vulkanausbrüche der Geschichte, der Ausbruch des Tambora in Indonesien, hatte 1816 im „Jahr ohne Sommer" auch verheerende Folgen für Salzburg. Die ausbleibende bzw. vernichtete Ernte führte zu enormen Preisanstiegen und Hunger. Die Stadt registrierte beinahe zehn Prozent der Bevölkerung als „Hausarme" und der Bettel nahm zu.

Der Stadtbrand von 1818, bei dem der größte Teil der Stadt rechts der Salzach ein Raub der Flammen wurde, war dann der nächste Schicksalsschlag. Zwölf Menschen starben. Die Brandruinen prägten noch Jahre das Stadtbild.

Darüber hinaus lähmte die Detailverwaltung des Metternichschen Polizeistaates jede wirtschaftliche Entwicklung. Alles und jedes unterlag polizeilicher Kontrolle. Zensur und Spitzelwesen versuchten jede freie Meinungsäußerung zu unterbinden. Nicht zuletzt deshalb erreichten die Geschäftsprotokolle des Magistrats in dieser Zeit voluminöse Ausmaße. Jeder Reisende war prinzipiell verdächtig. Wer reise, musste sich in allen größeren Städten polizeilich melden, wie der Reisepass für eine Reise nach Triest für Ludwig Lergetporer, dem Sohn des Salzburger Bürgermeisters, aus dem Jahr 1843 dokumentiert. Die Bevormundung der Untertanen führte aber letztendlich zur Forderung nach einer Beteiligung der Gesellschaft an der staatlichen Willensbildung, die in der Revolution 1848 ihren Ausdruck fand.

Geschäftsprotokolle des Magistrats Salzburg, die Jahrgänge 1816 bis 1823.

Stadtarchiv Salzburg, Städtisches Archiv, Buchförmige Archivalien 193–199.

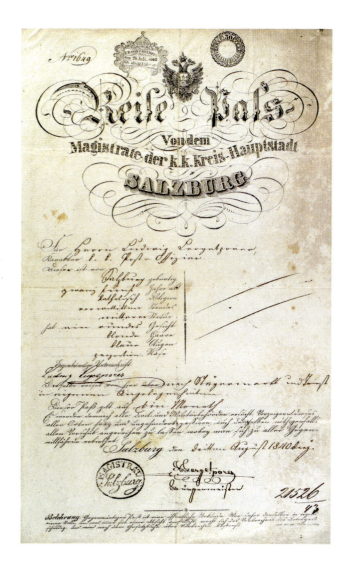

Reisepass für Ludwig Lergetporer, ausgestellt vom Magistrat Salzburg, 1843.

Stadtarchiv Salzburg, Privatarchivalien 207.

Franciszäischer Kataster (Ausschnitt), 1830.

Der Franciszäische Kataster ist das Ergebnis einer exakten maßstabgetreuen Triangulierung des Landes im Maßstab 1:2.880. Mit ihm wurde das Steuersystem auf eine neue Grundlage gestellt und die Katastralgemeinden eingeführt.
Salzburger Landesarchiv.

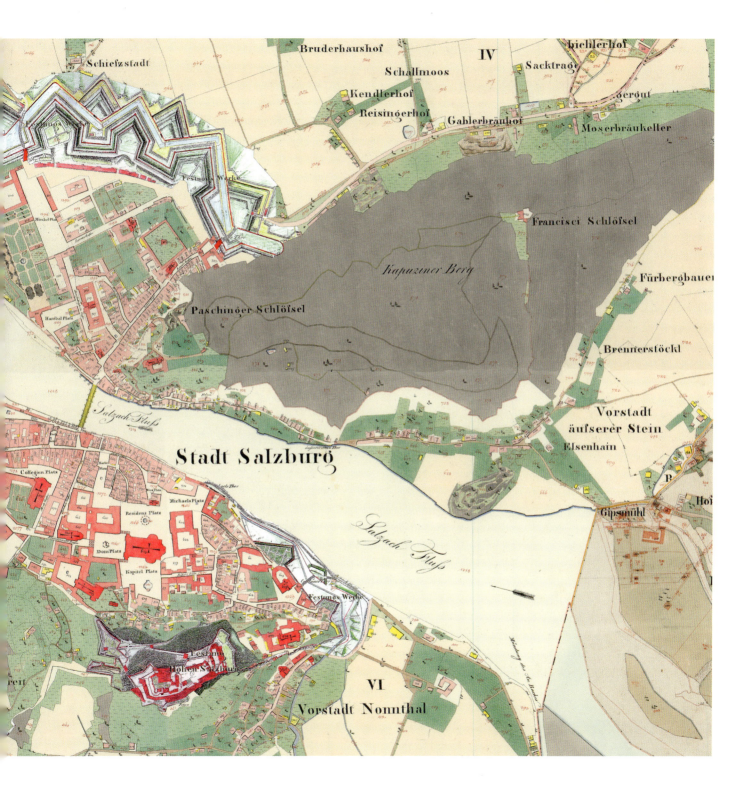

DER MYTHOS VON DER SCHÖNEN STADT: SALZBURG IM BIEDERMEIER

Das landschaftliche Szenario Salzburgs begeisterte die frühen Reisenden. Die Stadt empfanden viele dagegen als kalt, unwirtlich und herabgekommen. Dass Gras auf den Plätzen Salzburgs wachse, war im ausgehenden 18. Jahrhundert ein häufig gebrauchter Topos. Die romantischen Künstler rückten im beginnenden 19. Jahrhundert allmählich auch die alte Stadt in das Bild der ästhetischen Wahrnehmung. Sie fühlten sich von der unberührten Idylle angezogen. Die Stadt und ihre Umgebung wurden zum idealen Landschaftstypus, in dem sich Natur und Architektur zu einem Gesamtkunstwerk von hohem Rang vereinigten.

Der Münchener Domenico Quaglio, das von der romantischen Naturphilosophie beeinflusste Brüderpaar Ferdinand und Friedrich Olivier, etwas später die Österreicher Friedrich Loos sowie Jakob und Rudolf Alt und andere mehr erhoben lokale Vedutenmalerei zu deutscher Landschaftsmalerei (Heinrich Schwarz). Um 1830 gehörten die Blicke vom Mönchsberg und vom Kapuzinerberg auf die Stadt und ihre Umgebung zum touristischen Bilderschatz. Zur Steigerung dieses Bildes zum Mythos der schönen Stadt trug das Panorama bei, das Johann Michael Sattler in den 1820er Jahren von der Festung Hohensalzburg aus gemalt hatte. Dieses Kolossalgemälde zeigte Sattler in zahlreichen europäischen Städten.

In das romantische Bild Salzburgs passt auch die Charakterisierung der SalzburgerInnen als rechtschaffen, bieder und von Volksbelustigungen angetan. 1835 veranstaltete der Gablerbräu Joseph Gansl zu Ehren des Regierungsantrittes Kaiser Ferdinand I. ein Volksfest bei seinem Märzenbierkeller (heute Rockhouse) außerhalb der Stadt am Fuße des Kapuzinerberges an der (heutigen) Schallmooser Hauptstraße. Zu den Attraktionen zählte das „Baumsteigen", das „Gähnmaul-Werfen", bei dem man mit einem Ball in das aufgesperrte Maul einer Fratze treffen musste, und das „Entenköpfen", bei dem mit verbundenen Augen einer (toten) Ente ihr Kopf abgeschlagen werden musste.

Das romantische Bild, das sich viele Reisende von Salzburg machten, entsprach nicht unbedingt der Wirklichkeit. In den Jahren vor der Revolution 1848 erreichte die Verarmung Salzburgs erschreckende Ausmaße. Ab 1842/43 begannen die Preise rasant zu steigen. Die Löhne nahmen dagegen bei Weitem nicht im selben Ausmaß zu. Ihren Höhepunkt erreichte die Teuerung im Winter 1847/48. Kommunale Maßnahmen, der Teuerung – etwa durch Getreideankauf – Herr zu werden, konnten die wachsende Unzufriedenheit nicht mehr befriedigen. Die sozialen Spannungen nahmen zu. Aber nicht nur die unteren Schichten machten den Behörden Sorgen. Auch Besitz und Bildung zeigten nun offen die Ablehnung der herrschenden Verhältnisse. Die Nachricht vom Ausbruch der Revolution in Wien im März 1848 wurde in Salzburg begeistert aufgenommen.

Einladung zu einem
Volksfest, Plakat, 1835.

*Stadtarchiv Salzburg,
Städtisches Archiv,
Neuere Städtische Akten 67.*

Unterzeichneter gibt sich die Ehre ergebenst anzuzeigen, daß er in seinem, vor dem Linzer-Thore gelegenen

Märzenbierkeller

bey Gelegenheit des zum glorreichen Regierungs-Antritte Sr. Majestät

FERDINAND I.

veranstalteten Volksfestes folgende Belustigungen geben wird:
Ein

Gähnmaul-Werfen,

mit mehreren verschiedenen Gewinnsten; welches Sonntag den 13. September Nachmittags beginnt, und Dienstag den 15. September 1835 Abends beendigt wird.
Ferner: Ein

Baumsteigen,

dessen Dauer so lange festgesetzt ist, bis die dafür bestimmten 5 Preise vergriffen sind; dasselbe beginnt an den obbesagten Tagen um 2 Uhr Nachmittags.
Zum Beschluß folgt: Ein

Aenten-Köpfen,

welches Dienstag den 15. September d. J. Nachmittags Statt findet.

Es macht hiezu seine ergebenste Einladung

Jos. Gansl,
bürgerl. Gablerbräuer.

Gedruckt in der Zaunrith'schen Buchdruckerey.

Panorama der Stadt Salzburg vom Kapuzinerberg, Stahlstich in Aquatinta von Beda Weinmann,

gedruckt von August Wetteroth,
verlegt bei Gregor Baldi, um 1840.

Privat, Foto: Stadtarchiv Salzburg.

MOZARTDENKMAL UND MOZARTKULT

Die „Mozartstadt" Salzburg erinnerte sich erst relativ spät an ihren „großen Sohn" und auch Salzburg-BesucherInnen des frühen 19. Jahrhunderts interessierten sich primär für Paracelsus und den „Salzburger Haydn", den 1806 verstorbenen Komponisten und Hoforganisten Michael Haydn.

Nach Mozarts Tod waren sowohl seine Musik als auch er selbst in Vergessenheit geraten. Erst die 1828 erschienene, von Constanze Mozarts zweitem Ehemann Georg Nissen verfasste Biographie, gab einen ersten Anstoß, Salzburg wegen Mozart zu besuchen. Ein Jahr später berichteten Mary und Vincent Novello aus England in ihrem Reisetagebuch „A Pilgrimage to Mozart" auch von Gesprächen mit Mozarts Schwester Maria Anna („Nannerl") und Constanze Mozart-Nissen.

1835 setzten dann auch erste Aktivitäten für ein Mozartdenkmal ein. Der Schriftsteller Julius Schilling ließ in der Salzburger Zeitung einen Aufruf zur Errichtung eines Denkmals für Mozart abdrucken. Der Salzburger Verein „Museum", ein Honoratiorenclub, forcierte ebenfalls ein Denkmal. Damit begannen in Salzburg im Vergleich zu anderen Städten schon früh Bemühungen, den genius loci mit einem Denkmal zu ehren. Bis ins 19. Jahrhundert war das Privileg, öffentliche Plätze mit Standbildern zu besetzen, fast ausschließlich Herrschern und Feldherren vorbehalten. Da die staatlichen Behörden der Errichtung von Denkmälern reserviert gegenüber standen, ergriff das Bürgertum nun die Gelegenheit, Selbstbewusstsein zu demonstrieren. Großzügige Spenden kamen auch von König Ludwig I. von Bayern und der Kaiser-Witwe Caroline Auguste. Der Münchner Bildhauer Ludwig von Schwanthaler wurde mit der künstlerischen Gestaltung beauftragt, gegossen wurde das Standbild von Johann Baptist Stiglmaier. Wegen der Entdeckung und Bergung von römischen Mosaiken bei den Fundamentierungsarbeiten wurde das Denkmal ein Jahr später als geplant, 1842, in Anwesenheit der beiden Söhne Mozarts feierlich enthüllt. Seine Witwe war kurz vorher verstorben.

Um 1840 ließ auch der damalige Eigentümer des Hauses Getreidegasse 9, Kaufmann Ludwig Thury, anlässlich einer Fassadenrenovierung die Aufschrift „Mozarts Geburtshaus" anbringen. 1917 erwarb die Internationale Stiftung Mozarteum das Haus.

1841 wurde der „Dommusikverein und Mozarteum" gegründet, um Mozart durch die Benennung einer Musikschule auch ein lebendiges Denkmal zu setzen. Mit der Feier des 100. Geburtstags 1856 begann die bewusste Pflege eines Mozartkults in Salzburg, die in der Festspielidee des ausgehenden 19. und beginnenden 20. Jahrhunderts ihren Niederschlag fand. Die Aufführung von Mozarts Werken ist auch ein zentrales Anliegen der Salzburger Festspiele, die das „Kleine Festspielhaus" nach seinem Umbau 2006 in „Haus für Mozart" umbenannten. Darüber hinaus veranstaltet die Internationalen Stiftung Mozarteum seit 1956 jährlich im Jänner die Mozartwoche, um das Erbe Mozarts zwischen Bewahrung und zeitgemäßer Auseinandersetzung zu pflegen.

Mozart-Säkular-Fest, 14. Juli 1891.
Stadtarchiv Salzburg, Fotosammlung Carl von Frey.

DAS REVOLUTIONSJAHR 1848

Die Revolution des Jahres 1848 konzentrierte sich hauptsächlich auf Wien, die Hauptstadt des Habsburgerreiches. In Salzburg gab es weder Ausschreitungen noch Plünderungen und außer musikalischen Missfallensäußerungen, sogenannten „Katzenmusiken", herrschte weitgehend Ruhe und Ordnung. Dennoch erfüllten die Zauberworte „Konstitution, Verfassung und Freiheit" die SalzburgerInnen mit Begeisterung und großen Hoffnungen. Es kam zu einem ersten politischen Erwachen der Bürger.

Im März 1848 stürzte eine breite konstitutionelle Bewegung den verhassten Staatskanzler Klemens Wenzel Metternich. Kaiser Ferdinand musste Pressefreiheit gewähren, die Bildung von Nationalgarden gestatten und er versprach eine Verfassung (Konstitution). In Salzburg feierte man den Übergang zu einem konstitutionellen Staatswesen wie die Befreiung von einer Fremdherrschaft.

Da auf Landesebene keine Volksvertretung existierte, konzentrierte sich das politische Leben weitgehend auf die Stadt Salzburg. Der Magistrat entwickelte sich zum wichtigsten Diskussions- und Entscheidungszentrum der Reformkräfte. Delegierte der Stadt nahmen an den Beratungen über die „Pillersdorffsche Verfassung" teil, mit der sich vor allem das liberale Besitzbürgertum zufrieden zeigte. Man ging nun daran, die Gemeindeverwaltung der Stadt Salzburg zu demokratisieren und entscheidende Schritte zur kommunalen Selbstverwaltung zu setzen.

Im März 1848 stellte der Magistrat eine freiwillige Salzburger Nationalgarde auf, die unter Dominanz des Besitzbürgertums stand. Geschäftsleute und Gewerbetreibende sahen in ihr eine Bürgerwehr zur Aufrechterhaltung von Ruhe und Ordnung. Noch im Oktober 1848, als sich nach der Oktoberrevolution in Wien der Verlust der Märzerrungenschaften abzuzeichnen begann, feierte die 867 Mann starke Nationalgarde auf dem Neuhauserfeld bei Gnigl das Fest der Fahnenweihe. Zu einer militärischen Verteidigung der gewonnenen Freiheiten war nur das von Akademikern und Studenten gebildete Salzburger Studentenkorps bereit. Eine 36köpfige Akademische Legion, angeführt von zwei Professoren, beteiligte sich an den Kämpfen um Wien. Nach der Eroberung der Stadt durch kaiserliche Truppen ging die Freiheitsära langsam zu Ende. Der gewählte Reichstag wurde zerschlagen und viele Errungenschaften wieder beseitigt.

Die vom Kaiser „Oktroyierte Märzverfassung" des Jahres 1849 nahm Salzburg unter die Kronländer des Kaiserstaates auf. Die Gewährung einer eigenen Landesregierung erhob Salzburg wieder in den Rang einer Landeshauptstadt. Zudem wurden durch das „Provisorische Gemeindegesetz" (1849) die bis 1918 gültigen Grundlagen der bürgerlichen Gemeindeselbstverwaltung geschaffen. Dieses Gemeindegesetz und vor allem das Sonder-Gemeindestatut von 1850 sicherten die Vorherrschaft des Großbürgertums im erstmals nach Kurien gewählten Gemeinderat. Die Wahlen von 1850 waren Anfangs- und – durch die Etablierung des neoabsolutistischen Systems – zugleich auch schon wieder vorläufiger Endpunkt in der Entwicklung des konstitutionellen Gemeindewesens. Auch die Nationalgarde wurde 1851 aufgelöst. Seine endgültige Verwirklichung fand das Prinzip der „freien" Gemeinde erst in den 1860iger Jahren.

Oberleutnant und Gardist der Salzburger Nationalgarde.
Stadtarchiv Salzburg, Städtisches Archiv, Pezoltakten 513.

STÄDTISCHES MUSEUM UND BÜRGERLICHES VEREINSWESEN

Die Salzburger hatten sich mit dem Verlust ihrer staatlichen Eigenständigkeit nie richtig abfinden können und empfanden die Angliederung an Oberösterreich als Demütigung. 1833/34 begann der städtische Beamte Vinzenz Maria Süß Salzburger Kultur- und Kunstgüter zu sammeln, um ihre drohende Ablieferung an das eben gegründete Oberösterreichische Landesmuseum in Linz zu verhindern. 1835 wurde das „Städtische Museum für Natur, Kunst und Altertum" in Salzburg eröffnet. 1850 übernahm Caroline Auguste, die Witwe nach Kaiser Franz I., das Protektorat über das Museum.

Das Salzburger Museum war aber nicht nur Ausdruck Salzburger Landes-, sondern auch eines gestiegenen bürgerlichen Selbstbewusstseins. Im selben Zeitraum entstanden weitere bürgerliche Vereine. Bereits seit 1810 bestand der Lese- und Gesellschaftsverein „Museum", dessen Veranstaltungen und Konzerte einen wichtigen Beitrag zur Herausbildung bürgerlicher Kultur und Identität leisteten. Ab 1842 organisierte der „Dom-Musikverein und Mozarteum" die Kirchenmusik, unterhielt eine Musikschule und veranstaltete Konzerte. Der „Salzburger Kunstverein" (1844) widmete sich der Weckung von „Kunstliebe" und der Bildung eines „Kunstsinnes". Ziel der Liedertafel (1847) war Gesangspflege, musikalische Unterhaltung und Gesellgkeit.

Nach der Revolution von 1848 und vor allem in der liberalen Ära nach 1860 erlebte das Vereinswesen einen unvergleichlichen Aufschwung. Die „Gesellschaft für Salzburger Landeskunde" (1860) war der Prototyp eines bürgerlichen Bildungsvereines: männlich, gebildet, liberal und (groß-)deutsch orientiert. Vorträge und gedruckte Mitteilungen beschäftigten sich nicht nur mit Salzburger Landesgeschichte, sondern auch mit Meteorologie, Statistik, Flora und Fauna usw.

1852 verlieh der Salzburger Gemeinderat Vinzenz Maria Süß (1802–1868) wegen seiner Verdienste um die Gründung des „Städtischen Museums" das Ehrenbürgerrecht.

Süß war zunächst als Steuerkontrollor in den Dienst der Stadtgemeinde getreten und leitete von 1841 bis zu seiner Pensionierung das Leihhaus. Zudem stand er dem Museum bis zu seinem Tod als Direktor vor. Darüber hinaus wurde Süß 1855 zum Landeskonservator bestellt. Er machte sich um die Sammlung Salzburger Volkslieder verdient und publizierte eine Geschichte der Bürgermeister Salzburgs.

Eintrittskarte in das Städtische Museum, ausgestellt auf Josef Zeller senior, um 1850.
Stadtarchiv Salzburg, Privatarchivalien 55-5.

Ehrenbürgerurkunde für Vinzenz Maria Süß, angefertigt von Johann Russemeyer, 1852.

Stadtarchiv Salzburg, Standeserhebungsdiplome und Wappenbriefe 187.

DIE LANDESHAUPTSTADT: AUFBRUCH IN DIE NEUE ZEIT

Die Eröffnung des Salzburger Bahnhofes und der Eisenbahnlinien nach Wien und München 1860 begrüßten die SalzburgerInnen enthusiastisch. Man setzte auf die Einbindung Salzburgs in das internationale Eisenbahnnetz große Hoffnungen. Die Eisenbahn stand für Fortschritt, Belebung des Wirtschaftslebens und Aufbruch in die neue Zeit. Der Bahnhof und seine großflächigen Anlagen müssen einen ungeheuren Eindruck auf die ZeitgenossInnen gemacht haben. Die Eisenbahn benötigte beinahe soviel Fläche wie die bestehende alte Stadt.

Die Aufhebung des Befestigungscharakters der Stadt Salzburg (1859) ermöglichte in Folge die Schleifung der Befestigungswälle und die Erweiterung der Stadt in ihr bisheriges Umfeld. Mit den Befestigungen fiel ein besonders deutlich sichtbares Symbol feudaler Herrschaft.

Auch die alte Stadt mit ihren engen und winkeligen Gassen öffnete sich dem Verkehr, dem Pulsschlag der neuen Zeit. Das Lederer-, das Mirabell- und das Michaelstor waren die ersten Stadttore, die den Erfordernissen des Verkehrs zum Opfer fielen. Die Demolierung des Klausentores und der Monikapforte verhinderte Bürgerwiderstand. Der Konflikt zwischen „Modernisierern" und „Denkmalschützern" wurde zur Konstante der Salzburger Kommunalpolitik bis ins 21. Jahrhundert.

Zeitgleich mit der Eröffnung der Eisenbahnlinie setzte auf Reichsebene ein Liberalisierungsprozess ein, an dessen Ende das Staatsgrundgesetz (1867) mit seinen garantierten bürgerlichen Freiheitsrechten stand. Dies leitete auch auf kommunaler Ebene eine Phase des Aufbruchs ein. Bereits 1850 war eine elektromagnetische Telegraphenleitung zwischen Wien und Salzburg in Betrieb genommen und 1855 in Lehen das Gaswerk errichtet worden. 1859 wurde die Gasbeleuchtung eingeführt. Die Kanalisierung wurde in Angriff genommen, die Salzach reguliert. 1873 eröffnete das städtische Schulgebäude am Griesplatz, 1874 das städtische Schlachthaus und ab 1875 versorgte die Fürstenbrunner Wasserleitung die Stadt mit reinem Quellwasser.

1884 leuchteten erstmals elektrische Glühlampen in der Stadt Salzburg, gespeist von einem mit Wasserkraft betriebenen Dynamo, in einer Mühle im Stadtteil Mülln. 1887 ging das kalorische Elektrizitätswerk am Makartplatz in Betrieb. 1894 eröffnete an selber Stelle das Elektrizitäts-Hotel (heute Bristol). Bereits 1890 beförderte der Elektrische Aufzug Spaziergänger auf den Mönchsberg. 1902 begeisterte ein elektrisch betriebener Rüstwagen der Firma Braun auf der Salzburger Feuerwehr-Ausstellung.

Auch der innerstädtische Verkehr wurde mechanisiert und den Erfordernissen der neuen Zeit angepasst. Eine dampfbetriebene Bahn führte ab 1886 vom Bahnhof durch die Stadt Richtung Hellbrunn. Ab 1892 verband eine Pferdebahn den Bahnhof mit dem Nonntal und ab 1893 eine Lokalbahn mit Parsch. Ab 1909 fuhr die elektrische Stadtbahn (Gelbe Elektrische) vom Bahnhof zum Alten Markt.

Aufnahmsgebäude der Kaiserin-Elisabeth-Westbahn, Steinstich von Peter Herwegen nach Georg Pezolt, 1860.

Stadtarchiv Salzburg, Städtisches Archiv, Neuere Städtische Akten 171 b.

1866 veröffentlichte das Salzburger Fotoatelier „Baldi und Würthle" vier große Hemioramen (Halb-Panorama-Aufnahmen) der Stadt Salzburg. Die Bilder wurden mit einer

damals neu auf den Markt gekommenen, von Emil Busch entwickelten Pantoscop-Kamera,
die erstmals ein Weitwinkelobjektiv verwendete, aufgenommen. *Stadtarchiv Salzburg, Fotosammlung.*

GRÜNDERZEIT: ERWEITERUNG DER STADT

Bereits in den 1850er Jahren begann man mit der Regulierung der Salzach und befestigte das Ufer Richtung Klausentor. Zu Jahresbeginn 1860 wurde der Festungscharakter der Stadt aufgehoben. Damit fiel das „fortifikatorische Bauverbot", das bis dahin die Bautätigkeit gehemmt hatte. Bauwerber hatten sich verpflichten müssen, im Kriegsfall ihr Gebäude auf eigene Kosten zu demolieren. Die Eröffnung der Eisenbahnlinien und die Möglichkeiten, die Stadt zu erweitern, beflügelten die liberale Aufbruchsstimmung. Auch Salzburg sollte an den pulsierenden Verkehr angebunden, die Gewerbe und Geist einengenden Fortifikationen gesprengt, die Stadt erweitert und mit Licht und Luft durchströmt werden.

Im Mai 1861 konstituierte sich ein Stadterweiterungskomitee, dem Mitglieder des Gemeinderates und Fachleute der Baubranche angehörten. Als Ziele formulierte man die Beseitigung der Wohnungsnot und Förderung des Gewerbes. Ein erster Entwurf des Wiener Architekten Rudolf Bayer sah eine großzügige Planung vor: lockere Verbauung mit Zinshäusern mit großen Innenhöfen, repräsentative Landhäuser mit urbanen Vorgärten entlang der Salzach. Parkanlagen mit verschlungenen Wegen zogen vom Linzer Tor bis zum Salzachufer eine Schneise durch verbautes Gebiet. Dieser Grünkeil war mit einem künstlich angelegten Aussichtspunkt mit Blick auf die Altstadt abgeschlossen. Eine große Schwimm- und Turnanstalt, eine Festhalle, ein Zirkus sowie ein Exerzier- und Dultplatz hätten für urbanes Vergnügen, ein Theater, Gebäude für Kunstverein und Mozarteum für Kulturgenuss gesorgt. Das Museum Carolino Augusteum mit zoologischem Garten hätte bürgerliche Bildungsansprüche bedient.

Der Erwerb von Regulierungsflächen durch die Stadtgemeinde scheiterte zunächst an den finanziellen Forderungen des staatlichen Ärars. In dieser Situation bot sich der Eisenbahnunternehmer Karl Schwarz an, die Regulierung auf eigene Kosten durchzuführen, wenn er dafür die so gewonnenen Baugründe selbst verwerten dürfe. Die Verbauung dieser Baugründe schritt allerdings vorerst nur langsam voran. Bis 1865 standen entlang der Schwarzstraße einige wenige Gebäude, mit dem Bau der Evangelischen Kirche war begonnen worden. 1864 zapfte man in der Bergerbräu-Bierhalle (Hotel Pitter) das erste Fass an. 1865 war das „Fünfhaus" an der Westbahnstraße (Max-Ott-Platz), ein aus fünf Einzelhäusern zusammengesetzter Gebäudekomplex, bezugsfertig.

1866 schenkte Kaiser Franz Joseph I. der Stadtgemeinde die Befestigungswälle, deren Abtragung diese umgehend in Angriff nahm. Die Planungen von Karl Schwarz, die im Bereich der Wälle ringartige Straßen (Auerspergstraße, Franz-Josef-Straße) und eine dichtere Verbauung mit Zinshäusern vorsahen, wurden mehrmals adaptiert. Die Westbahnstraße (Rainerstraße) sollte als Prachtstraße touristische Gäste anlocken. Badeanstalt und Kurhaus nahmen 1868 bzw. 1872 ihren Betrieb auf. Auf der anderen Straßenseite errichtete der Wiener Bauunternehmer Moritz Faber von 1872 bis 1875 ein repräsentatives städtisches Ensemble (Faberhäuser). Die anschließenden Hellerhäuser wurden erst 1888 fertiggestellt. Die Weltwirtschaftskrise, die der Börsenkrach von 1873 auslöste, unterbrach die bauliche Entwicklung der Stadt.

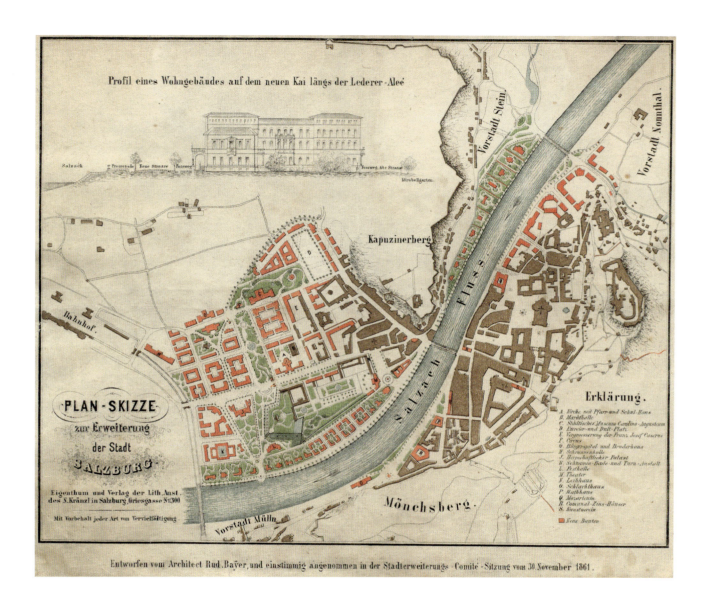

Plan-Skizze zur Erweiterung der Stadt Salzburg, gezeichnet von Rudolf Bayer, Lithografie 1861.

Stadtarchiv Salzburg, Plansammlung 2.989.

DIE FREIE GEMEINDE:
DER WEG ZUM GEMEINDESTATUT 1869

Die Stadtverwaltung hatte in erzbischöflicher Zeit nur eine sehr untergeordnete Rolle gespielt. Das änderte sich auch unter den folgenden Herrschaftswechseln nicht und erst recht nicht im Polizeistaat Fürst Metternichs.

Die in der Revolution 1848/49 errungene Gemeindeselbstverwaltung wurde allerdings in den folgenden Jahren durch das (neo-)absolutistische System wieder sistiert. Das militärische Desaster von Solferino (1859) erzwang schließlich die Liberalisierung des Staatswesens. Oktoberdiplom (1860), Februarpatent (1861) und das Reichs-Gemeindegesetz (1862) ermöglichten nun eine schrittweise Wiedereinführung der Gemeindeautonomie.

1861 leiteten Gemeinderatswahlen auch in der Stadt Salzburg diesen Prozess ein. Das restriktive Zensuswahlrecht, das politische Teilhabe vom Vermögen abhängig machte, ermöglichte einer schmalen bürgerlichen und männlichen Elite politische Partizipation. Nicht einmal sechs Prozent der Bevölkerung waren wahlberechtigt, Frauen gänzlich ausgeschlossen. Nach und nach wurden die Kompetenzen der Gemeinde erweitert und ihre Selbstverwaltung ausgebaut. So wurde 1862 die „Zensurierung" der Stiftungen durch staatliche Behörden aufgehoben und 1866 nach Auflösung der Polizeidirektion deren Agenden auf die Stadtgemeinde übertragen. 1869 erhielt schließlich die Stadt Salzburg mit dem Gemeinde-Statut auch die Zuständigkeiten einer Bezirkshauptmannschaft übertragen. Das Statut erweiterte vorsichtig den Kreis der Wahlberechtigten um den Steuer zahlenden und gewerbetreibenden Mittelstand, „ohne Unterschied des Geschlechts", wie es hieß. Frauen konnten ihr Wahlrecht allerdings nur durch ihren Ehemann oder bevollmächtigten Vertreter ausüben. In der Folgezeit wurde das Wahlrecht (auf Kommunalebene) nur geringfügig erweitert. Erst die Revolution von 1918 brachte auch auf Gemeindeebene das allgemeine und gleiche Wahlrecht, und nun auch für Frauen.

Das Heimatrecht (1863) definierte, wer überhaupt Mitglied der Gemeinde war und somit im Verarmungsfall kommunale Hilfe erwarten durfte. Das Heimatrecht erwarb man durch Geburt oder durch Verleihung durch die Gemeinde. Wegen der Migrationsbewegung vom Land in die Städte ergab sich in diesen ein extremes Ungleichgewicht von Heimatberechtigten und Zugezogenen. Nicht-Heimatberechtigte hatten keinen Anspruch auf Armenunterstützung und wurden bei Erwerbsunfähigkeit in der Regel in ihre Heimatgemeinde abgeschoben. In der Stadt Salzburg betrug der Anteil der hier Geborenen kaum ein Drittel.

1896 wurden die heimatrechtlichen Bestimmungen entschärft. Nunmehr konnte nach zehnjähriger Anwesenheit in einer Gemeinde das Heimatrecht nicht mehr verwehrt werden.

Gemeinde-Statut und Gemeinde-Wahlordnung für die Landeshauptstadt Salzburg, Druck 1870.

Stadtarchiv Salzburg, Bibliothek 22.234.

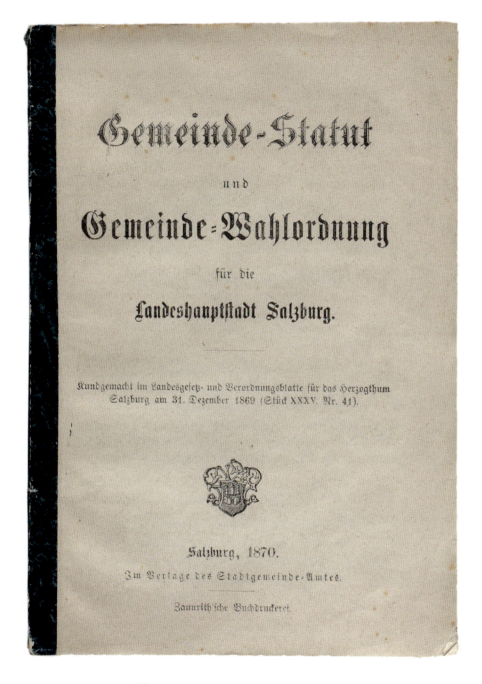

RELIGIÖSE TOLERANZ UND AUFKEIMENDER ANTISEMITISMUS

Nach der Vertreibung der Protestanten aus Salzburg 1731/32 wanderten erst zu Beginn des 19. Jahrhunderts wieder vereinzelt Evangelische zu. Das Toleranzpatent Kaiser Joseph II. (1781) duldete die Protestanten zwar, eine öffentliche Religionsausübung war ihnen jedoch untersagt. 1840 wurde erstmals in Salzburg in der Wohnung des Hofgärtners Schulz wieder eine Abendmahlfeier abgehalten. Ab 1841 stellte der bayerische König Ludwig I. den Empfangssaal des Schlosses Leopoldskron den Evangelischen zur Verfügung. 1862 gestattete schließlich der Salzburger Gemeinderat die Benutzung des Rathaussaales.

Das Protestantenpatent (1861) anerkannte den Protestantismus als gleichberechtigte Religion. 1863 wurde schließlich die Salzburger „Evangelische Gemeinde" im Rathaussaal gegründet. Noch im selben Jahr konnte der Grundstein für die Friedenskirche (heute Christuskirche) auf den Stadterweiterungsgründen gelegt werden. Nach einem Architektenwettbewerb entschied sich das evangelische Presbyterium für den im einfachen Rundbogenstil gehaltenen Entwurf von Jakob Götz. 1867 wurde die Kirche eingeweiht.

Die liberale Ära in der Mitte des 19. Jahrhunderts brachte auch für die Juden neue Möglichkeiten. 1862 gelang es Albert Pollak als erstem Israeliten sich in Salzburg niederzulassen. 1880 gab es im ganzen Land 115 Israeliten. Die kleine jüdische Gemeinde sah sich aber seit den achtziger Jahren einem wachsenden Antisemitismus ausgesetzt. Antisemitische Töne hielten Mitte der neunziger Jahre Einzug in die kommunalpolitischen Debatten. Nur gegen hinhaltenden Widerstand war es möglich, 1892 den jüdischen Friedhof in Aigen und 1901 die Synagoge an der Lasserstraße zu errichten. 1908 wurde schließlich die Israelitische Kultusgemeinde genehmigt.

Um die Jahrhundertwende sah sich die Katholische Kirche mit einer Austrittsbewegung konfrontiert. Die Parole „Los von Rom" warb für den Übertritt zu den Evangelischen, die Freidenkerbewegung wandte sich nicht nur gegen den Klerikalismus, sondern gegen Religion überhaupt. In der Hochschulfrage – staatlich oder katholisch – kumulierte der Konflikt. 1908 fanden sich deutschnationale und sozialdemokratische Gruppierungen im Antiklerikalen Kartell zusammen. Während die einen eher zum Übertritt in die Evangelische Kirche neigten, bot sich Sozialdemokraten jener zu den Altkatholiken an. Die Altkatholische Kirche war aus der Ablehnung des päpstlichen Unfehlbarkeitsdogmas 1870/71 entstanden. In Salzburg erhielten die Altkatholiken Zulauf vor allem durch die Aktivitäten des exkommunizierten Priesters Hans Kirchsteiger. Dessen antiklerikaler Roman „Der Beichtspiegel" war in der sozialdemokratischen „Salzburger Wacht" abgedruckt worden.

Plan für die Erbauung einer evangelischen Kirche, gezeichnet von Jakob Götz, 1863.
Stadtarchiv Salzburg, Bauakten, CO 5I Elisabeth-Vorstadt.

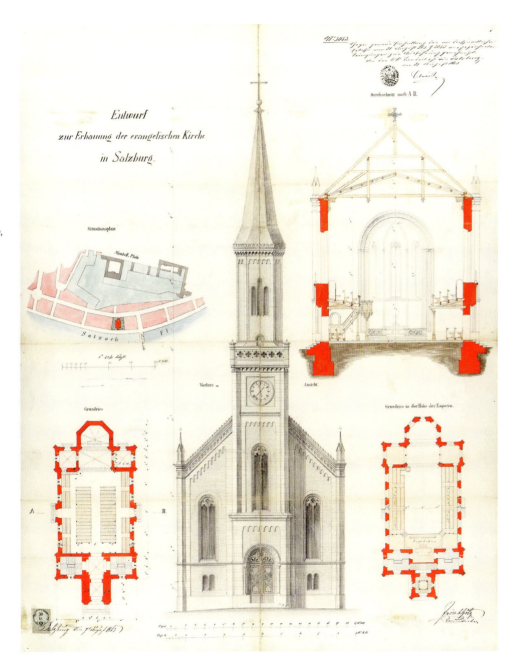

DER KAMPF UM DIE SCHULE: „KULTURKAMPF"

Die Schule war im 19. Jahrhundert zwischen Liberalismus und Katholischer Kirche heftig umkämpft. In der Phase des Neoabsolutismus hatte das Konkordat von 1855 die Grundschule der Kirche überantwortet. In der folgenden liberalen Ära wurde mit der schrittweisen Trennung von Staat und Kirche begonnen. Das Staatsgrundgesetz (1867) erklärte die Wissenschaft und ihre Lehre frei und übertrug dem Staat Leitung und Aufsicht über das gesamte Schul- und Erziehungswesen. Zwei Jahre später präzisierte das Reichsvolksschulgesetz diese Bestimmungen. Die Frage des Verhältnisses zwischen Staat und Katholischer Kirche führte – auch in Salzburg – zu heftigen politischen Auseinandersetzungen zwischen Liberalismus und Katholizismus. 1870 wurde das Konkordat zwar aufgehoben, der Einfluss der Katholischen Kirche auf den Staat blieb aber weiter bestehen.

Der Ausbau des Schulwesens war wesentliches Ziel der liberalen Kommunalpolitik. Bereits 1851 war es gelungen, in Salzburg eine Unterrealschule zu eröffnen, welche 1865 auf Anregung des Gemeinderates zu einer Oberrealschule ausgebaut wurde. Mit der Etablierung eines Stadtschulrates wahrte sich die Stadtgemeinde Einfluss auf das Schulwesen. 1876 gelang schließlich die Gründung der Bau- und Gewerbeschule (Staatsgewerbeschule).

Die wohl bedeutendste schulpolitische Tat war die Errichtung eines neuen Schulgebäudes am Gries, in welchem die Oberrealschule und die Bürgerschulen für Mädchen und für Knaben untergebracht waren. Die Pläne für dieses Gebäude stammen von Jakob Götz, die Entwürfe für die Fassade und die architektonische Ausschmückung vom Wiener Architekten Rudolf Bayer. Die Pläne – wie auch der hier abgebildete – wurden auf der Wiener Weltausstellung (1873) einer großen Öffentlichkeit präsentiert und mit einem Anerkennungsdiplom ausgezeichnet. 1873 konnte die neue Schule eröffnet werden.

Die „Frauenfrage" erreichte – mit einiger zeitlicher Verspätung – auch Salzburg. Bis in die 1870er Jahre war Frauen der Zugang zu qualifizierter Bildung weitgehend verschlossen. Frühe schulische Angebote für Mädchen zielten auf „typische Frauenberufe". 1878/79 wurde erstmals ein allgemeiner Kurs für Mädchen zum kunstgewerblichen Fachunterricht an der Gewerbeschule angeboten, ein Jahr später eine Abteilung für Keramik eingerichtet, aus der sich 1882 eine Fachschule für Sticken und Zeichnen und 1908 eine Frauengewerbeschule für Nähen entwickelte. Die 1901 von der Handels- und Gewerbekammer eingerichtete Handelsschule bot ebenfalls Spezialkurse für Frauen und Mädchen an. 1892 ging aus dem bereits 1868 von den Ursulinen gegründeten Fortbildungskurs für Lehrerinnen eine vierjährige Lehrerinnenbildungsanstalt hervor. Ein öffentliches Mädchenlyceum wurde 1904, das von den Ursulinen geführte Mädchen-Realgymnasium 1910 eröffnet. 1918 maturierten in Salzburg die ersten 21 Frauen.

Plan zur Erbauung einer Bürger- und Realschule, gezeichnet von Rudolf Bayer, 1872.
Stadtarchiv Salzburg, Plansammlung, HB 62.

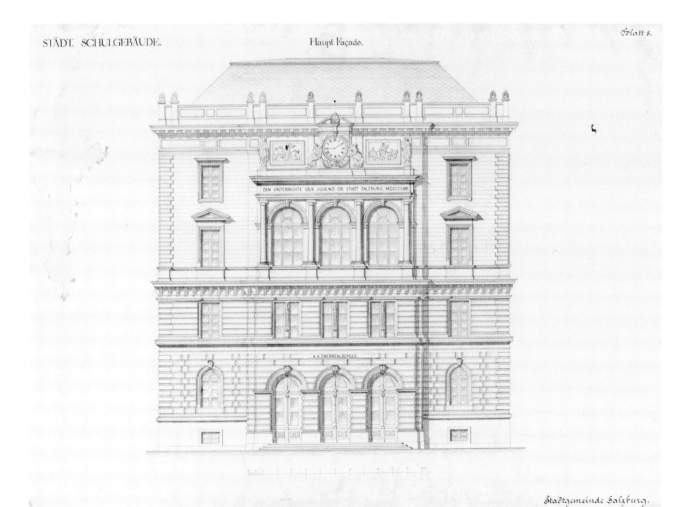

FRAUEN IN DER BÜRGERLICHEN ÖFFENTLICHKEIT

Obwohl Frauen in politischen Gremien, wie dem Stadtrat, nicht vertreten waren, vermochten sie durchaus Geschehnisse der Stadtpolitik mitzubestimmen und soziale Strukturen zu prägen. Frauen machten beispielsweise, genauso wie Männer, von der Möglichkeit Gebrauch, durch finanzielle Zuwendungen für bestimmte Zwecke, den Verlauf einer Idee oder eines Projekts zu steuern und somit auch auf die städtische Politik Einfluss zu nehmen. In diesem Sinn ist auch der Einsatz Caroline Augustes (1792–1873), Witwe von Kaiser Franz I., für die Errichtung und Förderung sozialer Einrichtungen in der Stadt Salzburg als politisches Handeln zu verstehen.

Auch Ehefrauen von Gemeinderatsmitgliedern übernahmen bisweilen Funktionen, in denen sie aufgrund ihres Geschlechts zugeschriebenen Eigenschaften als Expertinnen galten. So fungierten um 1850 einige Ehefrauen von Gemeinderäten als „Aufsichtsfrauen" in der Beschäftigungsanstalt für weibliche Dienstboten. All diese Aktivitäten von Frauen dürfen jedoch nicht darüber hinwegtäuschen, dass sie rechtlich benachteiligt waren und keine politischen Ämter innehaben konnten.

Die Organisation in Vereinen ermöglichte Frauen, sowohl bestimmte Themen in die Öffentlichkeit zu bringen, als auch (finanzielle) Mittel für Projekte oder bestehende Einrichtungen zu akquirieren. Durch Selbstmobilisierung prägen gerade bürgerliche Frauen mit ihrem hohen Anteil an Aufbauarbeit und Durchführung von Armenfürsorge die städtische Sozialpolitik. Das außerhäusliche Engagement von Frauen entsprach darüber hinaus auch den Vorstellungen einer „geistigen Mütterlichkeit". Damit war die Ausübung und Stärkung „typisch weiblicher" Eigenschaften wie Einfühlungsvermögen, Vermittlung von emotionaler Geborgenheit und uneigennützige Hilfeleistung gemeint. Nach diesem Muster wurde auch 1850 der Katholische Frauenverein gegründet.

Über private weibliche Vereinstätigkeit wurde auch die medizinische Versorgung in der Stadt Salzburg verbessert, wie das Beispiel des 1890 gegründeten Erzherzogin Marie-Valerie-Kinderspitals zeigt. Mit dem Bau eines eigenen Kinderspitals am Gelände des St.-Johanns-Spitals konnte 1899 das Vereinsziel verwirklicht werden.

Vereine der bürgerlichen Frauenbewegung mit Forderungen nach Zugang zu höherer Bildung, Berufsausübung oder nach politischen Rechten von Frauen gab es im ausgehenden 19. Jahrhundert in Salzburg keine. Selbst der Salzburger Tochterverein des ersten, gemäßigten österreichischen Frauenvereins, des 1866 gegründeten Wiener Frauenerwerbs-Vereins, wurde erst 1901 ins Leben gerufen. Trotzdem sind für Salzburg zwei Protagonistinnen zu nennen, die sich für die genannten Ziele engagierten: Die 1847 in Salzburg geborene sozialkritische Autorin und Frauenrechtlerin Irma von Troll-Borostyáni (1847–1912). Sie gilt zu Recht als eine der ersten und wichtigsten Vorkämpferinnen der Frauenemanzipation in der Habsburgermonarchie. Ebenso setzte sich Dr. Rosa Kerschbaumer (1851–1923) für den Zugang von Frauen zum Medizinstudium und zur Berufspraxis ein. Sie war die erste Frau in Österreich, die aufgrund einer Sondergenehmigung des Kaisers im Jahr 1890 in Salzburg als Ärztin praktizieren konnte und eine Augenheilanstalt leitete.

Mitgliedskarten von Frauenvereinen in Salzburg, 1902–1913.

Stadtarchiv Salzburg, Privatarchivalien 963,I.

SALZBURG UND DER TOURISMUS

1860 hatte Salzburg Anschluss an das internationale Eisenbahnnetz gefunden. Die Eisenbahn revolutionierte nicht nur den Personen- und Gütertransport, sondern schuf auch die Voraussetzung für den Massentourismus. Der Salzburger Fremdenverkehr profitierte vom neuen Verkehrsmittel, die Besucherzahlen stiegen beträchtlich.

Allmählich entstanden Repräsentativbauten und mondäne Hotels, die ein zahlungskräftiges Publikum anlocken sollten. 1861/62 baute Georg Nelböck den Schießstatt-Wirt in ein erstklassiges Hotel um. 1865 eröffnete das noble „Hôtel de l'Europe", 1866 das Hotel „Österreichischer Hof". 1868 nahm die Badeanstalt ihren Betrieb auf, 1872 wurden der Kursalon und der Kurpark ihrer Bestimmung übergeben. Großzügige Promenaden, ansprechende Villen, Parks und Gärten machten Salzburg für (Groß-)Städter attraktiv, hier ihre Sommerfrische zu verbringen. Die Stadt sollte zur „Saisonstadt" erweitert werden.

Mit dem Bau der Lokalbahnen Richtung Berchtesgaden bzw. Ischl wurden weitere touristische Destinationen erschlossen. Tagesausflüge zum Königssee und ins Salzkammergut gehörten zu den Höhepunkten des touristischen Angebots Salzburgs.

Der „Elektrische Aufzug" auf den Mönchsberg (1890) war eine bekannte Attraktion. Ab 1892 brachte eine Standseilbahn tausende Touristen auf die Festung. Bereits 1881 hatte Josef Cathrein auf dem Gipfelplateau des Gaisberges ein Hotel eröffnet. Ab 1887 erschloss eine Zahnradbahn den Gaisberg, welche jährlich rund 30.000 Personen auf den „Salzburger Rigi" beförderte.

Die Gastronomie erlebte im ausgehenden 19. und beginnenden 20. Jahrhundert einen weiteren Aufschwung. Dem herrschenden Fortschrittsgeist entsprechend eröffnete 1894 das Elektrizitätshotel. Das Hotel „Mirabell" an der Schwarzstraße folgte 1895. Das Hôtel de l'Europe wurde 1894 und 1908 erweitert. Seine Anglo-American Bar verströmte das Flair der weiten vornehmen Welt. Am Abend unterhielt ein hoteleigenes Orchester die Gäste. Zur gehobenen Kategorie gehörten ferner das Hotel Pitter an der Westbahnstraße (heute Rainerstraße), das Hotel Habsburg an der Faberstraße, das „Hotel zum Stein" am Giselakai sowie das „Hotel Kaiserin Elisabeth". Auch das alt-renommierte „Hotel Schiff" modernisierte sich.

In der Mozart-Stadt kam der Musik besondere Bedeutung für den Tourismus zu. 1877 richtete die Internationale Stiftung Mozarteum erstmals ein Salzburger Musikfest aus. Bis 1910 folgten in unregelmäßigen Abständen weitere acht Musikfeste. Mozarts Geburtshaus in der Getreidegasse (ab 1882 als Museum) und das sogenannte Zauberflötenhäuschen (1877 aufgestellt) waren Attraktionen ersten Ranges. Man erwog, auf dem Mönchsberg ein Mozart-Festspielhaus zu errichten. Das Mozarteum wurde an der Schwarzstraße 1914 eröffnet. „Mozart" war zum touristisch verwerteten Markenartikel geworden, der Tourismus zum Leitsektor der Salzburger Wirtschaft aufgestiegen.

1898 besuchten zum ersten Mal über 100.000 Personen Salzburg. 1910 waren es bereits über 180.000. Der Erste Weltkrieg unterbrach den touristischen Aufschwung nachhaltig.

Plan zur Errichtung eines Badhauses nebst Kursalon durch die Salzburger Badanstalt-Aktiengesellschaft, Ausschnitt, Tusche, Aquarell, 1866.

Stadtarchiv Salzburg, Neuere Städtische Akten 570,01.

FORTSCHRITT UND MODERNISIERUNG

Philipp Strasser, Inhaber der Leichenbestattungsanstalt „Enterprise des pompes funèbres" am Rudolfskai, zählte 1904 zu jenen Salzburgern, die sich die neuesten Errungenschaften der Technik leisten konnten. Sein Ex libris schmücken Telefon und Automobil, die zugleich als Symbol für Fortschritt von Kommunikation und Fortbewegung um 1900 gelten.

1842 hatte bereits ein in Salzburg geborener Physiker und Mathematiker mit einer Entdeckung für Aufsehen gesorgt, deren Weiterentwicklung im 20. Jahrhundert seine volle Wirkung zeigte: Christian Doppler (1803–1853), Sohn einer Salzburger Steinmetzfamilie, entdeckte den nach ihm benannten „Doppler-Effekt". Auf diesem Prinzip beruht zum Beispiel die Funktion von medizinischen Instrumenten für Sonographien und das Radar. Ohne die Forschungen Dopplers wären auch die moderne Luft- und Raumfahrt nicht denkbar.

Im ausgehenden 19. Jahrhundert revolutionierte eine Reihe von Erfindungen und technischen Neuerungen den Alltag und die Umwelt der Menschen in Salzburg. Am 13. Oktober 1887 floss erstmals elektrischer Strom aus der „Elektrischen Zentralstation" am heutigen Makartplatz in das Stromnetz. Bereits einen Monat später wurde das Rathaus elektrisch versorgt. Der 1890 in Betrieb genommene und allseits als technische Glanzleistung gepriesene Mönchsbergaufzug nutzte die neuen Möglichkeiten des Antriebs. Als Einrichtung zur Förderung des Fremdenverkehrs und als Werbung für den elektrischen Strom wurde der Bau des Elektrizitätshotels, das heutige Hotel Bristol, betrieben, das nach seiner Fertigstellung mit einer allseits bewunderten Beleuchtung ausgestattet war.

Am 1. Juni 1889 wurde in der Stadt Salzburg ein Telefonnetz mit vier öffentlichen Sprachstellen und 78 Abonnentenstationen eröffnet. Mit der Inbetriebnahme des ersten öffentlichen Telefonnetzes nahm das Fernsprechwesen in Salzburg sogleich einen großen Aufschwung.

1895 fuhr das erste Automobil, ein Wagen mit fünf Pferdestärken eines böhmischen Textilindustriellen, durch Salzburg. Seit 1886 konnten die Salzburger und Salzburgerinnen auch die Dampftramway und seit 1892 die Pferdeeisenbahn benutzen.

Der erste und für drei Jahre auch alleinige Autobesitzer Salzburgs war der Bauunternehmer Richard Schwarz, der 1898 einen „Benz-Comfortable" erstand. Während die Motorisierung anfänglich nur langsam einsetzte, wuchs in den zwanziger Jahren die Zahl der zugelassenen Autos in der Stadt Salzburg kontinuierlich an. Für ein größeres Verkehrsaufkommen sorgte vor allem während der Festspielzeit der Automobiltourismus. Als 1929 die Gaisbergstraße mit einer Autokolonne von etwa 90 Wagen eingeweiht wurde, wies Salzburg unter allen österreichischen Städten die höchste Fahrzeugdichte auf.

Ex libris des Philipp Strasser, 1904.

Stadtarchiv Salzburg, Privatarchivalien 840.

DIE SALZACHSCHIFFFAHRT

Die Salzach war über Jahrhunderte eine Hauptverkehrsroute. Massenwaren wie Salz, Getreide und Wein, aber auch Baumaterialien konnten auf dem Wasser kostengünstig transportiert werden. Zentrum der Salzachschifffahrt war die ehemalige salzburgische Stadt Laufen. Laufener Schiffherren stellten die Schiffe für den Transport aller verschifften Waren und besaßen als „Erbausfergen" das ausschließliche Recht, die Salzschiffe von Hallein auf der Salzach nach Laufen zu führen. Die Salzschiffe wurden im Gegenzug – mit Getreide und Wein aus Österreich beladen – stromaufwärts von Laufen nach Hallein gebracht. Die Arbeit des Schiffziehens oblag zunächst armen Bevölkerungsschichten. Ab dem 15. Jahrhundert zogen auf den gut ausgebauten Treidel- und Treppelwegen am Flussufer jeweils zwei Pferde insgesamt drei Schiffe in ein bis zwei Tagen nach Hallein. Im Durchschnitt waren 18 Salzschiffe pro Tag salzachabwärts unterwegs. Das Salz gelangte über Inn und Donau bis nach Ungarn und Mähren. Pro Jahr wurden rund 180 Schifffahrtstage gezählt, in der Zeit von Weihnachten bis Ende März ruhte die Schifffahrt gänzlich.

Die allgemeine Frachtschifffahrt auf der Salzach wurde von Schiffmeistern als freie Unternehmer auf eigenen Schiffen durchgeführt. Zum wichtigsten Exportgut auf der Salzach zählten Waren des Fernhandels, wie Wein und Venezianerware, die von der Schiffslände beim Niederleghaus (Griesgasse 17) aus nach Österreich gebracht wurden, sowie Baustoffe wie Kalk, Steine, Marmor und später auch Gips, Braunkohle und Holz. Wallfahrer und andere Reisende fuhren auf Salz- und anderen Frachtschiffen mit. Eine eigenständige Personenschifffahrt gab es auf der Salzach mit Ausnahme der „Leibschiffe" der Fürsterzbischöfe nicht.

Die Salzachschifffahrt stagnierte schon seit dem 17. Jahrhundert und erlebte nach der Grenzziehung von 1816 einen weiteren Niedergang. Die Treidelwege verfielen und es waren nur mehr „Einwegschiffe" im Einsatz. Um 1855 transportierten noch 1700 bis 1800 Plätten pro Jahr ihre Güter auf Salzach und Donau und wurden an den Zielhäfen Linz, Wien und Budapest als Brennholz verkauft. Der Anschluss von Salzburg und Hallein an das Eisenbahnnetz beendete in der zweiten Hälfte des 19. Jahrhunderts die Dominanz der Salzachschifffahrt. Sie kam um 1900 und endgültig nach dem Ersten Weltkrieg zum Erliegen.

Nur eine Episode blieben die Versuche, eine Personenschifffahrt mit Dampfschiffen zu etablieren. 1857 erreichte das Dampfschiff „Prinz Otto" als erstes maschinengetriebenes Verkehrsmittel die Stadt Salzburg. Doch dieser frühe Versuch einer Dampfschifffahrt scheiterte ebenso wie die 1884/85 gegründete „Salzach-Inn-Dampfschifffahrtsunternehmung" am geringen Wasserstand der Salzach. Im Sommer 1891 verkehrte das Dampfschiff „Salzburg" der „Salzach-Schiffahrts-Gesellschaft" viermal täglich zwischen dem Landungssteg beim Café Bazar und Hellbrunn, doch der Dampfer erwies sich als zu schwach, der Betrieb wurde wieder eingestellt.

Erst 2001 wurde die Personenschifffahrt als Touristenattraktion wieder aufgenommen.

Das Dampfschiff „Salzburg" der „Salzach-Schiffahrts-Gesellschaft" am Landungssteg beim Café Bazar. Das Schiff verkehrte von 2. Juli bis 7. August 1891 viermal täglich zwischen dem Café Bazar und Hellbrunn.

Stadtarchiv Salzburg, Sammlung Carl von Frey.

ZWEITE GRÜNDERZEIT: GROSSSTÄDTISCHE TRÄUME IM KLEINFORMAT

Der Börsenkrach 1873 brach den unaufhaltsamen Aufstieg des Liberalismus ab. Ab Mitte der 1870er Jahre stagnierte auch in Salzburg das Wirtschaftsleben. Eine Trendwende zeichnete sich erst Ende der 1880er Jahre ab, als Tourismus und Bauwirtschaft wieder zu wachsen begannen. Steuerliche Begünstigungen belebten die Bauwirtschaft. Zwischen 20 und 30 neue Häuser wurden pro Jahr gebaut. „Fortschritt" und „Modernisierung" waren die Leitbilder geblieben, wenn auch auf kleinstädtische Verhältnisse heruntergebrochen. Die durch die Schleifung der Befestigungsanlagen und die Flussregulierung in der Neustadt und entlang der Salzach entstandenen Baugründe waren im Wesentlichen bis zur Jahrhundertwende verbaut. Dominierten im Andräviertel frei stehende Zinshäuser, so an der Salzach repräsentative Stadtvillen.

Stilprägend für die gründerzeitliche Verbauung war die aus Friaul stammende Baumeisterfamilie Ceconi. In den 1890er Jahren zeichnete die Firma für fast 300 Objekte verantwortlich.

Neue Stadterweiterungsgebiete wurden angedacht: Froschheim und Lehen. Großstädtische Fantasien beflügelten stadtplanerische Überlegungen, die nun weit über das eigentliche Stadtgebiet hinausgriffen. 1898 lag ein erster Regulierungsplan für die ganze Stadt vor, der eine gerade Straßenverbindung von Schallmoos über die Salzach nach Lehen und einen radialen Ausbau der Stadt vorsah. Die Idee einer Verlängerung der elektrischen Stadtbahn durch das Neutor über Maxglan und Lehen zum Bahnhof brachte erstmals das Thema Eingemeindung aufs kommunalpolitische Tapet. Eine Tunnelstraße durch den Mönchsberg sollte die südlichen Stadtteile erschließen, aber auch den Friedhof St. Peter durchschneiden. Zum ersten Mal tauchte die Idee eines Tunnels durch den Kapuzinerberg und die eines Straßendurchbruchs vom Neutor zur Griesgasse auf. „Verkehrshindernisse" wie etwa das Linzer Tor, der Mitterbacher Bogen beim Mirabellplatz, das Leihhaus am Makartplatz oder das Zeller-Eck am Platzl wurden demoliert, jeweils begleitet von Protesten. Die Frage der Errichtung des Justizgebäudes brachte abermals Lokalinteressen und Denkmalschutz aneinander. Das Projekt einer Straße durch den Mönchsberg und den Friedhof St. Peter zur Erschließung des Nonntals scheiterte jedoch an der Intervention von Thronfolger Erzherzog Franz Ferdinand. Ein 1908 vom Gemeinderat beschlossener Regulierungsplan wollte das Gassengefüge der gesamten Altstadt durchgehend verbreitern und dafür Häuser und Hausteile demolieren. An Stelle des Imhofstöckels am Mozartplatz wollte man dagegen einen öffentlichen Monumentalbau errichten. Heftige kommunalpolitische Debatten folgten: Für die einen eine längst fällige Modernisierung Salzburgs, für die anderen nichts weniger als die vollständige Demolierung der Altstadt. Der Ausbruch des Ersten Weltkrieges beendete nicht nur den Boom der Zweiten Gründerzeit, sondern vorerst auch die Träume von „Groß-Salzburg".

Der Mitterbacher Bogen, benannt nach seinem letzten Besitzer, bildete den Durchgang von der Dreifaltigkeitsgasse zum Mirabellplatz, 1891 demoliert. Foto von Carl von Frey, 13. Juli 1891.

Stadtarchiv Salzburg, Fotosammlung Carl von Frey.

Stadtplan von Salzburg mit rot dargestellten Neubauten zwischen 1867 und 1892, herausgegeben vom Technischen Klub, 1892.
Stadtarchiv Salzburg, Plansammlung 2.554.

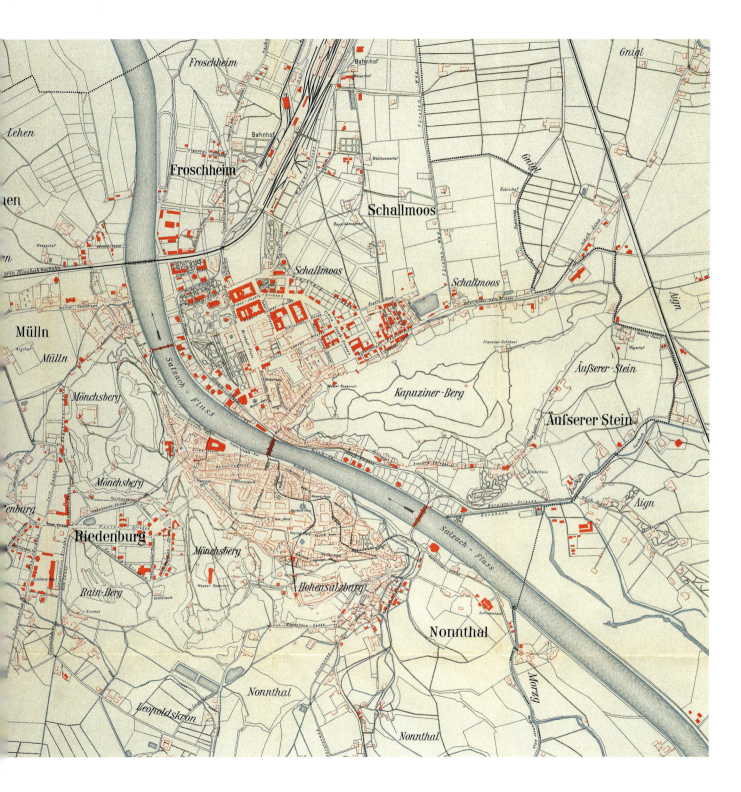

KOMMUNALPOLITIK BIS ZUM ENDE DER MONARCHIE

Die Wahlordnung der Stadt Salzburg, die dem Statut von 1869 angeschlossen war, sah drei nach der Steuerleistung definierte Wahlkörper vor. Vom Stimmrecht ausgeschlossen waren alle jene, die keine (direkte) Steuer zahlten. Diese Wahlordnung entsprach der liberalen Vorstellung, wonach das Wahlrecht kein politisches Recht, sondern Ausdruck von Besitz und Vermögen sei.

Bis in die achtziger Jahre des 19. Jahrhunderts wurde der Salzburger Gemeinderat von der bildungs- und besitzbürgerlichen liberalen Elite – organisiert im „Liberalen Verein" – dominiert, deren politische Programmatik den Prinzipien wirtschaftlicher Entwicklung, Förderung von Bildung und Ausbau des Verfassungsstaates folgte.

In den späten achtziger Jahren gerieten die liberalen Positionen im Gemeinderat durch ein antisemitisches Bündnis aus konservativen Klerikalen und deutsch-nationalen Schönerianern unter Druck. Dieses Bündnis sprengte schließlich 1894 die liberale Mehrheit im Gemeinderat.

Wenig später konnte jedoch der gemäßigt-nationale „Bürgerklub", der vor allem die Interessen von Gewerbetreibenden organisierte, die Mehrheit im Gemeinderat erringen. Unterschiedliche deutsch-bürgerliche Gruppierungen fanden zu losen Bündnissen und ermöglichten dem Bürgerklub, mit Eligius Scheibl, Franz Berger und Max Ott bis 1919 den Bürgermeister zu stellen. Damit war die katholisch-konservative Partei weitgehend isoliert. Um 1900 gelang es den Sozialdemokraten, eine schlagkräftige Parteiorganisation aufzubauen. Ihr Stimmenanteil stieg von Wahl zu Wahl. Während auf Reichsratsebene 1907 das „Allgemeine, gleiche und direkte Wahlrecht" (für Männer) Wirklichkeit wurde, verhinderte auf Gemeindeebene das Privilegienwahlrecht weiterhin ihren Einzug in den Gemeinderat. Trotzdem wurde 1914 Robert Preußler als erster Sozialdemokrat Gemeinderat.

Die Folgen der Weltwirtschaftskrise hatten auch den städtischen Haushalt unter Druck gesetzt. Erst um 1890 gelang es der Stadt wieder, infrastrukturelle Investitionen zu tätigen. 1893 eröffnete das neue Stadttheater (heute Landestheater), eine Reihe von neuen Schulen wurde ihrer Bestimmung übergeben und Kasernen auf Gemeindekosten errichtet. Die Armenpflege wurde 1893 mit der Einführung des Elberfelder Systems, das einen individuellen Kontakt von „Armenräten" mit Bedürftigen vorsah, auf neue Füße gestellt. 1898 leitete die Eröffnung der Vereinigten Versorgungsanstalten in Nonntal eine neue Ära auch bei der Verpflegung von hilfsbedürftigen Alten ein. Bereits 1877 war die Stadtbrücke und 1884 die Nonntaler Brücke durch eiserne Konstruktionen ersetzt worden. Ab 1902 verband die Ludwig-Viktor-Brücke die Stadterweiterungsgebiete in Lehen und Froschheim. Ab 1913 versorgte das Wasserkraftwerk Wiestal die Stadt mit elektrischem Strom. Finanziert wurden diese Investitionen durch mehrere Darlehen.

Die Kriegsbegeisterung, die 1914 auch die SalzburgerInnen erfasst hatte, wich mit Fortdauer des Kriesges einer allgemeinen Ernüchterung.

Salzburger Bürgerklub im Hof des Stiftskellers St. Peter,
in der Bildmitte sitzend Bürgermeister Max Ott (mit Pelzkragen),
Foto von Wilhelm Mann, wohl 1913.
Stadtarchiv Salzburg, Fotosammlung.

DIE ANFÄNGE DES STÄDTISCHEN NAHVERKEHRS

Die Anbindung Salzburgs an das Eisenbahnnetz ab 1860 mit einem – damals – außerhalb des Stadtzentrums gelegenen Bahnhof und der aufstrebende Tourismus machten die Einrichtung eines innerstädtischen und regionalen Schienenverkehrs notwendig.

1886 nahm die Salzburger Lokalbahn (ab 1888 SETG) mit Dampflokomotiven ihren Betrieb auf, die Streckenführung wurde in Etappen vom Hauptbahnhof bis nach St. Leonhard-Drachenloch und 1893 auch nach Parsch geführt. Die Bahn verlief vor dem Bau der Imbergstraße auf einem eigenen Bahndamm entlang der Salzach. 1907 wurde die Strecke bis Berchtesgaden und 1909 bis zum Königssee verlängert. Ab der Elektrifizierung der Lokalbahnstrecke Süd im Jahr 1909 waren rot-weiße Triebwagen mit gleichfarbigen Beiwagen im Einsatz, im Volksmund wurde die elektrische Lokalbahn daher zur „Roten Elektrischen".

Eine erste Pferdestraßenbahn, kurz Pferdebahn, fuhr ab Oktober 1887 für lediglich drei Monate als Verstärkung der Lokalbahnzüge vom Hauptbahnhof zum Café Bazar. Ab 1892 wurde eine neue Pferdetramwaystrecke in Betrieb genommen, die vom Bahnhof über die Schwarzstraße durch die Innenstadt bis zum Kapitelplatz und in das Nonntal führte. Ab 1893 war über eine Gemeinschaftsstrecke mit der Lokalbahn auch die Gaisbergbahn-Talstation in Parsch angeschlossen. In den letzten Betriebsjahren der Pferdebahn lief der Verkehr nur mehr zwischen Hauptbahnhof und Café Bazar. Die Pferdebahn wurde am 30. September 1908 eingestellt.

Der innerstädtische Nahverkehr wurde durch die Einführung einer elektrischen Stadtbahn modernisiert. Am 4. Mai 1909 wurde die erste Teilstrecke der so genannten „Gelben Elektrischen" vom Hauptbahnhof bis zum Platzl eröffnet, zwei Monate später folgte die Strecke Platzl–Staatsbrücke–Alter Markt. 1916 wurde die Stadtbahn in zwei Etappen bis in die Riedenburg verlängert. Das Neutor war 1915 für die Stadtbahn entsprechend erweitert worden, woran noch heute eine Gedenktafel erinnert. Erweiterungspläne Richtung Maxglan und Kommunalfriedhof sowie Schallmoos und Gnigl konnten nicht realisiert werden.

Im Jahr 1940 löste der moderne „Obus" (Oberleitungsomnibus), auch „Trolleybus" genannt, die elektrische Stadtbahn ab. Am 1. Oktober 1940 wurde mit der ersten Teilstrecke vom Sigmundsplatz (heute Herbert-von-Karajan-Platz) nach Maxglan der Obus-Verkehr in der Stadt Salzburg eröffnet. Die Strecke des Obus durch die Altstadt führte in Fahrtrichtung zum Hauptbahnhof – so wie früher bei der Stadtbahn – über den Universitätsplatz und durch den Ritzerbogen. In Fahrtrichtung Maxglan nutzten die Obusse auf ihrem Weg zum Sigmundsplatz die Griesgasse und die Gstättengasse, da der Griesgassendurchbruch erst nach dem Krieg entstand.

Die elektrische Stadtbahn verkehrte ab 24. Oktober 1940 nur mehr zwischen der Haltestelle Platzl und dem Bahnhof und hatte schließlich am 5. November 1940 ihren letzten Betriebstag.

Die „Gelbe Elektrische" fuhr über den Rathausplatz, durch die enge Getreidegasse und über den Kranzlmarkt zu ihrer Haltestelle am Alten Markt. Das Foto entstand 1915, ab diesem Jahr waren im Ersten Weltkrieg Wagenführerinnen und Schaffnerinnen anstelle der eingerückten Straßenbahner im Einsatz.
Am Kranzlmarkt musste die Schaffnerin vorausgehen, um PassantInnen und Fuhrwerke vor der herannahenden Straßenbahn zu warnen und um den Querverkehr aus der Klampferergasse aufzuhalten.

Stadtarchiv Salzburg, Sammlung Rudolph Klehr.

Die Stadt Salzburg vom Kapuzinerberg, Photochromdruck, um 1895.

Der Photochromdruck wurde von der Zürcher Firma Photoglob entwickelt. Es ist ein Flachdruckverfahren, bei dem ein Schwarz-Weiß-Negativ auf einem mit syrischem Asphalt überzogenen Lithostein belichtet wird. Kopien des Lithosteins für jede zu druckende Farbe ermöglichen einen Mehrfarbendruck. Auch wenn die Photochrome als Farbfotografien angepriesen wurden, handelt es sich um Farbdrucke. Der Druck zeigt Salzburg um das Jahr 1895. Die Regulierung des Salzachufers ist weit fortgeschritten, die Verbauung des Rudolfskais hat aber noch nicht begonnen.

Stadtarchiv Salzburg, Fotosammlung.

DER NEUE GRÜN- UND SCHRANNENMARKT UND DER WANDEL DER SPEZIALMÄRKTE

———

Die Wachstumsphasen der Stadt und neue verkehrstechnische Lösungen bedingten die Errichtung neuer Hauptmärkte zur Abdeckung des täglichen Bedarfs und die Verlegung von Spezialmärkten aus dem Zentrum der linken Altstadt in die neuen Stadtteile und an die städtische Peripherie. Ein Jahr nachdem man die traditionelle Salzburger Dult von der Altstadt auf den Mirabellplatz abgesiedelt hatte, wurde auch der Wochenmarkt vom Marktplatz (seit 1927 „Alter Markt") 1857 auf den Kollegienplatz (Universitätsplatz) und in die Modegasse (1873 Marktgasse, seit 1968 Wiener-Philharmoniker-Gasse) verlegt. Der Markt wurde täglich, also auch an Sonn- und Feiertagen abgehalten, Hauptmarkttage waren Dienstag, Donnerstag und Samstag.

Die Errichtung eines eigenen, dem Hauptmarkt gleichberechtigten täglichen Viktualien- und Grünmarkts in der Rechtsstadt wurde mehrfach beschlossen, konnte aber erst 1901 an der Franz-Josef-Straße als Neuer Grünmarkt (Grünmarkt II) eröffnet werden. Die Markthütten wurden im Krieg durch Bomben zerstört, die geschlossene Marktanlage 1946 wiedererrichtet. Nach der Jahrhundertwende bürgerte sich ohne behördliche Genehmigung auch ein Detailverkauf von Lebensmitteln vor der städtischen Schranne neben der Andräkirche ein. 1906 wurde der Platz vor der Schranne offiziell zum Wochenmarktplatz (nur an Donnerstagen) für Landesprodukte bestimmt. Der Schrannenmarkt wurde nach dem Krieg neu belebt und kehrte nach Abriss der durch Bomben zerstörten Schranne – mit zeitweiligen Unterbrechungen – wieder auf den Platz um die Andräkirche zurück.

Die „Abwanderung" von Spezialmärkten aus der Altstadt bzw. ihr Verschwinden aus dem Stadtbild sei an einigen Beispielen aufgezeigt: Der Getreidemarkt wurde vom Alten Markt und Waagplatz zum Schrannenplatz verlegt, ab 1903 wurde hier auch der Heu- und Strohmarkt abgehalten. Der Holzmarkt, der im 19. Jahrhundert am Makartplatz situiert war, wanderte auf den Mirabellplatz, ehe er in den 1920er Jahren sein Ende fand.

Der Fischmarkt wechselte mehrfach zwischen Hagenauerplatz und Ferdinand-Hanusch-Platz, kam dann gemeinsam mit dem Wilde-Mann-Brunnen auf den späteren Max-Reinhardt-Platz und wurde 1926 im Zuge der Festspielhauserrichtung als offener Markt aufgelassen. Als Ersatz wurde die noch heute bestehende Fischverkaufshütte am Salzachkai errichtet.

Zur Fleischversorgung wurde nach Abriss der alten Stadtbrücke, auf der seit dem Mittelalter die Fleischbänke situiert gewesen waren, 1608 der Fleischbankstock am Gries eröffnet. 1874 ging ein neuer städtischer Schlachthof in Froschheim (zwischen Saint-Julien-Straße und Schlachthofgasse, der heutigen Franz-Neumeister-Straße) in Betrieb. Hier wurden nun auch die Viehmärkte abgehalten. Dem vermehrten Fleischkonsum trugen Metzgerläden in der Wiener-Philharmoniker-Gasse und ab 1893 der donnerstägliche Fleischmarkt in der städtischen Bauhofkaserne (Linzer Gasse 72) Rechnung.

Der Viehmarktplatz wurde nach der Aufschließung von Lehen durch die neue Lehener Brücke 1913 erneut stadtauswärts, nach Schallmoos an die Vogelweiderstraße, verlegt, wo er sich bis 1974 befand. Danach kam der Nutzviehmarkt zum neuen städtischen Schlachthof in Salzburg-Bergheim (eröffnet 1968).

Der 1874 salzachabwärts nach Froschheim verlegte Viehmarktplatz befand sich
unterhalb der Eisenbahnbrücke zwischen Saint-Julien-Straße und Franz-Neumeister-Straße.
Die älteste bekannte Fotoaufnahme von Schlachthaus und Viehmarkt aus dem Jahr 1890
zeigt im Hintergrund das Grand Hôtel de l´Europe.

Stadtarchiv Salzburg, Fotosammlung Carl von Frey.

GEORG TRAKL
UND SALZBURG

Der aus Ödenburg (Ungarn) stammende Tobias Trakl war 1879 nach Salzburg gekommen. Noch im selben Jahr übernahm er für zehn Jahre die Firma „Carl Steiner & Co." und leitete sie anschließend als Prokurist. Auch als Protestant gelang Trakl der Aufstieg in die großbürgerliche Oberschicht Salzburgs. 1892 erwarb das Ehepaar Trakl die ehemalige Wagenremise (heute Café Glockenspiel) des „Hotel Schiff" (heute Landeshypothekenanstalt) und eröffnete 1894 die Eisenhandlung „Tobias Trakl & Co.". Nach dem Tod Tobias Trakls (1910) wurde die Firma 1913 liquidiert.

Sein Sohn Georg, der bekannte Lyriker, wurde am 3. Februar 1887 im damaligen Wohnhaus der Familie (Waagplatz 2, heute Waagplatz 1 a) geboren. Nach seinem Scheitern in der Schule absolvierte Trakl eine dreijährige Apothekerlehre in der Engel-Apotheke in der Linzer Gasse.

Trakls lyrische Versuche reichen in seine Jugendzeit zurück. 1906 wurden zwei Einakter am Salzburger Stadttheater mit mäßigem Erfolg uraufgeführt. Trakls Dichtung reibt sich an der konservativ-katholischen Gesellschaft Salzburgs. Die Stadt und ihre Gesellschaft prägten die Sprach- und Bilderwelt Trakls in einem entscheidenden Ausmaß.

Sein Lebenswandel und sein Drogenkonsum standen im Gegensatz zur bürgerlichen Welt. Von 1908 bis 1910 studierte Trakl in Wien Pharmazie. Nach Salzburg zurückgekehrt schloss er sich der Salzburger Künstlervereinigung „Pan" an. Trakls Unvermögen, sich in der bürgerlichen Lebenswelt zurechtzufinden, steigerte seinen Alkohol- und Drogenkonsum. Depressionen folgten. Nach wechselnden Aufenthalten in Salzburg, Innsbruck, Wien und Berlin wurde er 1914 als Medikamentenakzessist ins Feld eingezogen. Am 3. November 1914 starb Trakl in Krakau an einer Überdosis Kokain. Trakls Grab befindet sich heute in Mühlau bei Innsbruck.

Die 1973 gegründete „Georg-Trakl-Forschungs- und Gedenkstätte" verwahrt Autographe, Fotos und Dokumente. Seit 1952 wird der Trakl-Preis für Lyrik vergeben.

Geschäftsbrief der Firma Tobias Trakl & Co, 1897.

Stadtarchiv Salzburg,
Städtisches Archiv,
Neuere Städtische Akten 605,01-2.

Die Engel-Apotheke im Jahr 1915.

Stadtarchiv Salzburg,
Sammlung Rudolph Klehr.

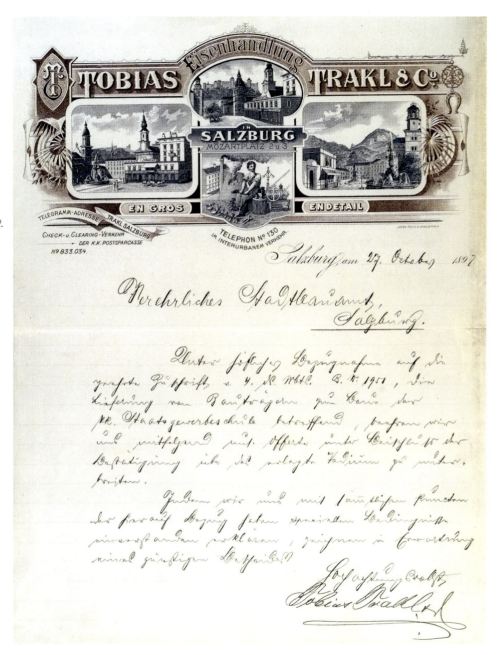

DIE STADT SALZBURG IM ERSTEN WELTKRIEG

Der Sommer 1914 setzte Viele in einen patriotischen Taumel. Manche sorgten sich. Während nach dem Mord am österreichischen Thronfolgerehepaar Viele den Krieg gegen Serbien forderten, waren die Skeptiker kaum zu hören. Jedenfalls marschierte in den Augusttagen das Salzburger Hausregiment „Erzherzog Rainer", lautstark bejubelt, in den vermeintlich kurzen Waffengang gegen Serbien. Trotz Siegesgewissheit zogen die Preise an. Die Stadtgemeinde setzte erste Maßnahmen, verordnete Höchstpreise, besorgte Vorräte und organisierte Sammlungen zur Unterstützung der „Helden" an der Front.

Zu Beginn des Krieges konnte das Neutor noch verbreitert und die Tramway bis in die Riedenburg verlängert werden. Und rechtzeitig zum Jubiläum der hundertjährigen Zugehörigkeit Salzburgs zu Österreich, 1916, stellte Franz Kulstrunk sein Kolossalgemälde der Stadt Salzburg fertig, so als stünde die Welt vor keinem Abgrund.

Die Realität der Schlachtfelder brachte bald die Gewissheit eines langen Krieges, dessen Zwänge zunehmend auch den Alltag der „Heimatfront" prägten. Frauen ersetzten die in den Krieg gezogenen Männer im Erwerbsleben, fuhren Straßenbahn, kehrten Straßen, arbeiteten in Gewerbe und Landwirtschaft, auch russische Kriegsgefangene wurden zur Arbeit herangezogen.

Ab April 1915 mussten Brot und Mehl rationiert werden. Die Aufbringung und die Verteilung von Lebensmitteln und Bedarfsgütern wurden nun staatlich gelenkt. Der Alltag wurde mühsam. Immer mehr Waren wurden bewirtschaftet und rationiert. Die Versorgung der Bevölkerung mit Lebensnotwendigem sank auf ein erschreckend niedriges Niveau. Die Zeichnung von Kriegsanleihen war patriotische Pflicht und mobilisierte letzte Geldreserven. Nach dem Krieg waren diese vollkommen wertlos. Die Stadtgemeinde organisierte die Verteilung vor Ort, vergab Bezugskarten und wies Verkaufsstellen für bestimmte Warengruppen aus, verwaltete den Mangel. Das „Hamstern" bot zwar einen Ausweg, verschlechterte aber die Ernährungslage insgesamt und schuf Ungleichgewichte in der Verteilung.

Die Stadtgemeinde unterstützte Hilfsorganisationen wie jene für „Mindestbemittelte", aber auch jene für den „Mittelstand", kümmerte sich um Kriegsküchen und Ausspeisungen für Mittellose. Im Sommer 1918 verschlechterte sich die Ernährungssituation dramatisch. Die Zuteilung von Mehl sank unter zehn Deka pro Tag. Fleisch- und fettlose Wochen wurden immer häufiger: Hunger. Gerüchte und Verschwörungstheorien hatten Konjunktur. Gegen jüdische Flüchtlinge aus Galizien und gegen (vermeintlich) jüdische „Kriegsgewinnler" wurden antisemitische Feindbilder bemüht.

Im September 1918 entlud sich die explosive Stimmung der hungernden Bevölkerung. Hotels, Lebensmittellager, Geschäfte und St. Peter wurden gestürmt und geplündert. Staatliche Ordnung und Gesellschaft lösten sich auf, zerfielen. Österreich-Ungarn war am Ende. Am 12. November 1918 wurde die Republik Deutsch-Österreich ausgerufen.

Demonstrationsstreik am 19. September 1918. Menschenmenge auf dem Mozartplatz vor dem Regierungsgebäude, Foto Karl Hintner.

Stadtarchiv Salzburg, Fotosammlung.

„Die Stadt Salzburg im Jahre 1916",
Panorama von Franz Kulstrunk 1914–1921,
Öl auf Leinwand, Rathaus Salzburg.
Stadtarchiv Salzburg, Fotosammlung.

DEMOKRATISIERUNG DER STADTVERWALTUNG UND FRAUENWAHLRECHT

Als männliche Bürger im Revolutionsjahr 1848 politische Rechte forderten, erkannten auch einige Frauen ihre Benachteiligung im öffentlichen Leben und beanspruchten erstmals politische Mitsprache. Im Zuge der nach 1848 erkämpften Gemeindeautonomie konnten Gemeinden eigene Gemeindewahlordnungen erlassen. Beim damals nach Besitz und Steuerleistung differenzierenden Zensuswahlrecht entschied die Höhe der Steuerleistung über die Zulassung zur Wahl. Manche Gemeinden, wie die Stadt Salzburg 1869, gewährten in ihren Wahlordnungen so genannten eigenberechtigten Steuerzahlerinnen das Stimmrecht. Sie durften allerdings nicht selbst zur Wahlurne gehen, sondern mussten sich entweder durch den Ehemann oder einen männlichen Bevollmächtigten vertreten lassen. In diesem vor-demokratischen Wahlrecht ging es aber lediglich um die Repräsentanz von materiellem Besitz, nicht darum, Frauen eine Partizipation am politischen Leben zu gestatten. 1909 waren in der damals 36.000 EinwohnerInnen zählenden Stadt Salzburg immerhin 1.630 Frauen wahlberechtigt.

Das Zensuswahlrecht sicherte einer schmalen wohlhabenden und gebildeten Schicht die kommunale Macht. Während auf Reichsebene sukzessive das Wahlrecht erweitert wurde – 1896 Einführung der „allgemeinen Wählerklasse", 1907 allgemeines, direktes und gleiches Stimmrecht für Männer – blieb das undemokratische Zensuswahlrecht auf Gemeindeebene bis zum Ende der Monarchie bestehen.

Der Kampf um das Frauenwahlrecht entwickelte sich in Österreich innerhalb der unterschiedlichen Richtungen der Frauenbewegung. Anhängerinnen der gemäßigten bürgerlichen Frauenbewegung forderten vorrangig dasselbe Zensuswahlrecht, das für die Männer galt, den sozialdemokratischen Frauen ging es um ein allgemeines Wahlrecht für alle. Während sich bürgerlich-großdeutsche Frauen 1917 für ein gemeinsames Eintreten von Frauen aller politischen Richtungen für das Wahlrecht engagierten, nahmen Vertreterinnen der Katholischen Frauenorganisation noch im November 1918 eine ablehnende oder abwartende Haltung ein und teilten damit die Einstellung der männlichen katholischen Hierarchien.

Die politischen Umwälzungen nach dem Ersten Weltkrieg und das Ende der Monarchie 1918 ebneten den Weg zur Einführung des allgemeinen, freien, gleichen und geheimen Wahlrechts ohne Unterschied des Geschlechts. Damit waren Frauen, ungeachtet der realen wirtschaftlichen und gesellschaftlichen Ungleichheiten, als Wählerinnen ein quantitativ wichtiger politischer Faktor geworden.

Nach den ersten freien Wahlen 1919 betrug der Anteil von Frauen im Gemeinderat der Stadt Salzburg zehn Prozent. Die ersten Gemeinderätinnen waren in Bereichen vertreten, die mit vorherrschenden Geschlechter-Rollenbildern konform gingen, wie Lebensmittel- und Bekleidungsbeschaffung, Armen- und Fürsorgewesen oder in Erziehungs- und Bildungsangelegenheiten. Im Laufe der Ersten Republik nahm ihre Zahl ab. Nach dem Ende der parlamentarischen Demokratie in Österreich schränkte der autoritäre „Christliche Ständestaat" weibliche Mitsprachemöglichkeiten erheblich ein, im NS-Gemeinderat war schließlich keine einzige Frau mehr vertreten.

Gemeindevertretung Gnigl 1922–1925,
in der Mitte Gemeindevertreterin Therese Wowes.
Stadtarchiv Salzburg, Fotosammlung.

GRUNDSTEINLEGUNG FÜR EIN FESTSPIELHAUS

Die Ursprünge der Salzburger Festspiele reichen bis in das ausgehende 19. Jahrhundert zurück: Das erste Mozart-Musikfest fand anlässlich der Enthüllung des Mozartdenkmals 1842 statt. Es folgte die Feier von Mozarts 100. Geburtstag im Jahr 1856, ab 1877 wurden Musikfeste in unregelmäßiger Reihenfolge veranstaltet. 1887 sprach sich der Dirigent Hans Richter dafür aus, das musikalische Erbe Mozarts mit jährlich stattfindenden Mozart-Festspielen nach Bayreuther Vorbild zu pflegen.

In Anlehnung an diese Ideen gründeten 1917 der Musikschriftsteller und -kritiker Heinrich Damisch und der Jurist Friedrich Gehmacher die Salzburger Festspielhaus-Gemeinde, zunächst in Wien, dann auch in Salzburg, um finanzielle Mittel für den Bau eines Festspielhauses zu lukrieren. Damit formierte sich eine bildungsbürgerliche Initiative auf regionaler Ebene, die durch einen Kulturtransfer mit zugkräftigen Wiener Protagonisten realisiert werden konnte, indem der Schauspieler und Regisseur Max Reinhardt und der Dichter Hermann Bahr die Festspielidee aufgriffen. Max Reinhardt präsentierte 1917 in einer Denkschrift seine Ideen zur Errichtung eines Festspielhauses in Hellbrunn. 1919 folgte der Entwurf eines Programmes des Dichters Hugo von Hofmannsthal, nach dessen Vorstellungen Salzburg als Festspielort fern der Großstadt Wien zum Symbol der Versöhnung einer vom Krieg entzweiten Generation werden sollte. Außergewöhnliche künstlerische Leistungen sollten auf höchstem Niveau in engem Bezug zur Geschichte des Landes, Mozart und der Stadt Salzburg hervorgebracht werden.

Am 22. August 1920 wurde auf einer aus den Baracken der Kriegsgefangenenlager in Grödig gezimmerten Bretterbühne vor dem Salzburger Dom Hofmannsthals – bis heute identitätsstiftendes – Schauspiel „Jedermann. Das Spiel vom Sterben des reichen Mannes" in der Inszenierung von Max Reinhardt uraufgeführt. Die Festspiele hatten de facto begonnen.

1922 fand die feierliche Grundsteinlegung eines Festspielhauses nach den Plänen des Berliner Architekten Hans Poelzig im Hellbrunner Park statt, dessen Realisierung jedoch der Inflation zum Opfer fiel. 1924 erhielt Landeskonservator Eduard Hütter den Auftrag, die 1840 auf dem Gelände des ehemaligen erzbischöflichen Marstalls errichtete Reithalle zu einem Festspielhaus zu adaptieren. 1926 beauftragte Landeshauptmann Franz Rehrl Clemens Holzmeister, dieses umzubauen. 1956 bis 1960 wurde das Große Festspielhaus errichtet und in den Jahren 1962/63 das (alte) Kleine Festspielhaus erneuert, das 2006 nach einem kompletten Umbau durch die Architekten Wilhelm Holzbauer und François Valentiny als Haus für Mozart eröffnet wurde.

Von 1956 bis 1989 prägte der Salzburger Dirigent Herbert von Karajan als künstlerischer Leiter die Festspiele. Sein Nachfolger, Gerard Mortier, öffnete die Festspiele 1990 bis 2001 für neue künstlerische Strömungen.

Seit ihrer Gründung sind die Salzburger Festspiele ein bedeutender wirtschaftlicher Motor für Stadt und Land Salzburg und zählen heute zu den bedeutendsten Festivals der Welt.

Grundsteinlegung für ein Festspielhaus und Einweihung eines Bauplatzes in Hellbrunn, 19. August 1922.

Symbolischer Hammerschlag von Richard Strauss auf den Grundstein, 19. August 1922.

Stadtarchiv Salzburg, Nachlass Franz Ledwinka.

NACHKRIEGSELEND UND INFLATION

Der Krieg hinterließ zahlreiche Opfer: Invalide, Waisen, Traumatisierte. Die Versorgungslage blieb prekär. Zudem forderte die Spanische Grippe tödlichen Tribut. Zahlreiche Hilfsorganisationen aus Europa, vor allem aus der Schweiz, Norwegen und Schweden, sowie aus Übersee linderten das Nachkriegselend.

Auch wenn vom Turm des Glockenspiels für mehrere Stunden eine „mächtige" rote Fahne wehte, war vom politischen Umbruch des Jahres 1918 in Salzburg wenig zu spüren. Aber immerhin beschloss der Gemeinderat in seiner ersten Sitzung in der republikanischen Phase die Subventionierung einer öffentlichen Arbeitsvermittlung und diskutierte über die Sonntagsruhe im Frisörgewerbe. Mit dem neuen Staatsgebilde identifizierte sich kaum jemand. Die Salzburger Tageszeitungen berichteten über die Vorgänge in Deutschland nicht weniger als über jene in Österreich. Die Hoffnungen richteten sich auf Deutschland. Eine von allen Parteien getragene Volksabstimmung im Mai 1921 ergab eine überwältigende Mehrheit für den Anschluss an Deutschland. In der Stadt stimmten bei einer Wahlbeteiligung von 81 Prozent 20.518 für den Anschluss und 225 WählerInnen dagegen.

Um den enormen Finanzbedarf für die Kriegsführung befriedigen zu können, hatte der Staat bereits im Sommer 1914 begonnen, Schulden zu machen und das fehlende Geld durch Vermehrung des Geldumlaufs aufzubringen. Die staatliche Gesetzgebung ermöglichte den ungehinderten Zugang zur Notenpresse. Zudem wurden insgesamt acht Kriegsanleihen aufgelegt, deren Abschöpfungseffekt jedoch gering blieb. Der Banknotenumlauf erhöhte sich von 3,4 (1914) auf 42,6 Mrd. Kronen (1918), die Golddeckung sank dagegen von 75 auf unter einen Prozent. Nach dem Krieg begann sich die Inflationsspirale immer schneller zu drehen, um nach einer konjunkturellen Scheinblüte 1921 in eine galoppierende Inflation überzugehen. Im Herbst 1922 war der Außenkurs der Krone auf ein Fünfzehntausendstel des Vorkriegswertes gesunken, der Lebensmittelindex war von 1.364 im Frühjahr auf 14.153 im Herbst gestiegen. Innerhalb weniger Monate wurden bedeutende Vermögenswerte vernichtet und Tausende ins Elend gestürzt. Die Kosten des Krieges hatten ihren Preis. Erst die Genfer Verträge – innenpolitisch heftig bekämpft – und die Einführung des Schillings beendeten die Inflationsperiode.

Auf Grund des Mangels an Nickel- und Kupfermünzen hatten nach Kriegsende zahlreiche Gemeinden, aber auch Firmen, Ersatzzahlungsmittel ausgegeben. 1920 emittierte auch die Stadtgemeinde Salzburg Notgeldscheine. Die Kronenwerte waren allerdings ausschließlich für Sammelzwecke bestimmt. Die Entwürfe der Stadtgemeinde Salzburg stammen von Karl Schönswetter, Valentin Janschek, Luigi Kasimir, Josef Schubauer und Adolf Zückert. 1921 wurde das Notgeld eingezogen.

Entwurf für den Fünfkronenwert des Notgeldes
der Stadt Salzburg von Adolf Zückert, 1920.

Stadtarchiv Salzburg, Städtisches Archiv, Neuere Städtische Akten 902.

KOMMUNALPOLITIK IN DER ZWISCHENKRIEGSZEIT

Der nunmehr demokratisch legitimierte Gemeinderat mit einer christlichsozialen Mehrheit und starkem sozialdemokratischen Einfluss sah sich zahlreichen Problemen gegenüber: Mangel an Lebensmittel und Heizmaterial, Teuerung und Wohnungsnot. Während im Winter Kohlennot herrschte, mangelte es im Sommer an Trinkwasser.

Mit dem gesetzlichen Instrument der Wohnraumlenkung konnte die Stadtgemeinde zwar Wohnungen anfordern und Wohnungssuchende einweisen, das Wohnelend blieb aber unübersehbar. 1921 standen 2.715 wohnungsuchende Parteien auf der städtischen Warteliste. Der kommunale Wohnbau entschärfte zwar den Wohnungsnotstand, löste ihn aber nicht. Immerhin errichtete die Stadtgemeinde bis 1930 annähernd 700 Wohnungen. Kommunale Wohnbauten entstanden vor allem in der Elisabeth-Vorstadt und in Lehen sowie in den sozialdemokratisch dominierten Ortsgemeinden Maxglan und Gnigl-Itzling.

Städtische Maßnahmen der produktiven Arbeitslosenfürsorge gerieten durch die in Galopp geratende Inflation ins Stocken. Die Stadtgemeinde stürzte 1922 in eine schwere Finanzkrise, musste beim Land kurzfristig Geld aufnehmen, um überhaupt die Gehälter bezahlen zu können. Die Schulen blieben unbeheizt. Die Bauarbeiten beim E-Werk Strubklamm mussten eingestellt werden. Die städtischen Betriebe schrieben ausschließlich Verluste, da die Gebühren der inflationären Entwicklung hinterherliefen. Im Februar war die Stadtgemeinde zahlungsunfähig. Ein Kredit bei der Landesregierung und ein „Bundeskredit für notleidende Gemeinden" halfen über die Runden. Mit einer Reduzierung der kommunalen Leistungen wie der Einschränkung des Betriebes der Stadtbahn sowie einem Abbau städtischen Personals versuchten die Christlichsozialen dem finanziellen Desaster entgegenzusteuern. Um das Strubklamm-Werk überhaupt fertig stellen zu können, schloss die Stadtgemeinde mit der Württembergischen Elektrizitäts-Aktiengesellschaft (WEAG) einen Betriebsführungsvertrag ab. Die Erhöhung laufender Gebühren und die Einführung neuer Abgaben wie etwa der Fürsorgeabgabe, eine vierprozentige Steuer auf Löhne und Gehälter, der Wohnraumabgabe, der Reklameabgabe usw. entlasteten das Budget.

Mit der Verstaatlichung der städtischen Polizei 1922 wurde Outsourcing betrieben, gleichzeitig trat damit die Stadt Agenden der Selbstverwaltung (Sicherheits-, Verkehrs-, Flur- und Sittlichkeitspolizei) an die Bundespolizeidirektion ab.

Wurden die Budgets bis 1923 von den bürgerlichen Parteien beschlossen, so ermöglichte ab 1924 eine informelle große Koalition aus Christlichsozialen und Sozialdemokraten den Haushaltsvorschlägen die nötige Mehrheit. Die Genfer Währungssanierung entspannte die finanzielle Situation der Stadt. Die sogenannte Schweizer Anleihe ermöglichte wieder Investitionen in Wohnbau und Infrastruktur, mit denen etwa Naturkundemuseum, Flughafen, Schloss Hellbrunn, Umbau der Hofstallungen zu einem Festspielhaus, die Plainschule u. a. finanziert werden konnten. Nach einer kurzen Aufschwungsphase zeichnete sich Ende der 1920er Jahre abermals eine Verschlechterung der wirtschaftlichen Bedingungen ab.

Gemeinderat der Stadt Salzburg, 1928.
Stadtarchiv Salzburg, Fotosammlung.

RADIKALISIERUNG UND DIKTATORISCHES REGIMENT AB 1934

Die sich verschlechternde Wirtschaftslage Ende der 1920er Jahre engte die finanziellen Spielräume der Kommunalpolitik ein. In dieser Situation erreichten die Sozialdemokraten 1928 erstmals eine relative Mehrheit. Während in den noch selbständigen Ortsgemeinden Maxglan und Gnigl-Itzling auf Grund absoluter Mehrheiten sozialdemokratische Bürgermeister amtierten, wurde in der Stadt mit dem Großdeutschen Max Ott ein Kompromisskandidat Bürgermeister.

Trotz Paramilitarisierung der Innenpolitik hatte die Zusammenarbeit zwischen Sozialdemokraten und Christlichsozialen im Salzburger Gemeinderat im Wesentlichen bis zum Februar 1934 Bestand. Antisemitismus war schon lange eine Konstante in der Gemeindepolitik, insbesondere bei den Christlichsozialen. Als die Hitlerbewegung 1931 ihren Stimmenanteil auf zehn Prozent steigern konnte, radikalisierte sich der Ton im Gemeinderat. Ungehemmte Schimpftiraden ihrer vier Mandatare führten zu chaotischen Sitzungen. Ein Jahr später erreichte die NSDAP bei den Landtagswahlen beinahe ein Drittel der Stimmen. Öffentliche Gewalttätigkeit und eine Welle von Sprengstoffanschlägen führten im Juni 1933 zum Verbot der NSDAP. Ihre vier Gemeinderatsmandate wurden für verfallen erklärt.

Gleichzeitig setzten sich antidemokratische Haltungen in der politischen Auseinandersetzung immer mehr durch. Als am 12. Februar 1934 Kämpfe zwischen dem sozialdemokratischen Schutzbund einerseits und Heimwehr, Exekutive und Bundesheer andererseits entflammten, ließ sich die Salzburger sozialdemokratische Parteiführung widerstandslos verhaften. Die 14 sozialdemokratischen Mandate wurden sistiert. Die mehrheitlich sozialdemokratisch dominierten Gemeindevertretungen in Maxglan und Gnigl wurden aufgelöst und die Gemeinden kommissarisch verwaltet.

Eine provisorische Stadtverfassung übertrug die bisherigen Agenden einem siebenköpfigen Stadtrat (Bürgermeister, Vizebürgermeister und Stadträte), der vom Landeshauptmann ernannt wurde. Damit war die Gemeindeselbstverwaltung beseitigt. Bürgermeister blieb allerdings bis 1935 Max Ott.

Der Putschversuch der Nationalsozialisten im Juli 1934 forderte beim Hartlwirt in Liefering (damals Gemeinde Siezenheim) drei Menschenleben. Basierend auf der autoritären Mai-Verfassung trat 1935 ein neues Stadtrecht in Kraft, das die Position des vom Landeshauptmann bestellten Bürgermeisters stärkte. Der von der Landesregierung mit Vertretern der Berufsstände nominierte Gemeindetag hatte lediglich repräsentativen Charakter. Zum Bürgermeister wurde der Christlichsoziale Dipl.-Ing. Richard Hildmann ernannt. Dieser verfolgte einen rigorosen Sparkurs. 1935 konnten unter den autoritären Bedingungen die Ortsgemeinden Maxglan und Gnigl der Stadt eingemeindet werden. Allerdings belasteten deren Schulden abermals den städtischen Haushalt.

Ausgaben wurden drastisch gekürzt und das Wohnbauprogramm gänzlich gestoppt. Investiert wurde lediglich in den Umbau des Festspielhauses.

„Weihe" der Salzburger SA-Fahne durch Hermann Göring, 12. August 1924.

Foto aus Rohrwig 1942, Foto: Salzburger Landesarchiv.

Aufmarsch anlässlich einer Heimwehrtagung am 6. Oktober 1929.

Stadtarchiv Salzburg, Fotoarchiv Franz Krieger.

Republikanischer Schutzbund, Bataillon I (Salzburg-Stadt), I. Zug, bei einer Übung auf dem Gaisberg, 1930.

Stadtarchiv Salzburg, Karl-Steinocher-Fonds.

DIE EINGEMEINDUNGEN

Überlegungen, die Stadtgemeinde Salzburg um Gebietsteile der umliegenden Gemeinden zu vergrößern, wurden schon zu Beginn des 20. Jahrhunderts angestellt. Die seit dem ausgehenden 19. Jahrhundert einsetzende starke Zuwanderung in die umliegenden Gemeinden – vor allem nach Maxglan und Gnigl und hier besonders nach Itzling – stellte diese vor kaum zu bewältigende infrastrukturelle und soziale Aufgaben. Maxglan etwa benötigte kurz vor seiner Eingemeindung 84 Prozent seines Haushaltes zur Deckung der Armenausgaben.

Großprojekte der Stadt Salzburg wie der Bau von Straßenbahnlinien oder Ausbau der Wasserleitungen legten bereits vor dem Ersten Weltkrieg die Eingemeindung zumindest von Maxglan und Gnigl-Itzling nahe. Konkrete Verhandlungen zwischen den betroffenen Gemeinden wurden jedoch durch die Ereignisse des Ersten Weltkrieges beendet. 1926 schlug die Stadt vor, ihr Gebiet um die nördlichen Teile der Ortsgemeinde Aigen sowie um Leopoldskron, Hellbrunn, Maxglan, Liefering, Rott, Kleßheim, Gnigl und Itzling zu erweitern. Hauptargument für die Vergrößerungswünsche der Stadt war die Tatsache, dass eine Reihe wichtiger kommunaler Einrichtungen außerhalb des Stadtgebietes lagen, wie der Kommunalfriedhof, Schloss Hellbrunn, die Remisen der Stadtbahn oder der städtische Flughafen. Die Verhandlungen in der Eingemeindungsfrage zogen sich jedoch in die Länge.

Erst unter den Bedingungen einer autoritären Gemeindeverfassung des Ständestaates wurde eine erste Eingemeindungswelle möglich. Mit 1. Juli 1935 hörten die Ortsgemeinden Maxglan und Gnigl-Itzling zu bestehen auf. Deren Fläche wurde zum größten Teil Salzburg zugeschlagen. Die Stadt vergrößerte sich damit auf 24,9 km². Die Zahl der EinwohnerInnen stieg von 40.500 auf 63.500.

Nach dem „Anschluß" Österreichs an das nationalsozialistische Deutschland im März 1938 wurde die zweite Eingemeindung vorbereitet. Mit 1. Jänner 1939 wurden die Ortsgemeinden Morzg, Leopoldskron und Aigen aufgelöst und zum überwiegenden Teil Salzburg angegliedert. Die Fläche Salzburgs erhöhte sich auf 67,2 km² und die Einwohnerzahl auf 77.000.

1950 folgte wegen der Errichtung des Schlachthofes ein Gebietstausch zwischen der Stadt Salzburg und der Gemeinde Bergheim.

Die Eingemeindungen, grün:
das ursprüngliche Stadtgebiet;
blau: Eingemeindungen 1935;
rot: Eingemeindungen 1939;
rot punktiert: Gebietstausch 1950.
Stadtarchiv Salzburg.

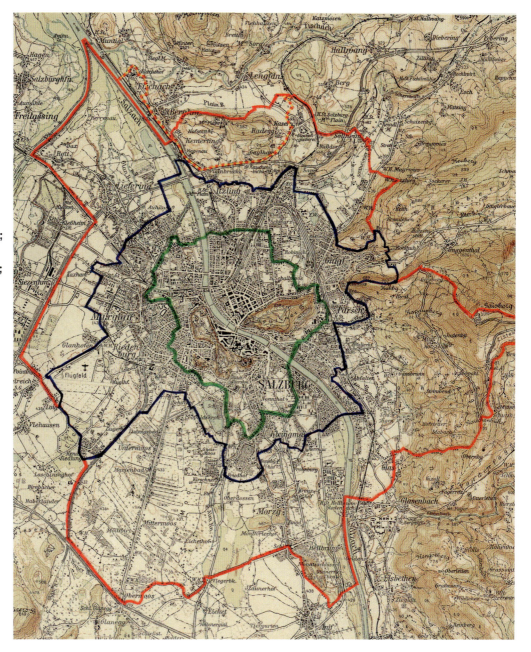

„ANSCHLUSS" UND DIE DEUTSCHE GEMEINDEORDNUNG

Auf die Welle des Terrors folgte – bedingt durch das Juli-Abkommen von 1936 – eine Phase der Infiltrierung durch Nationalsozialisten. Die Vaterländische Front, aber auch die öffentliche Verwaltung und die Polizeibehörden wurden von NS-Parteigängern unterwandert.

Zur Jahreswende 1937/38 geriet die Regierung Schuschnigg immer stärker unter Druck. Die nationalsozialistische Propaganda erreichte einen Höhepunkt. Das „Salzburger Volksblatt" betrieb ungeahndet nationalsozialistische Agitation. Das unter massivem Druck zustande gekommene Berchtesgadener Abkommen vom 12. Februar 1938 legalisierte die politische Betätigung der Nationalsozialisten und erzwang deren Regierungsbeteiligung. Es etablierte sich eine Art Doppelherrschaft. Angesichts des drohenden Verlustes der Souveränität Österreichs setzte Bundeskanzler Schuschnigg für den 13. März eine Volksbefragung über die Unabhängigkeit an. Nach großem Druck und deutschem Ultimatum sah sich am späten Nachmittag des 11. März Schuschnigg gezwungen, die Volksbefragung zu verschieben. In Salzburg füllte sich der Residenzplatz mit demonstrierenden Nationalsozialisten. Nach der Demission Schuschniggs besetzten SA und SS öffentliche Gebäude. Anton Wintersteiger erklärte sich zum Landeshauptmann und Anton Giger besetzte mit zwei SA-Stürmen das Rathaus und ergriff das Bürgermeisteramt. Noch vor Mitternacht war die Machtübernahme durch die Nationalsozialisten vollzogen.

Am Morgen des 12. März 1938 überschritt die Wehrmacht die österreichische Grenze. Nach der Machtergreifung von innen erfolgte die Besetzung von außen. Der „Anschluß" war vollzogen. Heimwehrführer, Funktionäre der Vaterländischen Front, Gendarmerie- und Polizeibeamte wurden in Schutzhaft genommen, jüdische Geschäfte wie das Kaufhaus Schwarz wurden unter kommissarische Leitung gestellt, ihre Besitzer verhaftet, nicht genehme LehrerInnen und Spitzenbeamte außer Dienst gestellt.

Der nunmehrige Landeshauptmann Anton Wintersteiger entließ umgehend Bürgermeister Richard Hildmann, löste den Gemeindetag auf und bestimmte Anton Giger zum Bürgermeister und Dr. Franz Lorenz zu seinem Stellvertreter. Die Stabilisierung der NS-Herrschaft erfolgte durch Gewalt, offenen Terror und der ständigen Drohung mit „Dachau", aber auch mit raffinierter Propaganda und maßlosen Versprechungen. Der Propagandafeldzug für die Volksabstimmung brachte Parteiprominenz nach Salzburg. Beinahe 100 Prozent stimmten am 10. April für den „Anschluß". Nicht wählen konnten die Inhaftierten und „wer Jude ist oder als Jude gilt" war vom Stimmrecht ausgenommen.

Die Deutsche Gemeindeordnung ab Herbst 1938 vollendete die Nazifizierung auch der Salzburger Gemeindeverwaltung und fixierte die „Einheit von Partei und Staat" auf Kommunalebene. Der direkte Einfluss der NSDAP wurde nun festgeschrieben und das „Führerprinzip" eingeführt. Der Oberbürgermeister unterstand direkt dem Gauleiter. Ihm zur Seite standen die Beigeordneten (Bürgermeister, Kämmerer und Stadträte). Die Ratsherren, bestehend meist aus verdienten Parteigängern, hatten lediglich repräsentative Funktion.

**Entwurf für die Neugestaltung des Sitzungssaales
im Salzburger Rathaus aus dem Jahr 1938.**

Stadtarchiv Salzburg, Plansammlung I.445.

VERFOLGUNG, TERROR UND VERNICHTUNG

Die „Volksgemeinschaft" war von zentraler Bedeutung für die nationalsozialistische Ideologie. Alles für die „Volksgenossen" und alles für die „Reinheit" des „Volkskörpers" zu tun war die wesentliche Botschaft. Das hatte große Anziehungskraft, bedingte aber auch den Vernichtungswillen gegenüber allen jenen, die nicht zur „Volksgemeinschaft" gehörten, nicht Teil des „Volkskörpers" waren: die Juden, die Kranken und die „Minderwertigen", die „Zigeuner", die „Asozialen", die Fremden. Der „Volkskörper" musste gereinigt, das Fremde „ausgemerzt", also vernichtet werden.

Unmittelbar nach dem „Anschluß" im März 1938 ging es um Rache, Rache vor allem an Funktionären des Ständestaates sowie an Angehörigen des Polizei- und Justizapparates. Sie wurden in „Schutzhaft" genommen. „Schutzhaft", ein typischer NS-Euphemismus, hieß willkürliche Verhaftung ohne jede Verfahrensrechte und endete zumeist mit der Deportation ins Konzentrationslager, nicht selten mit Tod.

Und es ging gegen die Juden. Der Boykott jüdischer Geschäfte bereitete den Raub jüdischen Eigentums vor, von den Nazis „Arisierung" genannt, so als sei dieser Vorgang rechtens. In der Pogromnacht im November 1938 verwüstete auch in Salzburg ein SA-Mob jüdische Geschäfte und schändete die Synagoge. Wem die Auswanderung nicht gelang, dem drohten schon bald Deportation und Vernichtung, die annähernd 80 Menschen aus der Stadt Salzburg traf.

Die „Reinigung des Volkskörpers" von Obdachlosen, sogenannten „Asozialen", im Frühsommer 1938 überlebten zumindest 17 Personen aus Salzburg nicht. Einem ähnlichen Motiv fielen „Zigeuner" und letztlich auch Homosexuelle zum Opfer. Liebe zu „Fremdländischen" war Verrat und wurde entsprechend geahndet. Die NS-Machthaber waren omnipräsent, die Gesellschaft gleichgeschaltet und uniformiert. Denunziation allerorten. Die Ohren der Partei waren überall: Gestapo, Blockwart, NSV-FunktionärIn und NachbarIn. Wer sich nicht gleichschalten ließ, stellte sich außerhalb der „Volksgemeinschaft" und riskierte seine/ihre Freiheit, sein/ihr Leben.

Zeugen Jehovas etwa, sie verweigerten den Kriegsdienst, wurden erschossen in Glanegg, geköpft in Berlin-Plötzensee. Zumindest 32 widerständige KommunistInnen kamen gewaltsam zu Tode, 20 von ihnen wurden hingerichtet. Dass der Pfarrer von Gnigl eine Messe für einen der hingerichteten Kommunisten las, brachte auch ihn ins Konzentrationslager. Zumindest elf Sozialdemokraten, mindestens sechs Menschen aus dem konservativen Lager sowie vier Priester starben in Zuchthäusern, Konzentrationslagern oder an den Haftfolgen.

Krankheit passte nicht zum „gesunden Volkskörper". Chronisch kranke Menschen waren „unnütze Esser", daher: „Ausmerze". Mehr als 300 Menschen aus der Stadt Salzburg wurden aus diesem Motiv, zumeist in der Tötungsanstalt Hartheim, ermordet. Die Nazis sagten beschönigend: „Euthanasie", was soviel heißt wie „schöner Tod" und verschleierten, was es war: Massenmord.

Ohne ausländische Arbeitskraft wäre die Wirtschaft nicht aufrechterhaltbar gewesen, also raubte man Arbeitskräfte und zwang sie zur Arbeit: Tausende. Opferzahlen sind (noch) unbekannt. Weitere Terrororte waren die städtischen Kriegsgefangenenlager am Paumannplatz und beim Annahof.

Anna Pollak (links im Bild) nach der Verwüstung ihrer Trödlerei an der Rainerstraße in der Pogromnacht im November 1938. Anna Pollak wurde im Juli 1942 nach Theresienstadt deportiert und im September desselben Jahres in Treblinka ermordet.

Stadtarchiv Salzburg, Fotoarchiv Franz Krieger.

„GROSS-SALZBURG" UND DIE REALITÄT DES KRIEGES

„Jetzt geht alles" war der Eindruck, den die Nationalsozialisten erwecken wollten. Die kommunalen Projekte waren kühn, teilweise irrwitzig kühn. Mit einer gezielten Politik der Modernisierung städtischer Infrastruktur sollte die Überlegenheit nationalsozialistischer Verwaltung demonstriert werden, der „große Aufbau" beginnen. In Wirklichkeit wurden alle Ressourcen zur Vorbereitung des Krieges absorbiert. Das „gewaltige Aufbauwerk" blieb Schimäre. Man versprach tausende Wohnungen. Gebaut wurden weniger, gebraucht wurden sie für die Wehrmacht, für Südtiroler Optanten und für Parteigenossen. Was blieb war Verheißung. Die Realisierung vieler Projekte wurde auf die Zeit nach dem „Endsieg" verschoben. Verwirklicht wurde dagegen die Eingemeindung von Morzg, Leopoldskron und Teilen von Aigen sowie von Siezenheim.

Der Hunger von 1918 – und damit der „Dolchstoß" – durften sich in den Augen der Nationalsozialisten nicht wiederholen. Die Versorgung der Bevölkerung musste gesichert sein: geraubtes Getreide aus der Ukraine, geraubte Möbel aus jüdischen Wohnungen für Ausgebombte. Gemeindeverwaltung und NSV arbeiteten eng zusammen, organisierten die Verteilung der Lebensmittel- und Bezugskarten, ein perfektes System der Verteilung und der Überwachung.

Die Repräsentationsbedürfnisse der nationalsozialistischen Machthaber beflügelten nichtsdestotrotz architektonische (Allmachts-)Fantasien. Salzburg war „Neugestaltungsstadt": eine gigantomanische Gauburg mit angeschlossenem Appellplatz und Gauforum, einen Großteil des Kapuzinerberges überbauend, hätte den Machtanspruch der Partei symbolisiert, während sich auf der gegenüberliegenden Seite, auf dem Mönchsberg, die Wehrmacht mit einem überdimensionierten Wehrkreiskommando kampfbereit gezeigt hätte. 1943 erzwang der Krieg die Einstellung der Planungen.

Die Bücherverbrennung auf dem Residenzplatz am 30. April 1938 war das Fanal, ein Symbol dafür, was kommen sollte: Vernichtung. Die Kulturpolitik richtete sich gegen die Moderne, den Nazis ein Synonym für das „Jüdische". Im Herbst sahen die SalzburgerInnen die Wanderausstellung „Entartete Kunst", die vorgab, über die „jüdisch-bolschewistische Zersetzungsarbeit" zu informieren. Die Festspiele waren nun „deutsche" Festspiele, ohne jüdische KünstlerInnen. Das Festspielhaus erhielt ein neobarockes Gesicht. Auf dem Mönchsberg zelebrierte die HJ ihre Kulturtage, romantisch und heimatverbunden mit Karl Heinrich Waggerl und Cesar Bresgen als Protagonisten. Die „deutsche Sache" instrumentalisierte Volksmusik und Brauchtum.

Der Krieg, den das nationalsozialistische Deutschland zu verantworten hatte, und mit dem es die halbe Welt überzog, kam nach Deutschland zurück, damit auch nach Salzburg. Am 16. Oktober 1944 fielen zum ersten Mal Bomben auf Salzburg. Die Amerikanische Luftwaffe entlud über 130 Tonnen explosive Last über die Stadt. Die Domkuppel war zerstört, das Kaiviertel schwer getroffen, Itzling, die Bahnanlagen, Wasserreservoir und das Museum in Mitleidenschaft gezogen. Eine Sprengbombe traf Mozarts Wohnhaus. 245 Tote mussten gezählt werden. 14 weitere Luftangriffe folgten. Bis zum Mai 1945 starben 547 Menschen, wurden 423 Häuser total zerstört, tausende beschädigt. Auch die zahllosen Gefallenen, Verwundeten, Invaliden und Traumatisierten waren ein Erbe des NS-Krieges.

Otto Strohmayr,
Projekt zur Anlage des
Gauforums auf dem
Kapuzinerberg,
Kohle laviert, 1942.
*Stadtarchiv Salzburg,
Nachlass Strohmayr,
Plansammlung I.645 EL.*

Mozarts Wohnhaus nach dem ersten Luftangriff am 16. Oktober 1944 in Trümmern.
Stadtarchiv Salzburg, Fotoarchiv Anny Madner.

Sowjetische Kriegsgefangene beim Bau der Staatsbrücke, 1944.
Stadtarchiv Salzburg, Fotoarchiv Anny Madner.

Die Altstadt von Salzburg im April 1945. Deutlich zu erkennen ist die Notbrücke neben der fast fertig gestellten neuen Staatsbrücke. Dass im Studiengebäude an der Hofstallgasse ein Lazarett untergebracht ist, ist am großen Roten Kreuz unübersehbar. Auch die zerstörte Domkuppel und die Beschädigungen im Kaiviertel sind ausmachbar. Aufgenommen von der amerikanischen Luftaufklärung, orthophotische Bearbeitung mehrerer Befliegungen.
Landesregierung Salzburg und Stadtgemeinde Salzburg.

DER 4. MAI 1945: BEFREIT UND BESETZT

Spätestens zu Jahresbeginn 1943, seit der Katastrophe von Stalingrad, musste allen die unausweichliche Niederlage Deutschlands klar geworden sein, auch wenn der Propagandaminister auf den „Totalen Krieg" einschwor.

Angst vor den „slawischen Untermenschen", die Angst auch, die deutschen Verbrechen würden auf Deutschland zurückfallen, mobilisierte Durchhaltewillen. „Defaitismus" oder wer sich über die militärische Lage in „Feindsendern" informierte, beging Hochverrat am „Wehrwillen", riskierte den Tod. Nach dem Attentatsversuch auf Hitler im Juli 1944 und der erfolgreichen Landung der Alliierten in der Normandie verschärften die NS-Machthaber ihren Verfolgungsdruck.

Die Stadt erlebte 15 Luftangriffe, den letzten am 1. Mai 1945, mit insgesamt über 500 Toten und ausgedehnten Zerstörungen. Am 24. April befahl Adolf Hitler der Wehrmacht den Rückzug in die Alpen, der Mythos „Alpenfestung" entstand, am 25. April wurde Deutschland durch das Zusammentreffen amerikanischer und sowjetischer Truppen in zwei Teile geteilt, am 27. April in Wien die Unabhängigkeit Österreichs ausgerufen, am 30. April entzog sich Hitler der Verantwortung.

Zu den beinahe 15.000 Personen, die durch die Bombenangriffe obdachlos geworden waren, kamen in den Apriltagen tausende Flüchtlinge aus dem Osten und Südosten, die vor der Front und vor der Roten Armee flohen. Im Juli 1945 sollte die Stadt 66.000 Flüchtlinge zählen. Die Front rückte näher und die Machthaber propagierten noch immer Durchhalteparolen, wie etwa Gauleiter Gustav Adolf Scheel, der noch Mitte April Standgerichte befahl.

Salzburg war „fester Platz", d. h. musste nach einem Führerbefehl bis zum Letzten verteidigt werden. Am 30. April jedoch, nach dem Selbstmord Hitlers, kündigte Scheel über Rundfunk an, die Stadt werde nicht verteidigt, er selbst werde aber dorthin gehen, wo gekämpft würde. Während die Amerikaner mit der von General John W. O'Daniel geführten 3. Infanteriedivision Rock of the Marne und der 106. Kavallerie-Gruppe Richtung Salzburg vorstießen, blieb die militärische Befehlslage in der Stadt und ihrer Umgebung unübersichtlich und widersprüchlich. Kampfkommandant von Salzburg war Oberst Hans Lepperdinger, der seinen Befehlsstand in einem Bunker im Mönchsberg in der Nähe des Festspielhauses hatte. Unsicher war die Lage auch durch marodierende SS-Einheiten. In der Nacht zum 4. Mai gab der im Raum St. Gilgen operierende General Max von Bork den Befehl, die Stadt unter allen Umständen zu verteidigen. Diesem Befehl kam Oberst Hans Lepperdinger nicht mehr nach. Früh morgens erklärte Lepperdinger über Rundfunk Salzburg zur offenen Stadt und bot sie den Amerikanern an. Nach Unterhandlungen über die Übergabemodalitäten erreichten gegen Mittag amerikanische Panzerfahrzeuge die Staatsbrücke. Die Stadt Salzburg war von der Herrschaft des Nationalsozialismus befreit.

4. Mai 1945: Panzer und Infanterie bewachen die Staatsbrücke: Salzburg ist von der Herrschaft des Nationalsozialismus befreit. Aufnahme von Joseph A. Bowen, US Army Signal Corps.

Salzburg Museum, Nachlass Collins Nr. 41451; National Archives Washington SC 267.551.

NORMALISIERUNG NACH DEM KRIEG UND AMERIKANISIERUNG

Die Befreiung von der nationalsozialistischen Herrschaft erlebten die SalzburgerInnen zunächst als militärische Besetzung und Beschlagnahme von Häusern und Wohnungen. Salzburg war befreit und besetzt.

Zerstörung, Flüchtlinge, Barackenlager prägten das Stadtbild. Wohnen und Essen waren die Hauptprobleme der Nachkriegszeit. Schon während des Krieges war die Versorgung mit dem alltäglich Notwendigen nach und nach weniger geworden. Nach Kriegsende verschlechterte sich die Versorgungslage dramatisch. Die Ernährungswirtschaft bot im Mai 1945 das Bild völliger Desorganisation. Die Vorratslager waren geplündert. Wer bei den ausgiebigen Plünderungen nichts ergattern konnte, musste mit den 900 Kalorien, die man auf Lebensmittelkarten zugewiesen erhielt, auskommen. 1946 war ein Hungerjahr. Die Hilfe von schweizerischen, dänischen, schwedischen, irischen und amerikanischen NGOs verhinderte eine Hungerkatastrophe.

Die staatliche Regelung der Aufbringung und Verteilung von Bedarfsgütern und Lebensmitteln ermöglichte eine halbwegs gerechte Verteilung. Der schwarze und später der graue (halblegale) Markt boten Möglichkeiten der Aufbesserung des Warenbezugs, schufen aber auch neue Ungleichgewichte.

Mit der allmählichen Stabilisierung der Wirtschaftslage wurden die Bewirtschaftungsmaßnahmen 1948/49 aufgehoben. Damit verschwand auch der Schwarzmarkt. Das Ende der montäglichen Schließung der Fleischhauereien 1949 ist etwa ein Indiz für die Normalisierung des Alltags.

Die Salzburger Wirtschaft profitierte – und dies nachhaltig – von der Teilnahme am Marshallplan. Der starke Lohn- und Preisauftrieb wurde durch eine Reihe von politisch heftig umkämpften Lohn-Preisabkommen zwischen den Sozialpartnern eingebremst. Die Streikbewegung gegen das vierte Lohn-Preisabkommen 1950 fand in Salzburg allerdings kaum Zulauf.

Ab 1953 begann ein kräftiger Wachstumsprozess, der bis in die siebziger Jahre anhielt: das „Wirtschaftswunder". Der American Way of Life wurde zum Vorbild. Das Bild vom „Goldenen Westen" entstand. Und die Amerikaner brachten neue Produkte und machten sie populär: Kaugummi etwa oder Nylon, Nylon-Strümpfe vor allem, und Coca-Cola, pick-süß aber modern. Die PX-Stores (Post Exchange), etwa jener am Alten Markt, waren Verkaufsläden der US-Army, in denen Militärangehörige so ziemlich alles kaufen konnten, was Einheimischen unerreichbar war. Sie waren Vorbild für die Selbstbedienungsläden, die Anfang der 1960er aufkamen. Vorgepackte Waren, Selbstbedienung und Preisauszeichnung machten traditionelle kaufmännische Dienstleistungen obsolet. 1963 hatten in Salzburg bereits etwa fünfzehn Prozent der LebensmittelhändlerInnen auf Selbstbedienung umgestellt. Die neue Warenwelt suggerierte Freiheit der Wahl, die Mobilität der Sieger, ihre Autos dagegen Freiheit auf Rädern. Die jazzige Musik brachte die 2/4-Takte der Märsche aus dem Gleichschritt. Noch hatte das cineastische Angebot des Kinos hohen Stellenwert. Das Filmangebot änderte sich aber. Westernhelden und „Sex-Symbole" brachen die Welt der Prüderie auf, reproduzierten aber auch eingeübte Geschlechterrollen.

Der American Way of Life übte ungeheure Anziehungskraft aus. Seine Attraktivität trug nicht unwesentlich zur Entnazifizierung der Gesellschaft bei.

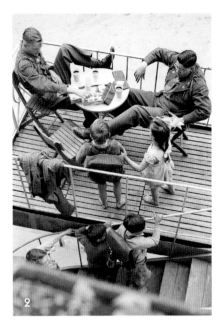

1 Amerikanischer PX-Store am Alten Markt, um 1946. *Stadtarchiv Salzburg, Fotoarchiv Franz Krieger.*
2 Amerikanische Soldaten auf der Terrasse des Tomaselli, 1947. *Stadtarchiv Salzburg, Fotoarchiv Franz Krieger.*
3 Coca-Cola-Werbung am Mirabellplatz, Winter 1957/58. *Stadtarchiv Salzburg, Fotoarchiv JOBA.*
4 Das Tomaselli als Forty-Second-Street-Café, um 1945. *Stadtarchiv Salzburg, Fotoarchiv Anny Madner.*
5 Junge Frau an der Music-Box, 1957. *Stadtarchiv Salzburg, Fotoarchiv JOBA.*

DEMOKRATISIERTE STADTVERWALTUNG UND „SALZBURGER KLIMA"

In den letzten Kriegstagen begannen sich die politischen Parteien wieder zu organisieren. Christlichsoziale und Sozialdemokraten nahmen, über Vermittlung einer kurz zuvor entstandenen Widerstandsbewegung, Kontakt untereinander auf und einigten sich auf künftige politische Zusammenarbeit und auf den Wiederaufbau einer demokratischen Verwaltung.

Als amerikanische Militärfahrzeuge am 4. Mai 1945 zu Mittag auf der Staatsbrücke eintrafen, grüßten allerorten weiße Fahnen. Rotweißrote Fahnen auf dem Rathausturm signalisierten die Bereitschaft der Stadtverwaltung zur Zusammenarbeit. Das Rathaus war von widerständigen Teilen der Feuerwehr besetzt und die magistratische Telefonzentrale außer Betrieb gesetzt worden. Der nationalsozialistische Oberbürgermeister Anton Giger beging in der folgenden Nacht Selbstmord. Bereits am Vormittag des 5. Mai 1945 betraute der amerikanische Kommandant General Wade H. Haislip Dipl.-Ing. Richard Hildmann provisorisch mit dem Amt des Bürgermeisters. Am 12. Mai wurde seine Bestellung auch offiziell bestätigt.

Die Verwaltung lief beinahe ungestört weiter. Die Sicherstellung der Versorgung und die Betreuung von Flüchtlingen stellte die Stadt vor große Herausforderungen.

Hildmann übte das Bürgermeisteramt auf Befehl der amerikanischen Streitkräfte aus. Ihm zugeordnet war ein paritätisch mit je zwei Vertretern von ÖVP, SPÖ und KPÖ besetzter Sechser-Ausschuss.

Im März 1946 wurde der Gemeinderat analog den Ergebnissen der Nationalratswahl vom November 1945 eingesetzt. Salzburg erhielt mit Anton Neumayr zum ersten Mal einen sozialdemokratischen Bürgermeister. Trotzdem standen die unmittelbaren Nachkriegsjahre im Zeichen der Zusammenarbeit von SPÖ und ÖVP, während sich die KPÖ auf ein Mandat reduziert sah.

Auf Befehl der Amerikaner war die öffentliche Verwaltung und damit auch der Magistrat Salzburg entnazifiziert worden. Das Nationalsozialistengesetz 1947 und Amnestiegesetze ermöglichten jedoch die Rückkehr von „Ehemaligen" in die Verwaltung.

Die ersten demokratischen Gemeinderatswahlen seit 1931 im Jahr 1949, bei denen erstmals auch die ehemaligen Nationalsozialisten zugelassen waren, bestätigten die sozialdemokratische Mehrheit, der WdU (VdU, später FPÖ) erhielt ein Drittel der Stimmen, knapp gefolgt von der ÖVP. Damit waren die Kräfteverhältnisse der politischen Lager, wie sie vor den Diktaturen gegeben waren, in etwa wieder hergestellt. Während eine informelle Achse zwischen SPÖ und VdU bzw. FPÖ für die Wahl sozialdemokratischer Bürgermeister sorgte, zeichnete sich die Gemeindepolitik über weite Strecken bis in die 1970er Jahre durch paritätische Zusammenarbeit aller Parteien aus: das „Salzburger Klima". Bestimmender für das politische System – sowohl für die Landes- als auch für die Kommunalpolitik – wurde aber der Gegensatz zwischen „roter Stadt" und „schwarzem Land".

Das Stadtratskollegium gratuliert Vizebürgermeister Richard Hildmann zum siebzigsten Geburtstag, von links nach rechts: Karl Schneider-Manns Au, Stanislaus Pacher, Richard Hildmann, Alfred Bäck und Otto Ponholzer, 6. Februar 1952.
Stadtarchiv Salzburg, Fotoarchiv Franz Krieger.

Landeshauptmann Josef Klaus gelobt Stanislaus Pacher zum Bürgermeister an, neben diesem Stadtrat Alfred Bäck, im Hintergrund Richard Hildmann und Karl Schneider-Manns Au, 2. Jänner 1952.
Stadtarchiv Salzburg, Fotosammlung.

Die Sendung „Autofahrer unterwegs" mit Rosemarie Isopp und Bürgermeister Alfred Bäck aus dem Kongresshaus, um 1965.
Stadtarchiv Salzburg, Fotosammlung.

Bürgermeister Heinrich Salfenauer gibt seinen Rücktritt bekannt, links neben ihm sein Nachfolger Josef Reschen, 7. August 1980.
Stadtarchiv Salzburg, Fotosammlung.

WIEDERAUFBAU – NEUE STADTTEILE ENTSTEHEN

Der Krieg hinterließ hunderte zerstörte Häuser. Über 7.000 Wohnungen waren verloren gegangen. Im Juli 1945 mussten zudem zehntausende Flüchtlinge untergebracht werden. Sie fanden zumeist eine Unterkunft in einem der zahlreichen Barackenlager, aufgelassenen Kasernen oder anderen Notunterkünften. Die Baracken blieben noch lange für viele in Salzburg gestrandete Personen die typische Wohnform. 1953 wohnten über 10.000 Personen in 1.308 Baracken. Erst in den sechziger Jahren sollten die letzten Baracken aus dem Stadtbild verschwinden.

Die Stadt Salzburg erlebte nach dem Zweiten Weltkrieg ein starkes Bevölkerungswachstum. 1950 hatte die Landeshauptstadt erstmals 100.000 EinwohnerInnen. Die Zahl stieg bis 2016 auf 150.000.

Die Bautätigkeit beschränkte sich nach dem Krieg zunächst auf die Instandsetzung bombenzerstörter Wohnungen. Mangel an Arbeitskräften und an Bau- und Rohstoffen hemmte jedoch die Bauwirtschaft. 1947 drohte in Folge der Kohlenkrise der gänzliche Stillstand am Bau.

Erst das Wirken verschiedener öffentlicher Wohnbaufonds ab 1950 brachte den Wohnbau allmählich in Schwung.

Im Rahmen des sozialen Wohnbaus entstanden nun großangelegte Wohnbauprojekte an der Peripherie der Stadt. In Taxham wurden in den fünfziger Jahren 4.000 Wohnungen für 10.000 bis 15.000 BewohnerInnen errichtet. Auch in Lehen setzte in den frühen fünfziger Jahren eine intensive Bebauung ein, die erst in den siebziger Jahren ihren Abschluss fand. Wohnbau und Wohnungsvergabe unterlagen dabei parteipolitischem Einfluss und waren wesentliches Rekrutierungsfeld der Parteien.

Dem sozialen Wohnbau gelang die Beseitigung des Wohnelends der Nachkriegszeit oft nur, indem er architektonische, bautechnische und stadtplanerische Defizite in Kauf nahm. Sozialpolitische und auch ökologische Fragen blieben weitgehend unbeachtet.

Auch Salzburg träumte Architekturträume, im lokalen Zuschnitt allerdings. Der Wiederaufbau der Häuser an der Nonnbergstiege, der Griesgassen-Durchbruch (Münzgasse) sind Beispiele. Das „Lehener Hochhaus" wie auch das Hotel Europa – die beiden ersten Hochhäuser Salzburgs – erregten dagegen Aufsehen. Mit dem Mississippi-Dampfer auf dem Ferdinand-Hanusch-Platz landete sozusagen die Moderne.

Baustelle der „Neuen Heimat" in Lehen, Herbst 1956.
Stadtarchiv Salzburg, Fotoarchiv JOBA.

Vorentwurf zum Generalregulierungsplan der Landeshauptstadt Salzburg, Planungsgemeinschaft Anton Christl und Franz Fleischmann (Ausschnitt), 1946.
Stadtarchiv Salzburg, Plansammlung 3.007 EL.

STRASSENNAMEN

Namen von Straßen und Verkehrsflächen dienen der Orientierung, sind Symbolträger von Herrschaft, Ausdruck politischer Haltungen sowie ideologischer Inbesitznahme und Teil der öffentlichen Erinnerung.

In der Stadt Salzburg „entstanden" Bezeichnungen von Straßen und Plätzen wie in allen europäischen Städten im Mittelalter quasi von selbst. Sie bezogen sich auf topografische Gegebenheiten, den nächstgelegenen Zielort, markante Gebäude, die übliche Nutzung oder auf Personengruppen. Bewusste Benennungen von öffentlichen Straßen begannen sich in Salzburg erst in der zweiten Hälfte des 19. Jahrhunderts durchzusetzen. Bis dahin waren Namensgebungen nach Einzelpersonen nicht gebräuchlich, nun wurden sie mit Ehrungen für verdiente oder angesehene, durchwegs männliche, Personen verbunden. Diese Vergabepraxis sicherte einem Individuum einen exklusiven Platz im kollektiven Gedächtnis und schuf auch die Voraussetzung für ein bis heute von verschiedenen Interessensgruppen betriebenes „Lobbying im öffentlichen Raum".

Eingriffe in die Benennungen von Verkehrsflächen wurden und werden häufig anlässlich von Zäsuren oder Brüchen in politischen Systemen vorgenommen, z. B. während und nach dem NS-Regime.

Auch die Eingemeindungen von ehemals selbständigen Umlandgemeinden in die Stadt Salzburg in den Jahren 1935 und 1939 machten Neu- und Umbenennungen notwendig. Nach Münchner Vorbild wurde damals ein Benennungssystem nach Themengruppen eingeführt, das der besseren Orientierung dienen sollte und an dem sich die Stadt bis 2012 mehr oder weniger orientierte.

2013 beschloss der Salzburger Gemeinderat neue Richtlinien für die Namensgebung von Verkehrsflächen: Generell gilt, dass Benennungen nicht nach lebenden Personen vorgenommen werden und ein direkter oder indirekter Bezug zu Salzburg oder eine überregionale Bedeutung bestehen muss. Zu bevorzugen sind Frauennamen, aber auch Opfer des NS-Regimes und im Widerstand Tätige sowie Personen, die eine Symbolfunktion für Salzburg als Kultur- und Wissensstadt sowie Universitätsstandort haben. 2015 wurde in der linken Altstadt mit der Anbringung von Erläuterungstafeln von personenbezogenen Straßennamen begonnen.

In den letzten Jahren ging die Anzahl an Straßenneubenennungen deutlich zurück, da nur mehr wenige neue Straßen im Stadtgebiet gebaut werden. Gegenwärtig ist der Umgang mit nach „NS-belasteten Personen" nicht nur in der Stadt Salzburg ein breit und emotional diskutiertes Thema. Mit Hinweisen auf den Erläuterungstafeln und/oder Biographien mit Schwerpunkt auf der NS-Zeit im Internet, macht das für Straßenbenennungen zuständige Stadtarchiv deren Handlungen und Funktionen transparent.

Als Ausdruck von politischen Haltungen und Interessen der Zeit ihrer Verleihung sind Straßennamen Teil einer räumlich angelegten, gezielt gesteuerten Erinnerungskultur und sichtbarer Teil der Vergangenheitspolitik eines Gemeinwesens.

Erläuterungstafeln von personenbezogenen Straßennamen in der Stadt Salzburg.
Stadtarchiv Salzburg, Fotosammlung.

KULTURELLES LEBEN NACH DEM KRIEG

Nach dem Ende der nationalsozialistischen Herrschaft erwartete das Publikum Österreichisches. Die Salzburger Festspiele knüpften dort an, wo sie 1938 unterbrochen worden waren: bei Hugo von Hofmannsthal. 1945 gab man dessen „Der Tor und der Tod". Im Eröffnungskonzert spielte das Mozarteum-Orchester Johann Strauß und Franz Lehár. Bei den weiteren Konzerten überwogen Schubert, Mozart, Beethoven. Die Moderne oder ins Exil getriebene jüdische Musiker wie Erich W. Korngold blieben die Ausnahme. Ab 1946 starb „Jedermann" wieder auf dem Domplatz.

Gottfried von Einems Versuch, die Festspiele auch der Moderne zu öffnen, endeten 1951 mit seinem Hinauswurf aus dem Direktorium. 1956 begann die Ära Herbert von Karajans, der das Bewährte und Anerkannte in bester Besetzung zur Vollendung brachte. Auch das Landestheater setzte auf Österreichisches: die Operette. Karl Michael Zierers „Der Fremdenführer", „Wachauer Mädel" von Ignaz Brandner und Ludwig Schmidseder oder Fritz Kreislers „Sissi" waren Publikumserfolge. Georg Büchners „Dantons Tod" wurde vor leeren Rängen gespielt. Thomas Bernhard, der von 1955 bis 1957 am Salzburger Mozarteum studierte, merkte über das Landestheater kritisch an, er warte vergebens auf ein in den Kulturspalten diskutables Werk.

1948 erschien in Salzburg Hans Sedlmayrs „Verlust der Mitte", eine Absage an die Moderne. Eine Ausstellung von Plastiken des Josef Thorak lockte 1950 Tausende an, eine gleichzeitige Ausstellung Fritz Wotrubas in der Residenz stieß auf Ablehnung. 1952 präsentierte Slavi Soucek im Künstlerhaus die Ausstellung „Österreichische Kunst der Gegenwart". Seine gemeinsam mit Gustav K. Beck gegründete „Galerie der Gegenwart" und die dieser angeschlossene „Graphische Versuchswerkstatt" verhalfen der abstrakten Malerei auch in Salzburg zum Durchbruch. Im Sommer 1953 eröffnete Oskar Kokoschka die „Schule des Sehens" (später „Sommerakademie für bildende Kunst"), welche im Laufe ihres Bestehens eine Reihe international renommierter Künstler zu ihren Lehrenden zählte.

Ab 1946/47 entwickelte sich Salzburg zum Zentrum des österreichischen Heimatfilms. Titel wie „Eva erbt das Paradies" waren mit ihren idealisierenden Bildern überaus erfolgreich und boten für wenige Augenblicke eine harmonische Welt in einer tristen Gegenwart. Auch wenn der Heimatfilm gegen die Amerikanisierung der Gesellschaft anspielte, der Siegeszug von Coca-Cola, Jazz und Rock ‚n' Roll war nicht aufzuhalten und wurde Mittel der Provokation der jungen Generation.

Thomas Bernhard als Zauberer in „Der verzauberte Wald"
während seiner Schauspielausbildung am Mozarteum, 1956.
Stadtarchiv Salzburg, Fotoarchiv Anny Madner.

Galerie Kunst der Gegenwart,
1954.
Stadtarchiv Salzburg, Fotoarchiv Anny Madner.

Litfasssäule mit
Veranstaltungshinweisen, 1957.
Stadtarchiv Salzburg, Fotoarchiv JOBA.

Eröffnungskonzert der Camerata Academica
mit Bernhard Paumgartner am 9. April 1952.
Stadtarchiv Salzburg, Fotoarchiv Anny Madner.

KOMMUNALPOLITIK IM „WIRTSCHAFTSWUNDER": DIE MOBILE KONSUMGESELLSCHAFT

Die Zeit des Mangels war vorbei. Die Lebensmittelkarten hatten ausgedient, die Zeit der improvisierenden Bedarfsdeckung war passé. Die Wirtschaft kam in Schwung und die Realeinkommen stiegen in einem bisher unbekannten Ausmaß. Die Regale füllten sich nun auch mit Waren, die über das kleine Glück hinaus Zukunft versprachen. Modern, automatisch und schneller waren die Leitbegriffe. Mit „Koche elektrisch!" warben die Städtischen Elektrizitätswerke. 1955 feierte man den Verkauf des 10.000sten und bald darauf des 20.000sten Elektroherdes. Waschmaschine und Staubsauger erleichterten die Hausarbeit, die aber weiblich blieb. Die Hochkonjunktur verlangte Arbeitskräfte. Weibliche Berufstätigkeit war ein erster Schritt in Richtung Gleichberechtigung.

Generell wurden die Wohnungen immer besser ausgestattet. Hatten in der Stadt Salzburg zu Beginn der 1950er Jahre erst zwei Drittel neu errichteter Wohnungen ein Bad, so zehn Jahre später faktisch alle.

Die Stromversorgung wurde kontinuierlich ausgebaut. 1956 lieferte das Fernheizwerk auch elektrischen Strom. 1960 war die Umstellung von 125 auf 220 Volt abgeschlossen. 1950 vertrieben etwa 4.600 Laternen nächtliches Dunkel von Salzburgs Straßen, zwanzig Jahre später gab es bereits über 10.000 beleuchtete Schaufenster und erst recht Neonlicht-Werbung erhellten die Stadt.

1955 wurde das Fernsehen eingeführt. 1961 gab es in Salzburg bereits über 11.000 Fernsehapparate. Ende der siebziger Jahre hatte jeder Haushalt einen Fernsehanschluss.

Das Auto war das Symbol des eben errungenen Wohlstandes schlechthin und es war Symbol ständig zunehmender Mobilität, „Autofahrer unterwegs" eine der meist gehörten Radiosendungen. Kam im Jahr 1951 ein Auto auf 48 EinwohnerInnen, so besaß 1961 bereits jede/r Achte ein solches und 1971 beinahe jede/r Dritte. In der Festspielzeit attestierte man Salzburg die Verkehrsdichte einer Weltstadt. Die Stadt passte sich der Automobilisierung an. 1947 beschloss der Gemeinderat einen Generalregulierungsplan, der ein engmaschiges Radial- und Ringstraßennetz vorsah, mit einem Außenring und einer Ringstraße um die Altstadt mit Rainberg- und Kapuzinerbergtunnel. Verkehrspläne aus den Sechzigern ersetzten den Rainberg-Durchbruch durch einen längs durch Mönchs- und Festungsberg laufenden Straßentunnel. Der Generalverkehrsplan aus dem Jahr 1976 formulierte zwar eine Beschränkung des Individualverkehrs und den Ausbau des öffentlichen Verkehrs als Ziel, sah aber gleichzeitig einen Ausbau des Straßennetzes vor, dessen Kernstück die Südtangente war, eine Ringstraße um die inneren Stadtteile, mit einer Verlängerung durch eine Brücke über die Salzach und einem Tunnel durch den Kapuzinerberg.

Der Alte Markt im August 1961.
Stadtarchiv Salzburg, Fotoarchiv JOBA.

UNIVERSITÄTSSTADT SALZBURG HEUTE

Erste Bestrebungen, die 1810 unter der bayerischen Herrschaft aufgehobene Benediktineruniversität wieder zu errichten, gehen bereits in das Jahr 1816 zurück. Während im späten 19. Jahrhundert die Kirche versuchte, wieder eine katholische Universität ins Leben zu rufen, trat der nationalliberale Salzburger Hochschulverein für eine staatliche Hochschule ein. Erst nach mehr als 150 Jahren wurde die Wiedergründung der Universität Salzburg mit dem Hochschulgesetz vom 5. Juli 1962 beschlossen. Der vom Akademischen Senat gewählte Name „Alma Mater Paridiana" sollte dokumentieren, dass sich die neue staatliche Universität als legitime Rechtsnachfolgerin der alten versteht. Der Studienbetrieb begann 1964. Vorerst bestanden lediglich die Katholisch-Theologische und die Philosophische Fakultät. 1965 wurde die Rechtswissenschaftliche und 1975 die Naturwissenschaftliche Fakultät gegründet, die ebenfalls beschlossene Medizinische Fakultät wurde nie realisiert.

Zunächst verfügte die Universität nur über Räumlichkeiten für die Theologische Fakultät und die Bibliothek im alten Studiengebäude. Der Großteil der Institute war in verstreuten Gebäuden der Altstadt untergebracht. Plattenbauten an der Akademiestraße halfen als Provisorien den dringenden Raumbedarf zu decken. Nach dem Scheitern der Idee einer Campus-Universität in Freisaal – hier entstand lediglich der Neubau der Naturwissenschaftlichen Fakultät – wurde 1978/79 mit der Umsetzung des Konzepts „Altstadtuniversität" begonnen. Als Standorte wurden in den 1980er Jahren der Südtrakt des Residenz-Neugebäudes, die alte Gewerbeschule am Rudolfskai, der Toskanatrakt der Residenz und schließlich die Kapitelhäuser adaptiert. 2011 übersiedelte ein großer Teil der Kultur- und Gesellschaftswissenschaftlichen Fakultät in den neu gebauten Unipark Nonntal. 2012 wurde die School of Education zur kompetenzorientierten Lehrerinnen- und Lehrerausbildung etabliert. Die Errichtung von Zentren und Schwerpunkten hat die Förderung innovativer Forschungsbereiche zum Ziel. In jüngster Zeit setzt sich die Universität auch mit ihren Anfangsjahren und der politischen Vergangenheit ihrer Ehrenmitglieder, insbesondere während der NS-Zeit, kritisch auseinander.

Mit rund 18.000 Studierenden und 2.800 MitarbeiterInnen (2017) in Forschung, Lehre und Verwaltung ist die Universität Salzburg die größte Bildungseinrichtung des Landes Salzburg. Rund 60 Prozent der Studierenden sind Frauen, rund 30 Prozent kommen aus dem Ausland.

Großes internationales Ansehen genießt auch die Universität Mozarteum – bis 1998 Hochschule Mozarteum –, die 1841 als Musikschule gegründet worden war. Ihre 1.700 Studierenden kommen aus 60 Ländern.

Im Jahr 2003 wurde in Salzburg die Paracelsus Medizinische Privatuniversität (PMU) eröffnet, die als gemeinnützige Privatstiftung organisiert ist und Lehre und Forschung im Bereich Humanmedizin und in Gesundheitswissenschaften, insbesondere Pflegewissenschaft und Pharmazie betreibt. Die ehemalige Pädagogische Akademie wurde 2007 im Rahmen der europaweiten Vereinheitlichung der Studiensysteme zur Pädagogischen Hochschule Salzburg erhoben und führt seit 2014 die Namenserweiterung „Stefan Zweig". Sie versteht sich als Kompetenzzentrum für Aus- und Weiterbildung von Lehrenden an Schulen.

**Erste Ehrenmedaille der Universität Salzburg in Gold
von Toni Schneider-Manzell, verliehen an Hans Sedlmayr 1976.**

Stadtarchiv Salzburg, Teilnachlass Hans Sedlmayr.

MIGRATIONSSTADT SALZBURG

Bedingt durch die geographische Lage an wichtigen Verkehrs- und Handelsrouten prägen Migrationsbewegungen bereits die Frühgeschichte der Stadt Salzburg. So brachte z. B. die Eingliederung des Salzburger Raumes in das Imperium Romanum nicht nur Zu- und Abwanderung, sondern auch Waren-, Ideen- und Kulturtransfer. Im Spätmittelalter trugen Händler und Kaufleute, die vor allem mit Venedig Handel trieben, zum Wohlstand der Stadt bei. Die Silhouette der Stadt Salzburg prägen bis heute barocke Bauten italienischer Architekten und Fachkräfte. Ausländische Studierende und Lehrende der alten Benediktineruniversität sorgten für Wissensverbreitung und -transfer und auch die Regenten des Erzstiftes, die Erzbischöfe, waren durchwegs Zuwanderer. Neben freiwilliger Zuwanderung nach Salzburg sind auch Abwanderung, Flucht und Vertreibung Teil der Salzburger Geschichte. Aus religiös motivierten Gründen wurden etwa im Mittelalter die jüdische Bevölkerungsgruppe und im Zuge der Gegenreformation BürgerInnen evangelischen Glaubens vertrieben.

Während des Ersten Weltkriegs beherbergte Salzburg Tausende ostgalizische Kriegsflüchtlinge. Ab 1940 nahm Salzburg zahlreiche „Südtiroler Optanten" auf. Nach Ende des Zweiten Weltkriegs befanden sich bei einer Bevölkerungszahl von rund 80.000 Menschen zusätzlich ca. 60.000 Flüchtlinge in der Stadt, darunter auch ehemalige ZwangsarbeiterInnen, Displaced Persons und Kriegsflüchtlinge. Die meisten verließen Salzburg Mitte 1946, viele blieben, darunter zahlreiche „Volksdeutsche". Deren größte Gruppe, die Donauschwaben, siedelten sich vor allem am Stadtrand von Salzburg an, während sich die Sudetendeutschen auf das Stadtgebiet verteilten und die Siebenbürger Sachsen ab 1956 die Siedlung Sachsenheim in Elixhausen errichteten. Nach dem Ungarnaufstand 1956 kam ein weiterer Flüchtlingsstrom, ebenso 1968 nach dem „Prager Frühling".

Der Wirtschaftsboom führte ab den 1960er Jahren zu einem Arbeitskräftemangel, dem man mit einem Anwerbeabkommen mit der Türkei (1964) und Jugoslawien (1966) entgegenwirken wollte. Die so genannten „Gastarbeiter" sollten nach einigen Jahren wieder in ihre Herkunftsländer zurückkehren, ein Großteil blieb aber und die Familien folgten nach. Auch nach dem Fall der „Eisernen Mauer" Ende der 1980er Jahre kamen ArbeitsmigrantInnen nach Salzburg, während des Jugoslawien-Krieges 1991 fanden viele Flüchtlinge Aufnahme.

Seit der Jahrtausendwende haben die voranschreitende Globalisierung sowie ein tiefgreifender Wandel von Kommunikation und Verkehr die Arbeitsmigration verändert. Bettelnde temporäre MigrantInnen aus Osteuropa sorgen für emotionale Debatten über Bettelverbote in der Stadt. 2015 wurde die Stadt Salzburg vor allem aufgrund ihrer Grenzlage zu Deutschland zu einer Drehscheibe der Flüchtlingswelle aus den Kriegsgebieten in Syrien und Irak sowie aus Afghanistan und afrikanischen Staaten. Die größte Anzahl an MigrantInnen kommt heute aus Deutschland.

1 Vor einem Wohnhaus in der sogenannten „Südtiroler-Siedlung" in Liefering, 1944.
Stadtarchiv Salzburg, Migrationsarchiv.

2 „Gastarbeiter" in der Glockengießerei Oberascher, um 1995.
Stadtarchiv Salzburg, Migrationsarchiv.

3 Flüchtlinge aus Ex-Jugoslawien in der Kaserne Riedenburg, 1992.
Stadtarchiv Salzburg, Migrationsarchiv.

4 Flüchtlinge an der Grenze Freilassing, September 2015.
Stadt Salzburg, Info-Z, Johannes Killer.

WIDERSTAND GEGEN DIE KERNENERGIE

Am 5. November 1978 stimmten 50,57 Prozent der ÖsterreicherInnen gegen die Inbetriebnahme des Atomkraftwerkes Zwentendorf. In der Stadt Salzburg entschieden sich 60,1 Prozent gegen die Nutzung der Kernenergie.

Am 26. April 1986 kam es in Tschernobyl zum Super-Gau. An den Spätfolgen der Katastrophe starben in der Ukraine Tausende. Das Unglück hatte auch gravierende Auswirkungen auf Salzburg. Die Freibäder blieben gesperrt, Sportveranstaltungen wurden kurzfristig abgesagt. Der Verkauf von Gemüse und Milch ab Hof war ebenso untersagt wie Straßenkehren und Rasenmähen.

Im Juni 1986 beteiligten sich zahlreiche SalzburgerInnen an einer Großdemonstration gegen den Bau einer atomaren Wiederaufbereitungsanlage (WAA) im bayerischen Wackersdorf (Landkreis Schwandorf). Weitere Proteste folgten. Die Grenzen nach Freilassing wurden von WAA-Gegnern zeitweilig blockiert. Das bayerische Innenministerium verbot daraufhin österreichischen Atomgegnern die Einreise nach Bayern. Das Salzburger Stadtratskollegium und die „Mütter für eine atomfreie Zukunft" klagten die WAA Wackersdorf. Der bayerische Verwaltungsgerichtshof hob im Frühjahr 1987 die erste atomrechtliche Teilgenehmigung für die WAA Wackersdorf auf.

1988 brachten die „Überparteiliche Plattform gegen die WAA Wackersdorf" und Vertreter aller politischen Fraktionen fast 100.000 Einwendungen gegen die atomare Wiederaufbereitungsanlage beim bayerischen Umweltministerium ein. Die Annahme des von 55.000 Salzburger und Salzburgerinnen unterschriebenen, beinahe vier Kilometer langen, Protestbriefs wurde jedoch von den bayerischen Behörden verweigert. Diese sogenannte „Wackersdorfrolle" wird seitdem im Stadtarchiv Salzburg verwahrt.

Noch vor Abschluss der Verfahren gegen Wackersdorf kündigte der deutsche Konzern VEBA AG aus finanziellen Gründen das Ende für die atomare Wiederaufbereitungsanlage Wackersdorf an.

Drei Jahre nach dem Reaktorunglück in Tschernobyl formierte sich breiter Widerstand gegen das tschechische Atomkraftwerk Temelin, der allerdings den Bau nicht verhindern konnte. Auch im Bürgerservice des Magistrats lagen Unterschriftenlisten auf. Die Salzburger Plattform gegen Atomgefahren (PLAGE) organisierte Proteste gegen weitere Atomkraftwerke in der Grenznähe zu Österreich wie Mochovce, Dukovani, das slowenische Krsko, das ungarische Paks und andere. Die Betroffenheit über die Reaktorkatastrophe in Fukushima beflügelte die Antiatombewegung abermals. 3.000 Personen demonstrierten am Ostermontag 2011 für die Schließung der 14 Atomreaktoren rund um Österreich. Zuvor hatten Gemeinderat und Landtag Einspruch gegen die Rücknahme des deutschen Atomausstieges erhoben. Immerhin, der in Bayern gelegene Reaktor Isar 1 ist abgeschaltet und Deutschland steigt aus der Atomstromproduktion aus. 2022 soll der letzte deutsche Meiler vom Netz gehen.

Brief an die Bayerische Staatsregierung gegen den Bau der atomaren Wiederaufbereitungsanlage in Wackersdorf.
Stadtarchiv Salzburg, ohne Inventarnummer.

ALTSTADTERHALTUNG, GRÜNLAND-DEKLARATION UND WELTKULTURERBE

„Die demolierte Schönheit" nannte der Kunsthistoriker Hans Sedlmayr 1965 seinen berühmt gewordenen Aufsatz über die allmähliche Zerstörung des alten Salzburg. Zahlreiche historische Gebäude waren in der Aufbruchsstimmung des Wirtschaftswunders „modernisiert" worden. Fassaden wurden geglättet, Geschäfte in der Getreidegasse erhielten großflächige Auslagen aus Glas, alte Häuser wurden ausgehöhlt und im Inneren mit neuer, funktionaler Bausubstanz ausgekleidet. Kämpferisch rief Sedlmayr die „Liebhaber des alten Salzburg in allen Ländern der Erde" zur „Rettung" der Altstadt von Salzburg auf.

Die folgenden Debatten und öffentlichen Auseinandersetzungen führten 1967 zum Salzburger Altstadterhaltungsgesetz, das die Altstadt unter Schutz stellt und seitdem ihre Erhaltung und Pflege regelt. Das Gebäudeinnere ist seit 1980 geschützt und 1995 wurde das Altstadterhaltungsgebiet auf die Gründerzeitgebiete ausgeweitet. Das Salzburger Gesetz war das erste dieser Art in Österreich und wirkte beispielgebend auf Wien und Graz sowie auf die Ortsbildschutzgesetzgebung anderer Bundesländer.

Die Fußgängerzone und Verkehrsberuhigung in der Altstadt waren über zwei Jahrzehnte kommunalpolitischer Dauerbrenner. In den 1960er Jahren wurden erste Bereiche der Altstadt zur Fußgängerzone erklärt und sukzessive erweitert, etwa 1965 um den Alten Markt, 1968 um die Judengasse. Seit 1975 besteht eine erweiterte Fußgängerzone mit Parkverbot auf allen Plätzen der Altstadt, 1983 wurde auch das Kaiviertel einbezogen. Seit 2010 verhindern Poller unberechtigte Zufahrten. Parkgaragen im Mönchsberg bzw. im Kapuzinerberg sowie Bewirtschaftung von Parkraum sollen die Altstadt entlasten.

Der Architekturwettbewerb zur Errichtung einer Großsiedlung in der Freifläche zwischen Hellbrunner Allee und Alpenstraße und später die Planungen einer Verbauung des Areals um Freisaal mit dem Salzburger Universitätscampus riefen Bürgerinitiativen auf den Plan, die sich auf Sedlmayr beriefen. Beide Großprojekte wurden nicht realisiert. Öffentliche Diskussionen führten letztendlich 1985 zur Grünlanddeklaration, beschlossen mit den Stimmen von SPÖ und Bürgerliste gegen jene von ÖVP und FPÖ. Damit wurden rund 3.700 Hektar Grünland auf Dauer unter Schutz gestellt. Die Erneuerung der Deklaration im Jahr 2007 verringerte zwar die geschützte Fläche, stellte diese aber unter strengeren Schutz.

Die architektonische Gestaltung von Großprojekten wurde zu Beginn der 1980er Jahre vermehrt Gegenstand öffentlicher Debatten. 1983 konstituierte sich ein international besetzter „Gestaltungsbeirat", der die im Stadtgebiet geplanten Bauprojekte in Architekturfragen beratend begleitet.

1996 wurde die Altstadt Salzburgs in die UNESCO-Liste des Weltkulturerbes aufgenommen. Die Agenden des rund 960 Objekte umfassenden Welterbes werden seit 2013 durch einen weisungsfreien Beauftragten wahrgenommen. Der Erhalt des Weltkulturerbes der Stadt Salzburg und auch der Stadtlandschaften ist im Salzburger Stadtrecht verankert.

Verleihungsurkunde der Auszeichnung
Weltkulturerbe für Salzburg,
7. Dezember 1996.

Stadtarchiv Salzburg,
Urkundensammlung der Stadtgemeinde.

UNITED NATIONS EDUCATIONAL,
SCIENTIFIC AND
CULTURAL ORGANIZATION

CONVENTION CONCERNING
THE PROTECTION OF THE WORLD
CULTURAL AND NATURAL
HERITAGE

The World Heritage Committee
has inscribed

the Historic Centre of the City of Salzburg

on the World Heritage List

Inscription on this List confirms the exceptional
and universal value of a cultural or
natural site which requires protection for the benefit
of all humanity

DATE OF INSCRIPTION
7 December 1996

DIRECTOR-GENERAL
OF UNESCO

Marlis Huber: Salzburg, um 1978,
Öl auf Karton und Spanplatte, 71 x 100 cm.

Die Malerin und Juristin Dr. Marlis Huber-Breuckmann (1932–2012) zählte 1953 zu den ersten SchülerInnen von Oskar Kokoschka in der „Schule des Sehens im Rahmen der Internationalen Sommerakademie für bildende Kunst" auf der Festung Hohensalzburg.

Privatbesitz, Foto: © Dr. Vita Huber-Hering.

ERFOLGSGESCHICHTE TOURISMUS: ZWISCHEN HOCHKULTUR, EVENT UND MASSENTOURISMUS

Der Tourismus, die Salzburger Leitindustrie, erholte sich nach dem Krieg rasch. Zählte die Stadt 1945 keine 25.000 „zivilen" Gäste, so entwickelte sich ihre Zahl in den Folgejahren kontinuierlich, unterbrochen nur von wenigen Phasen des Rückgangs, 1947 kamen bereits 80.000 Gäste. Der Reihe nach gaben die amerikanischen Streitkräfte beschlagnahmte Hotels und Gaststätten frei. Das Hotel Bristol und der Österreichische Hof wurden allerdings erst 1955 geräumt. Die Fremdenverkehrswerbung erzielte in den späten 1940er Jahren mit einer „Ausländer-Hotel-Aktion" erste Erfolge. 1948 wurde die 100.000-Marke überschritten. 1990 kamen erstmals eine Million Gäste an, 2016 waren es 1,629.000.

Die Stadtgemeinde investierte nach dem Krieg in die touristische Infrastruktur. Ab 1948 beförderte der Mönchsberglift wieder BesucherInnen ins neu eröffnete Café Winkler (später ins Casino, nun ins Museum der Moderne). Ab 1953 koordinierte das Stadtverkehrsbüro Werbeaktivitäten. Salzburg sollte zur Kurstadt – beworben mit der Marke „Paracelsus" – entwickelt werden. 1956 ging das Kurhaus in Betrieb, bestehend aus Hotel, Kurmittelhaus und Paracelsusbad. Pläne, etwa eine Kurstadt in Leopoldskron zu errichten, scheiterten. Ab 1957 trug das Kongresshaus nachhaltig zur Belebung des Städtetourismus bei. Tagungen wie etwa der Internationale Atomkongress fanden europaweite Beachtung.

Die Salzburger Festspiele (und mit ihnen die Osterfestspiele, die Mozartwoche und weitere Festivals und Konzertreihen) sind Hauptwerbeträger für die Marke „Salzburg". Christkindl-Märkte und das „Salzburger Adventsingen" (seit 1964) brachten den Wintertourismus in die Stadt. Seit 2005 ist Salzburg zudem Silvester-Party-Zone.

Das cineastische Weltereignis „Sound of Music", teilweise in Salzburg gedreht, entwickelte sich zum Werbehit. Auch andere Filmproduktionen nutzten die grandiose Salzburger Kulisse und wurden so zu Botschafter Salzburgs. Bilder der „Dallas-Familie" mit Salzburger Szenerie im Hintergrund wurden 1989 zur Vermarktung Salzburgs eingesetzt.

Die Erfolgsgeschichte des Salzburger Tourismus produzierte aber auch Schattenseiten. Seit den 1960er Jahren führen Regenwetter, „Zwickeltage" und kulturelle wie sportliche Großereignisse regelmäßig zum Verkehrskollaps. Schlechtwetterverordnung und Altstadtsperre sollen das Problem lindern, sind aber umstritten. Der Bustourismus schuf weitere Probleme. Zu Ostern 1992 mussten die Reisebusse an der Stadtgrenze stehen bleiben. Terminals in der Paris-Lodron-Straße und im Nonntal schufen Platz. Salzburg liegt im Tagestourismus hinter Venedig an zweiter Stelle. 2008 waren es 5,5 Millionen. Die TagestouristInnen generierten eine jährliche Wertschöpfung von 83 Millionen Euro und sicherten damit rund 1.800 Vollarbeitsplätze, füllten aber gleichzeitig Gassen und Plätze. Die Getreidegasse, eine Art Walk of Fame internationaler Marken, ist an Spitzentagen überfüllt. Der neue Makartsteg bringt seit 2001 mit seinem kühn-eleganten Bogen täglich tausende TouristInnen in die ideale Fotoposition. Das Selfie mit der Festung ist ein millionenfach geknipstes Motiv. Zahlreiche Events locken Tausende an, sind attraktiv und übernutzen die Altstadt.

Fremdenverkehrswerbung mit Stadtpanorama Richtung Norden von Rudolf Dimai, 1949, herausgegeben vom Landesverkehrsamt und vom Fremdenverkehrsamt der Stadt Salzburg, Ausgabejahr 1949/50.

Stadtarchiv Salzburg, Bibliothek 23.277.

SPORTSTADT SALZBURG

Salzburg ist Sportstadt mit Breiten- und Spitzensport sowie Großveranstaltungen. Moderne Sportstätten (Sportzentren Salzburg-Mitte und Nord, Sporthalle Alpenstraße, Eisarena), Fußballplätze und Bäder stehen zur Verfügung. Viele Sportarten können auf eine lange Tradition zurückblicken, wie der 1861 gegründete erste Salzburger Turnverein (STV). Heute zählen die drei großen Dachverbände ASKÖ, ASVÖ und UNION in der Stadt rund 63.000 Mitglieder.

Die Anfänge des Skisports reichen bis in die 1890er Jahre zurück. 1910 wurde der Skiklub Salzburg gegründet, der seine Rennen – ab den 1920er Jahren auch Damen-Skirennen – auf dem Gaisberg abhielt. Der Gaisberg war auch Austragungsort von Rodelmeisterschaften und Skisprungbewerben, bei denen Sepp Bradl erstmals sein Springertalent bewies. Die Entwicklung des Schwimmsportes nahm von der Militär-Schwimmanstalt am Leopoldskroner Weiher seinen Ausgang.

Die Turnvereine boten zunächst viele der heute durch Spezialisierung gesondert vertretenen Sportarten an. Danach bildeten sich Vereine und Klubs aus, als ältester der „Salzburger Bicycle-Club" (1885), dem mehrere Radfahrvereine folgten. Der Gaisberg war mehrfach Austragungsort von Rad-Bergmeisterschaften.

1907 schlossen sich auch die Salzburger Motorsportler erstmals zusammen. Großen Zuspruch fanden in der 1920er Jahren Motorrad- und Autorennen auf der Trabrennbahn in Aigen und später, 1947 bis 1965 internationale Motorradrennen auf dem Autobahnteilstück ab Liefering, die ab 1958 als „Großer Preis von Österreich" abgehalten wurden. 1929–1933 und 1957–1969 fanden internationale Bergrennen für Motorräder und Automobile am Gaisberg statt.

Der Salzburger Hausberg war ab 1935 auch Austragungsort von Segelflugwettbewerben.

1914 wurde Salzburgs ältester Fußballklub, der „Salzburger Athletik-Sport-Klub" (SAK), gegründet. Er stellte 1936 bei den Olympischen Spielen von Berlin mehrere Spieler. Österreich errang damals die Silbermedaille. Die 1933 gegründete Austria Salzburg wurde in den 1990er Jahren dreimal österreichischer Meister und erreichte 1994 das Finale des UEFA-Cups. 2005 folgte der österreichische Serienmeister Red Bull Salzburg, dem das neue Stadion in Wals-Siezenheim und seit 2014 eine Nachwuchs-Akademie für Fußball und Eishockey in Salzburg-Liefering zur Verfügung stehen. Der EC Red Bull Salzburg wurde 2007 erstmals und danach mehrfach österreichischer Eishockeymeister, ein Erfolg, der dem legendären Hockeyclub Salzburg (HCS) verwehrt geblieben war.

Aus dem Sportangebot verschwunden ist der 117 Jahre in Salzburg prominent vertreten gewesene Trabrennsport. Bis 1961 befand sich die Trabrennbahn in Aigen, an sie erinnert die Rennbahnstraße. 1965 fand der Salzburger Traberzucht- und Rennverein in Liefering-Herrenau eine neue Heimstätte. Der Rennbetrieb wurde 2008 eingestellt, das Trabrennbahnareal Standort der Red-Bull-Nachwuchs-Akademie.

2006 wurde die Rad-WM und zwei Jahre später die Fußballeuropameisterschaft in Salzburg abgehalten, zwei Bewerbungen um die Winterolympiade blieben erfolglos. Seit 2004 nehmen tausende LäuferInnen am Salzburg-Marathon teil und seit 2009 bzw. 2014 mit neuem Namen findet der Salzburger Frauenlauf statt. Die traditionsreichste Laufsportveranstaltung, der Jede(r)mannlauf, wurde 2012 wiederbelebt.

Der letzte „Große Preis von Österreich" am 1. Mai 1965.
Start zum Bewerb der 125ccm-Klasse in Salzburg-Liefering.

Stadtarchiv Salzburg, Fotoarchiv JOBA.

KOMMUNALPOLITIK UM DIE JAHRTAUSENDWENDE

In den Nachkriegsjahrzehnten dominierten Teilung der Macht nach Proporz und Bedienung der eigenen Klientel die feinen Verästelungen kommunaler Politik. Die politischen Lager blieben stabil und begannen erst ab den späten 1970er Jahren zu erodieren, langsam zwar, aber konstant. Moderne Individualisierungstendenzen hielten Einzug und beschleunigten sich im neuen Jahrtausend. Stammwählerschaften wie weltanschauliche Erklärungsmuster verflüchtigten sich. In der Frage der Feiertagssperre am 8. Dezember, einem Marienfeiertag, erlebten 1984 sowohl die Katholische Kirche als auch die Gewerkschaft eine herbe Niederlage. Während eine überschaubare Zahl gegen das Aufsperren der Geschäfte protestierte und der Erzbischof im Dom eine Messe zelebrierte, stürmten Tausende die Kaufhäuser: Sieg der Konsumgesellschaft.

Initiativen von BürgerInnen für oder (meist) gegen ein Projekt wurden zum politischen Faktor. Der geplante Universitäts-Campus in Freisaal und die Verbauung von Salzburg-Süd wurden nicht realisiert. Die Verhinderung der Südtangente erzwang ein neues Verkehrskonzept. 1977 zogen zwei Mandatare, diese Initiativen bündelnd, als Bürgerliste in den Gemeinderat ein, wertkonservativ zwar, aber kreativ in der Formulierung von Protest. Dieser Grundwiderspruch führte letztlich zum Bruch mit einer ihrer „Gründungsväter".

Hatte 1987 die SPÖ unter Josef Reschen noch die absolute Mehrheit errungen, so kollabierte sie bei den Wahlen 1992, spaltete sich anschließend und ermöglichte damit Josef Dechant (ÖVP), Bürgermeister zu werden. 1999 konnte Heinz Schaden in der erstmals durchgeführten Direktwahl den Bürgermeister für die SPÖ zurückgewinnen. Die Weitergabe von Finanzpapieren an das Land Salzburg führte 2017 letztendlich zum Rücktritt Schadens und zu Bürgermeister-Neuwahlen.

Seit dem ausgehenden Jahrtausend waren zunehmend Listen erfolgreich, die sich mit nur einer Thematik befassten. 1992 zog etwa eine Autofahrerpartei ins Stadtparlament ein, andere Kleinparteien folgten. Parteispaltungen schwächten 1992 die SPÖ und mehrmals die FPÖ. 2014 zogen die NEOS mit fünf Mandaten ins Stadtparlament.

Instrumente direkter Demokratie fanden nicht den erwarteten Zuspruch. Ein Bürgerbegehren der KPÖ für Wohnbau unterzeichneten 2008 kaum 400 Personen, eines der FPÖ nach Einführung einer Bürgerwache erwies sich 2016 als Flop und musste zurückgezogen werden. Selbst an Bürgerabstimmungen, etwa zur Olympiafrage, beteiligten sich kaum mehr als zehn Prozent der Stimmberechtigten. Der Entwurf, ein mehrstufiges Modell direkter Demokratie im Stadtrecht zu verankern, wurde im Februar 2015 mit der Stimmenmehrheit von SPÖ und ÖVP zurückgezogen.

Der städtische Haushalt fand sich in den 1990er Jahren in einer veritablen Krise. Die Sparpolitik Josef Dechants wurde von seinem Nachfolger fortgesetzt. Der Verkauf der Sparkasse spülte Geld in den städtischen Haushalt und ermöglichte Investitionen. Auch die Fusion der Stadtwerke mit der SAFE zur Salzburg AG im Jahr 2000 erbrachte Rationalisierungsgewinne.

Die Hochkultur der Salzburger Festspiele, unter Herbert von Karajan Sinnbild einer sich selbst feiernden Elite des Wirtschaftswunders, künstlerisch auf höchstem Niveau, geriet in den Fokus „alternativen" Protests. Die Verpflichtung von Gérard Mortier 1989 als Intendant brachte nicht nur für die Salzburger Festspiele einen Paradigmenwechsel, auch Kulturproduktion und -angebot erweiterten sich in allen Sparten und beschritten neue Wege. Ein „Kulturstättenkonzept" (1984) schuf eine Reihe neuer Kulturstätten, so beispielsweise die ARGE Nonntal (1987), die 2005 als ARGE Kultur in einen großzügigen Neubau übersiedelte. Salzburg wurde urbaner. 2013 besuchten über 800.000 Personen die gut 4.000 Veranstaltungen. Das Kulturleitbild 2001, überarbeitet 2014, bündelte die vielfältigen Initiativen.

Die Museumsfrage konnte nach langen Diskussionen gelöst werden. Das Museum Carolino Augusteum, nunmehr Salzburg Museum, eröffnete 2006 im Residenz-Neugebäude. Gegen die städtischen Intentionen eines „Museums im Berg", nach Plänen von Hans Hollein und von der Guggenheim-Foundation promotet, setzte sich das „Museum am Berg", das Museum der Moderne, durch. Die Eröffnung des Dom-Quartiers 2014 schloss das Salzburger Museumskonzept ab.

Nachdem Ende der 1970er Jahre die Idee eines Universitätscampus gescheitert war, wurde die Altstadtuniversität realisiert, untergebracht in ehemaligen Gebäuden von Bundesbehörden, für die neue Standorte an der Peripherie gefunden wurden. Ein Leitprojekt der Stadt war die Entwicklung der „Science City Itzling", die im Verbund von Techno-Z, von Start-up-Unternehmen und dem Forschungszentrum der naturwissenschaftlichen Fakultät der Universität Salzburg entstand. Seit 2003 ist am Landesklinikum die Paracelsus Medizinische Privatuniversität etabliert. Die Universität Mozarteum bezog 2006 Räumlichkeiten am Mirabellplatz. 2011 eröffnete der Unipark Nonntal. Die Stadtbibliothek wiederum, seit 2009 in der „Neuen Mitte Lehen", entwickelte sich zu einem außerschulischen Kompetenzzentrum für Sprach- und Leseförderung, das „Haus der Stadtgeschichte" (2003) zu einem Ort der historischer Diskussion. Ein Online-Wissensportal versteht sich seit 2014 als Drehscheibe sämtlicher Angebote in der „Wissensstadt Salzburg". Derzeit entsteht der „Bildungscampus Gnigl".

Auch in der Sozialpolitik vollzog sich ein Paradigmenwechsel. Das Sozialleitbild „Lebensqualität für alle" (2004) fordert präventive Sozialarbeit. Diese handelt stadtteilorientiert und erreicht mit acht Büros der Bewohnerservicestellen die Menschen vor Ort.

Die Debatten um die Rolle Kurt Waldheims in der Zeit des Nationalsozialismus ließen Österreich nicht mehr als ausschließliches Opfer erscheinen, sondern rückten die Frage seiner Verantwortung für die NS-Verbrechen in den Mittelpunkt. Im Bedenkjahr 1988 vollzog sich ein Paradigmenwechsel in der Erinnerungskultur. Seit 1985 erinnern Mahnmale auch an die Verantwortung Salzburgs an die Verfolgung der Juden und der Roma und Sinti, seit 1991 eine Stele an die NS-Krankenmorde. Das 2002 eröffnete Antifaschismus-Mahnmal bezog weitere Opfergruppen ein. Seit 2007 rufen Stolpersteine konkrete Biografien von Opfern ins Gedenken.

Die „Frauenfrage" ist seit den 1970ern manifester Teil der Politik. 1980 eröffnete das Frauenhaus, ein Ort für Frauen, die vor männlicher Gewalt geflohen waren. Stadt und Land errichteten 1989 ein Frauenbüro. Ein 2002 beschlossener Frauenförderplan des Magistrats forderte die Gleichstellung der Geschlechter.

Fragen der Architektur und der Stadtgestaltung wurden seit den 1980er Jahren vermehrt diskutiert. Ein Gestaltungsbeirat, nicht immer unumstritten, begleitet seit 1983 alle größeren Projekte. Zu Turbulenzen führte der Neubau des Kongresshauses, auf öffentliche Ablehnung stieß das Heizkraftwerk Mitte. Der Umbau des Kleinen Festspielhauses wurde Gegenstand gerichtlicher Auseinandersetzung.

In den letzten zwanzig Jahren entstanden fast 15.000 Wohnungen, nicht nur durch den Bau großer Siedlungen, etwa auf dem Gelände ehemaliger Kasernen, der Neuen Mitte Lehen, des Stadtwerkeareals usw., sondern auch durch Wohnbauverdichtung. Der Druck auf das Grünland dominierte Mitte der 2000er Jahre die Debatte und führte 2007 zu einer Adaption der „Deklaration Geschützes Grünland" aus dem Jahr 1985.

Kathedralen des Konsums entstanden an den Rändern der Stadt, in den Shopping Malls und Einkaufszentren. Der Interspar in Taxham mutierte 1997 zum Europark, wurde 2005 erweitert und 2003 um IKEA ergänzt. Die Frage seiner abermaligen Erweiterung warf grundsätzliche Fragen der Raumordnung auf.

Die sich in immer kürzeren Abständen häufenden Hitzerekorde, Hochwässer und Wetterkapriolen konfrontierten zunehmend auch die Kommunalpolitik. Seit 2012 ist die Stadt Salzburg Teil der Smart Cities. Angestrebt ist, den Energieverbrauch möglichst effizient zu gestalten. Die Sporthalle Nord beispielsweise produziert mehr Energie als sie verbraucht. Die Digitalisierung erleichtert nicht nur in vielen Bereichen das Leben, sondern ändert auch die sozialen Beziehungen: Selbstbestimmung oder Herrschaft der Algorithmen ist auch eine kommunalpolitische Frage.

Die Organisierung von Mobilität beschäftigt seit mehr als hundert Jahren Politik und Planung. Der Gegensatz von „Freie Fahrt" und Eindämmung des motorisierten Verkehrs beherrscht die Mobilitätspolitik. Der Bau der S-Bahn mit der neuen Eisenbahnbrücke, der Umbau des Hauptbahnhofes, der schrittweise Ausbau des öffentlichen Verkehrs, haben die grundsätzlichen Probleme jedoch noch nicht gelöst und weisen weit über das Feld der Kommunalpolitik hinaus.

Migration und die Frage der Integration der Zugewanderten verunsichert die Gesellschaft. Die Einwohnerzahl Salzburgs wäre ohne Zuwanderung zurückgegangen. Heute sind viele Stadtteile und Straßenzüge durch einen hohen Ausländer-Anteil geprägt. Die größte Ausländergruppe sind die Deutschen. 2006 gab sich die Stadt ein Leitbild der Integrationspolitik. Die Flüchtlingskrise 2015, ein Höhepunkt der Migrationsbewegungen, bewirkte auch Umbrüche im politischen System.

Es ist nicht möglich, für die jüngste Vergangenheit vollständige Bilanz zu ziehen. Jedenfalls sind wir ZeitzeugInnen eines gesellschaftlichen und politischen Umbruchs, der auch die Kommunen vor große Herausforderungen stellt.

1 Stadtbibliothek in der Neuen Mitte Lehen, 2012. *Magistrat Salzburg, Informationszentrum.*
2 S-Bahn-Haltestelle Altstadt-Mülln, 2015. *Magistrat Salzburg, Informationszentrum.*
3 Das erweiterte Euthanasie-Mahnmal im Kurpark, 2014. *Stadtarchiv Salzburg.*
4 Baustelle „Quartier Riedenburg", 2017. *Magistrat Salzburg, Informationszentrum.*

STADTGESCHICHTE IM ÜBERBLICK

MITTLERE STEINZEIT
Älteste Spuren der Anwesenheit des Menschen im Stadtgebiet

JÜNGERE STEINZEIT
Erste Dauersiedlungen auf den Stadtbergen, in Liefering und Maxglan-Bolaring

BRONZEZEIT
Stadtberge besiedelt, Siedlungsstellen auch in Tallagen

6. JH. V. CHR.
„Fürstensitz" am Hellbrunner Berg

1.–5. JH.
Römersiedlung Iuvavum

UM 45
Kaiser Claudius verleiht Iuvavum das Munizipalrecht

ENDE 2./ANFANG 3. JH.
Iuvavum ist Zentrum der Mosaikkunst

UM 470
Hl. Severin in Iuvavum

488
Abzug der Romanen; Restbevölkerung am Festungs- und Nonnberg

ENDE 7. JH.–NACH 716
Herzog Theodbert von Bayern residiert in Salzburg

UM 696
Bischof Rupert von Worms kommt nach Salzburg

UM 700
Rupert gründet das Kloster St. Peter und erbaut eine Peterskirche

713/15
Frauenkloster Nonnberg als Hauskloster des Herzogsgeschlechts der Agilolfinger erbaut

739
Salzburg wird Bischofssitz (Bischof Johannes)

UM 755
Erstbeleg des deutschen Namens „Salzburg"

767–774
Bau des Virgildoms

774
Domweihe und Überführung der Gebeine des hl. Rupert von Worms nach Salzburg

798
Arn wird Erzbischof von Salzburg und Metropolit der bayerischen Kirchenprovinz

803
Karl der Große in Salzburg

987
Trennung des Klosters St. Peter vom Erzbistum

996
Kaiser Otto III. verleiht dem Erzbischof das Markt-, Münz- und Mautrecht

1077
Erste schriftliche Erwähnung der Festung Hohensalzburg

ENDE 11. JH./ANF. 12. JH.
Bau der ersten Stadtmauer

UM 1100
Älteste Statuten der Salzburger „Bürgerzeche"

1100/20
Nennung der ersten Bürger (cives)

1110
Abtretung der alten Bischofsresidenz zum Neubau des Klosters St. Peter

1111
Erster Nachweis einer Stadtbrücke

UM 1120
Erste Nennung eines Stadtrichters

AB 1121
Neue Stadtstruktur unter Erzbischof Konrad von Abenberg

1122
Umwandlung des Domklosters in ein Augustiner-Chorherrenstift

1124
Neuer Bischofshof (Alte Residenz)

1136–1143
Bau des Almkanalstollens durch den Mönchsberg

1139
Übertragung der Pfarrrechte auf die Marienkirche (heute Franziskanerkirche)

1167
Brandschatzung der Stadt durch Anhänger Kaiser Friedrich Barbarossas

1181–1198
Dombau Konrads III.

ANF. 13. JH.
Anlage des neuen Marktplatzes (Alter Markt)

1249
Ältestes Stadtsiegel; organisierte Stadtgemeinde und Patriziat als bürgerliche Oberschicht

1287
Erzbischof Rudolf von Hohenegg erlässt mit dem „Sühnebrief" das erste schriftliche Stadtrecht

VOR 1322
Erste bürgerliche Spitalstiftung

1327
Erzbischof Friedrich III. stiftet das Bürgerspital St. Blasius

1331
Herbstmarkt (Dult) erstmals bezeugt

1348/50
Im Gefolge der Pestpandemie großes Judenpogrom

1368/71
Ein neues Stadtrecht hält das geltende Gewohnheitsrecht fest

1370–1374
Konrad Taufkind ist erster namentlich bekannter Bürgermeister von Salzburg

1403
Schutzbündnis von Adel und Städten (Igelbund) gegen den Erzbischof

1404
Judenverfolgung

1407
Kauf des Keutzlturms durch die Stadtgemeinde, Adaptierung als Rathaus

1408
Beginn des Neubaus der Stadtpfarrkirche durch die Bürgerschaft

1465–1480
Stadterweiterung und Bau einer neuen Stadtmauer

1481
Kaiser Friedrich III. gewährt im Ratsbrief das Recht der freien Ratswahl

1482
Der Stadtturm wird in Rathaus umbenannt

1486–1488
Errichtung der Bürgerwehr am Mönchsberg

1487
Wein- und Eisenniederlege (Lötsche)

1487/88
Bau der städtischen Gersbergwasserleitung

1495–1498
Hochaltar von Michael Pacher in der Stadtpfarrkirche (heute Franziskanerkirche)

1496
Stiftung des Bruderhauses St. Sebastian an der Linzer Gasse

1498
Die Juden werden für „ewige Zeiten" aus Salzburg verbannt

UM 1501
Weiterer Ausbau der Festung Hohensalzburg

1511
Erzbischof Leonhard von Keutschach erzwingt den Verzicht auf die freie Ratswahl

1512–1523
Errichtung des Amtshauses und Ausbau des Rathauses

1512/15
Älteste Stadturbare

1523
Ehemaliges Gerichtshaus am Waagplatz wird Stadttrinkstube
„Lateinischer Krieg", Erzbischof Kardinal Matthäus Lang besetzt die Stadt

1524
Kardinal Matthäus Lang erlässt die Stadt- und Polizeiordnung

1524/25
Theophrast von Hohenheim, genannt Paracelsus, in Salzburg

1525
„Bauernkrieg"

1537
Der Komponist Paul Hofhaymer stirbt in Salzburg

1541
Paracelsus stirbt in Salzburg

1548
Städtisches Brunnhaus am Gries

1583
Berufung der Franziskaner nach Salzburg

1588
Wolf Dietrich weist protestantische Stadtbürger aus

1588–1602
Errichtung des Neubaus (heute Residenz-Neugebäude)

1592
Franziskaner erhalten Stadtpfarrkirche als Ordenskirche

1593/94
Schulordnung Erzbischof Wolf Dietrichs

1594
Berufung der Kapuziner nach Salzburg

1595–1600
Umgestaltung des Friedhofs von St. Sebastian zu einem Campo Santo

1597
Ende des Domfriedhofes

1598
Dombrand
Zerstörung der Stadtbrücke
Beginn der umfangreichen Bautätigkeit Erzbischof Wolf Dietrichs

1599–1608
Erste Brücke vom Rathaus zum Platzl

1602
Einweihung der Kapuzinerkirche

1605–1612
Ausbau der erzbischöflichen Residenz

1605
Augustiner-Eremiten nach Salzburg

1606
Bau von Schloss Altenau (Mirabell)

1607–1609
Errichtung des Hofmarstalls

1608/09
Errichtung des städtischen Fleischbankstocks am Gries

1611/12
Bau des Klausentores durch die Stadt

1614–1628
Neubau des Domes

1616–1618
Umbau des Rathauses

1617
Stiftung des Gymnasiums (heute Akademisches Gymnasium)

1620
Fertigstellung der neuen Stadtbrücke beim Rathausbogen

1620–1646
Ausbau der Befestigungsanlagen

1622/23
Gründung der Benediktineruniversität

1628
Einweihung des Domes
Bau des Linzer Tores durch die Stadt

1632–1647
Trockenlegung des Schallmooses und Itzlinger Mooses

1636
Pestlazarett St. Rochus

1641–1650
Kaserne (alte Türnitz) am Gries

1659
Einführung des landesfürstlichen Biermonopols

1661
Stiftung des Armen-Bürgersäckels (eine Armenunterstützungskassa)

1669
Bergsturz im Gstättenviertel fordert 220 Tote

1675–1690
Hexenverfolgung (Zauberer-Jackl-Prozess)

1677/78
Gründung einer Wollmanufaktur in Nonntal

1680
Gründung des Collegium medicum

1689
Neugestaltung des Mirabellgartens

1695–1704
Bau von St. Johannsspital und Kirche nach Plänen Fischer von Erlachs

1698
Ursulinen nehmen den Schulbetrieb auf

1700
Eröffnung des ersten Salzburger Kaffeehauses in der Goldgasse

1702/03
Errichtung des Glockenspielturmes

1721–1727
Umgestaltung des Schlosses Mirabell durch Johann Lukas von Hildebrandt

1731/32
Vertreibung der Protestanten

1747
Gründung des städtischen Leihhauses

1754
Das Rochusspital wird zum Zucht- und Arbeitshaus

1756
Wolfgang Amadé Mozart wird in Salzburg geboren

1764–1767
Bau des Mönchsbergdurchbruchs (Siegmunds- bzw. Neutor)

1770–1772
Hungersnot

1771/73
Gründung der Waisenhäuser für Mädchen und Knaben

1772
Neufassadierung des Rathauses

AB 1772
Salzburg wird Zentrum der süddeutschen katholischen Aufklärung

1775
Umbau des Ballhauses zu einem Theater durch die Stadt
Errichtung eines Redoutensaales (Ballsaal) im Rathaus

1782
Hirtenbrief von Erzbischof Hieronymus Colloredo

1784
Eröffnung eines Lese-Kabinetts durch Lorenz Hübner

1787
Umfangreiche Stiftungen Sigmund Haffners an die Stadt

1788
Die Oberdeutsche allgemeine Literaturzeitung erscheint

1790
Gründung der Lehrerbildungsanstalt

1791
W. A. Mozart stirbt in Wien

1792
Eröffnung einer Hebammen-Schule

1800
Einführung von Hausnummern
Französische Truppen besetzen die Stadt

1802
Einführung der Rumford-Suppe (Armensuppe)

1803
Säkularisierung des Erzstifts Salzburg
Kurfürstentum Salzburg unter Ferdinand von Toskana
Christian Doppler wird in Salzburg geboren

1804
Gründung einer Medizinischen Fakultät

1805
Ende der Eigenstaatlichkeit Salzburgs und erste Angliederung an Österreich
Verlust der Residenzfunktion

1809–1810
Salzburg steht unter französischer Verwaltung

1810–1816
Salzburg Teil des Königreiches Bayern

1810
Aufhebung der Universität
Gründung des Lese- und Geselligkeitsvereins „Museum"

1811
Auflösung des Magistrats durch die bayerische Verwaltung

1816
Salzburg kommt endgültig zu Österreich, die Stadt wird Kreisstadt

1816/17
Hungersnot

1818
Wiedererrichtung des Magistrats
Großer Stadtbrand

1827
Eröffnung einer Zweigniederlassung der Österreichischen Sparkasse

1829
Fertigstellung des von Johann Michael Sattler geschaffenen Panoramas

1830/31
Cholera-Epidemie

1835
Eröffnung des Städtischen Museums

1836
Eröffnung einer Lokalversorgungs- und Beschäftigungsanstalt

1839
Das Sattler-Panorama wird in Salzburg aufgestellt

1841
Gründung des „Dom-Musikverein und Mozarteum"
Entdeckung römischer Mosaiken auf dem Mozartplatz

1842
Einweihung des Mozartdenkmals

1844
Mathias Bayrhammer vermacht der Stadt umfangreiche soziale Stiftungen
Gründung des „Kunstvereins"
Eröffnung einer Kleinkinderbewahranstalt

1847
Gründung der „Salzburger Liedertafel"
Frauenrechtlerin Irma von Troll-Borostyáni in Salzburg geboren

1847/48
Hungersnot und enormer Anstieg der Preise

1848/49
Kleinere Unruhen im Revolutionsjahr
Aufstellung einer Nationalgarde

1849
Salzburg wird kurzzeitig Kronland

1850
Gemeinde-Ordnung für die Stadt Salzburg (nur kurzzeitig in Kraft)
Konstituierung der Handels- und Gewerbekammer
Inbetriebnahme einer elektromagnetischen Telegraphenleitung Wien–Salzburg

1851
Eröffnung der Unterrealschule
Eröffnung einer Postomnibuslinie nach München

1852
Beginn der Salzachverbauung
Eröffnung der Knabenerziehungsanstalt Edmundsburg

1853
Freibad in der Brodhäuslau (heute Volksgarten)

1854
Mirabellgarten wird öffentlich zugänglich

1855
Gründung der Salzburger Sparkasse
Errichtung des Gaswerks in Lehen

1856
Feier des 100. Geburtstags von Mozart

AB 1857
Wochenmarkt am Universitätsplatz

1858
Eröffnung der Karolinenbrücke

1859
Aufhebung des Festungscharakters der Stadt
Einführung der Gasbeleuchtung
Dombrand

1860
Eröffnung des Salzburger Bahnhofes
Gründung der Gesellschaft für Salzburger Landeskunde

1861
Demolierung der Pfarrkirche St. Andrä an der Linzer Gasse
Eröffnung der Handelsschule
Erste freie Landtagswahlen und Wahl einer Landesregierung

1861
Überlassung der ärarischen Gründe vom Lederer- bis zum Mirabelltor an Karl Schwarz zur Stadterweiterung

1862
Gründung des Verschönerungsvereines (Stadtverein)

1863
Die „Evangelische Gemeinde" wird im Rathaussaal gegründet
Erster Konsumverein

1865
Gründung der Freiwilligen Feuerwehr
Ausbau der 1851 gegründeten Unterrealschule zur Oberrealschule
Eröffnung des „Hôtel de l'Europe"
Typhusepidemie

1866
Kaiser Franz Josef schenkt der Stadt die Befestigungsanlagen
Eröffnung des Hotels „Österreichischer Hof" (heute „Hotel Sacher")

1867
Einweihung der Evangelischen Kirche

1868
Eröffnung des „Actien-Badehauses"
Hölzerner Steg in Mülln

1869
Gemeindestatut für die Landeshauptstadt Salzburg

1870
Die Stadt erwirbt Schloss Mirabell

1872
Eröffnung des Kursalons und des Kurparks

1873
Eröffnung des Schulgebäudes am Gries
Choleraepidemie

1874
Eröffnung des Städtischen Schlachthofes in Froschheim

1875
Fürstenbrunner Wasserleitung

1876
Gründung der Bau- und Gewerbeschule (Staatsgewerbeschule)

1877
Bau der eisernen Staatsbrücke

1878
Eiserner Gehsteg über die Salzach bei Mülln (Kreuzersteg)

1879
Erste Bestattung auf dem Kommunalfriedhof

1880
Gründung der Internationalen Stiftung Mozarteum
Mozarts Geburtshaus wird der Öffentlichkeit zugänglich gemacht

1881/82
Pockenepidemie

1885
Eröffnung des Künstlerhauses

1886
Eröffnung der Lokalbahn bis Drachenloch (1907 bis nach Berchtesgaden, 1909 bis zum Königssee)

1887
Georg Trakl wird in Salzburg geboren
Zahnradbahn auf den Gaisberg
Inbetriebnahme des ersten Elektrizitätswerkes

1889
Telefonnetz in Salzburg

1890
Elektrischer Aufzug auf den Mönchsberg
Salzkammergut-Bahn bis Strobl (1894 bis Ischl)

Dr. Rosa Kerschbaumer praktiziert als erste Ärztin Österreichs

1892
Standseilbahn auf die Festung
Pferdebahnbetrieb in der Stadt
Armenordnung nach dem Elberfelder System
Israelitischer Friedhof in Aigen
Volksbad in der Brodhäuslau eröffnet (heute Volksgartenbad)

1893
Eröffnung des neuen Stadttheaters

1894
Demolierung des Linzer Tores

1895
In Salzburg fährt das erste Auto

1896
Lokalbahn nach Lamprechtshausen
Aufhebung der Dult

1897
Demonstrationen gegen die Sprachenverordnung von Ministerpräsident Graf Badeni

1898
Weihe der neuen Andräkirche am Mirabellplatz
Eröffnung des Versorgungshauses Nonntal
Eröffnung der Landesheilanstalt in Lehen
Taubstummenanstalt

1899
Eröffnung des städtischen Kinderheimes an der Wolf-Dietrich-Straße
Hochwasser-Katastrophe

1900
Eröffnung des Staatsgewerbeschul-Gebäudes am Rudolfskai

1901
Errichtung der Synagoge an der Lasserstraße
Neuer Grünmarkt an der Franz-Josef-Straße eröffnet

1902
Eröffnung der Ludwig-Viktor-Brücke (Lehener Brücke)

1903
Eröffnung der Volksbibliothek
Eröffnung des Mozartsteges

1904
Kommunalisierung des Gaswerkes
Städtische Kühlhausanlage
Eröffnung des Mädchen-Lyzeums

1905
Wahlrechtsdemonstration
Eröffnung des Makartstegs

AB 1906
Schrannenmarkt bei der Andräkirche

1909
Die „Gelbe Elektrische" fährt zum ersten Mal

1910
Kommunalisierung des Elektrizitätswerkes

1911
Gründung der Israelitischen Kultusgemeinde

1913
Fertigstellung des Wiestal-Kraftwerkes
Viehmarktplatz nach Schallmoos verlegt
Gründung des Salzburger Marionettentheaters

1914
Eröffnung des Mozarteums an der Schwarzstraße

1916
Verlängerung der elektrischen Stadtbahn bis in die Riedenburg

1916–1918
Engpässe in der Lebensmittelversorgung

1917
Gründung der „Salzburger Festspielhausgemeinde"

1918
Hungerdemonstration in Salzburg
Bildung der provisorischen Landesversammlung im Rathaus
Erstmals Frauen im Gemeinderat

1919
Neue Gemeinderatswahlordnung nach dem allgemeinen, geheimen und direkten Wahlrecht auch für Frauen

1919–1934
Stefan Zweig lebt in Salzburg

1920
Uraufführung des „Jedermann" auf dem Salzburger Domplatz – Beginn der Salzburger Festspiele

1922
Erwerb des Schlosses Hellbrunn durch die Stadtgemeinde
Grundsteinlegung für ein Festspielhaus in Hellbrunn

1923
Elektrische Straßenbeleuchtung

1924
Eröffnung des Strubklammwerkes
Gründung des „Hauses der Natur"
Umbau der ehemaligen Winterreitschule zu einem Festspielhaus

1924/25
Dult in der Felsenreitschule und dem ehemaligen Hofstallgebäude

1926
Eröffnung des städtischen Flughafens in Maxglan

1927
Städtische Autobuslinien

1929
Eröffnung der Gaisbergstraße

1934
Sistierung des gewählten Gemeinderates
Beginn der Glanregulierung

1935
Maxglan und Gnigl werden eingemeindet
Bestellung eines Gemeindetages auf Grundlage der autoritären Verfassung des „Ständestaates"

1938
Neubau der Karolinenbrücke
Machtergreifung der Nationalsozialisten („Anschluß")
Verfolgung politischer Gegner
„Arisierungen"
Bücherverbrennung am Residenzplatz
Schloss Mirabell wird Verwaltungsgebäude des Magistrats
Obligatorische Zivilehe
Einführung der Deutschen Gemeindeordnung
Novemberpogrom

1939
Morzg, Leopoldskron, Aigen und Liefering werden eingemeindet
Stadttheater wird Landestheater

1940
Einstellung der „Gelben Elektrischen" und Einführung des Obusses

1941
Eröffnung der Stadtbücherei im Schloss Mirabell

1941–1949
Bau der Staatsbrücke

1944/45
Salzburg erlebt 15 amerikanische Bombenangriffe

1945
Kampflose Übergabe der Stadt an die Amerikanischen Streitkräfte
Die Amerikaner setzen Bürgermeister und Beiräte ein

1946
Provisorischer Gemeinderat proportional zu den Ergebnissen der Nationalratswahl von 1945 konstituiert

1947
Schloss Mirabell wird Amtssitz des Bürgermeisters
Eröffnung der Volkshochschule
Gründung der Salzburger Kulturvereinigung

1948
Inbetriebnahme des neuen Mönchsbergaufzuges

1950
Die Landeshauptstadt hat erstmals 100.000 EinwohnerInnen
Eröffnung des AYA-Schwimmbades an der Alpenstraße
Eröffnung des Stadtkinos

1951
Die Stadtregierung übersiedelt in den Bürgermeistertrakt des Schlosses Mirabell

1953
Oskar Kokoschka eröffnet die „Schule des Sehens" (Sommerakademie für die bildende Kunst)
Übergabe des Griesgassen-Durchbruchs an den Verkehr
Die „Rote Elektrische" stellt ihren Betrieb ein

1955
Vollendung der ersten Ausbaustufe des Fernheizwerkes

1956
Erste Mozart-Woche
Eröffnung des Paracelsusbades

1957
Fertigstellung des Kongresshauses
Fertigstellung des Fernheizwerkes

1958
Fertigstellung des Kurhauses

1960
Eröffnung des Großen Festspielhauses
Eröffnung der Kunsteisbahn

1962
Gründung der staatlichen Universität

1963
Wiedereröffnung des Kleinen Festspielhauses

1964
Eröffnung des Leopoldskroner Freibades
Erste Frau in der Stadtregierung

1965
Film „The Sound of Music" in Salzburg gedreht

1967
Beginn der Osterfestspiele
Salzburger Altstadterhaltungsgesetz
Eröffnung des neuen Museumsgebäudes (Museumsplatz)

1968
Neuer Schlachthof in Bergheim
Pädagogische Akademie des Bundes tritt an Stelle der LehrerInnenbildungsanstalt

1971
Mozarteum wird zur Hochschule ernannt
Erstmals „Szene der Jugend"
Eröffnung des Lehener Stadions

1972
Fertigstellung des Heizkraftwerkes Nord
Neues Gebäude des ORF-Landesstudios

1973
Gründung des Salzburger Ausstellungszentrums
Erste Pfingstfestspiele
Eröffnung des Barockmuseums
Eröffnung der Georg-Trakl-Forschungs- und Gedenkstätte

1974
Pfingstdult findet ab nun im Ausstellungszentrum (SAZ) statt
Erster Christkindlmarkt um den Dom

1975
Eröffnung der Altstadt-Garagen Nord
Erweiterung der bestehenden Fußgängerzone in der Altstadt

1976
Eröffnung der Mirabell-Garage

1977
Pioniersteg in Lehen seiner Bestimmung übergeben
Erster Rupertikirtag in der Altstadt

1978–1986
Neubau der Naturwissenschaftlichen Fakultät der Universität in Freisaal

1978
Filmkulturzentrum Das Kino gegründet

1979
Konstituierung der Bürgergarde der Stadt Salzburg

1980
Frauenhaus eröffnet
Überfuhrsteg eröffnet
Freunde der Salzburger Geschichte gegründet

1983
Ausweitung der Fuzo auf große Bereiche des historischen Stadtgebiets

1984
Kulturstättenkonzept
Erste Sitzung des Gestaltungsbeirates

1985
Grünlanddeklaration
Neue HTBL in Itzling

1986
Radwegunterführung Staatsbrücke (rechter Brückenkopf)

1986–1992
Adaptierung des Toskanatrakts für die Juridische Fakultät der Universität

1987
Kulturgelände Nonntal eröffnet
Eröffnung des Brauchtumszentrums Lainerhof
Finanzlandesdirektion eröffnet

1988
100.000 Einwendungen gegen die atomare Wiederaufbereitungsanlage Wackersdorf
Eröffnung des Technologiezentrums in Salzburg-Itzling

1989
Fertigstellung der Wohnsiedlung Forellenweg in Liefering
Herbert von Karajan stirbt in Anif bei Salzburg
Büro- und Geschäftshaus Kiesel eröffnet
Gründung des Frauenbüros der Stadt Salzburg

1991
Literaturhaus Eizenberghof eröffnet
Orchesterhaus des Mozarteumorchesters eröffnet
Enthüllung des Euthanasie-Mahnmals (2014 erweitert)

1993
Eröffnung des Rockhauses

1994
Inbetriebnahme des neuen Heizkraftwerkes Nord
Austria Salzburg erreicht das Finale des UEFA-Cups
Einführung der Biotonne
Eröffnung der Parkgarage Linzer Gasse
Zukunftsforscher Robert Jungk stirbt in Salzburg

1995/2000
Privatisierung der Salzburger Sparkasse

1996
Eröffnung des rekonstruierten Wohnhauses Mozarts
Eröffnung des neuen Müllner Steges
Erhebung der Altstadt zum Weltkulturerbe durch die UNESCO

1997
Europark in Taxham fertiggestellt

1998
Erhebung der Hochschule „Mozarteum" zur Musik-Universität

1999
Erste Bürgermeister-Direktwahl
Umgestaltung des Bahnhof-Vorplatzes abgeschlossen

2000
SAFE und Salzburger Stadtwerke fusionieren zur Salzburg AG

2001
Neues Kongresshaus vollendet
Neuer Makartsteg eröffnet
Beschlussfassung Kulturleitbild
Eröffnung der Chirurgie West des St.-Johanns-Spitals
Eröffnung Umweltschutztunnel Liefering

2002
Erste Bürgerbefragung über die Neugestaltung des Makartplatzes
Beginn der Salzachschifffahrt mit der „Amadeus"
Übernahme des Tiergartens Hellbrunn durch Stadt und Land
Erster Frauenförderplan im Magistrat
Jahrhunderthochwasser in der Stadt
Salzburg wird Candidate City für die Olympischen Winterspiele 2010
Spatenstich für den Bau der S-Bahn
Eröffnung der umgebauten Eisarena im Volksgarten
Enthüllung des Antifa Mahnmals am Bahnhofsvorplatz

2003
Eröffnung Stadion Wals-Siezenheim
„Hangar-7" eröffnet
Start Heizkraftwerk Mitte
Salzachradweg zwischen Makartsteg und Nonntaler Brücke eröffnet
Sonderschule für Schwerstbehinderte an der General-Keyes-Straße eröffnet
Die Paracelsus Medizinische-Privatuniversität (PMU) nimmt Betrieb auf
Eröffnung des Hauses der Stadtgeschichte
Erste Station der neuen S-Bahn eröffnet
Eröffnung der Salzburg Arena in Liefering

2004
Erster Salzburg-Marathon
Eröffnung des Museums der Moderne am Mönchsberg
Einsetzung eines Fachbeirats Kunst im öffentlichen Raum

2005
Eröffnung des Panorama-Museums am Residenzplatz
Eröffnung der neuen ARGE Kultur im Nonntal
Eröffnung der Europark-Erweiterung
Bewerbung für die Olympischen Winterspiele 2014

2006
Abbruch des Lehener Stadions
Eröffnung des Salzburg Museums in der Neuen Residenz
Eröffnung des Hauses für Mozart
Eröffnung des neuen Musikum an der Schwarzstraße
Neue Eisenbahnbrücke über die Salzach
Durchführung der Rad-WM
Verlegung der Schillerstraße und Start Science City
Kardinal-Schwarzenberg-Haus mit „Archiv der Erzdiözese Salzburg" eröffnet
Universität Mozarteum übersiedelt in das neue Gebäude am Mirabellplatz
Spatenstich für das Projekt „Neue Mitte Lehen"

2007
Neue Grünlanddeklaration
„Personenkomitee Stolpersteine" verlegt erste Stolpersteine
Pädagogische Akademie wird Hochschule
150.000 Hauptwohnsitz-Marke erstmals überschritten

2008
Sportzentrum Mitte in Nonntal wird der Bestimmung übergeben
Durchführung der Fußball Europameisterschaft
Eröffnung des Stefan Zweig Center in der Edmundsburg
Salzburg wird Stadt der Menschenrechte
Ende der Trabrennbahn in Liefering-Herrenau
Ausbau der Chirurgie West

2009
Eröffnung der Stadtbibliothek in Lehen
Eröffnung des neuen Science Center – Haus der Natur
Beginn des Projekts „Die Stadt Salzburg im Nationalsozialismus"
Rumänisch-orthodoxe Kirche in Gnigl eingeweiht
Spatenstich für die Wohnverbauung des ehemaligen Stadtwerkeareals

2010
Einführung von Pollern in der Fußgängerzone

2011
Start Projekt Wissensstadt
Eröffnung der Anna-Berta-Königsegg-Schule
Eröffnung des Wilhelm-Kaufmann-Stegs
Eröffnung Unipark Nonntal
Spatenstich für neuen Tower des Flughafens

2012
Eröffnung der Stadtgalerie Lehen
Eröffnung Fotohof Lehen
Abschluss der Umbauten im Rathaus
Eröffnung des neuen Salzburger Hauptbahnhofs

2013
Eröffnung der Panoramabar in Lehen
Eröffnung des AYA-Hallenbades
Übersiedlung der Volkshochschule auf das Stadtwerkareal
Wohnbauprojekt „Freiraum Maxglan" am Gelände der ehemaligen Struberkaserne

2014
Eröffnung des DomQuartiers
Eröffnung der Red Bull Nachwuchs Akademie für Fußball und Eishockey in Salzburg/Liefering
Pädagogische Hochschule in Pädagogische Hochschule Salzburg Stefan Zweig umbenannt

2015
Flüchtlingskrise
Eröffnung des Hauses „Bildung und Kultur" im Stadtwerk
Einführung von Erläuterungstafeln zu personenbezogenen Straßennamen

2016
Beginn der Bauarbeiten für den Bildungscampus Gnigl
Spatenstich für das neue Quartier Riedenburg
„Schlussstein" für das Projekt Stadtwerk in Lehen

2017
Baustart des Neubaus der Seniorenwohnhäuser Nonntal
Eröffnung der Sporthalle Liefering (Sportzentrum Nord)
Beginn des Neubaus des Paracelsusbades
Haus der Volkskulturen in Nonntal eröffnet

LITERATUR ZUR STADTGESCHICHTE

Ulrike Aichhorn, Universitätsstadt Salzburg. Von der Benediktineruniversität zum Unipark Nonntal, Salzburg–Wien 2011.

Adolf Altmann, Geschichte der Juden in Stadt und Land Salzburg. 2 Bde., Berlin 1913, Frankfurt 1930 (ergänzter Nachdruck in einem Bd., Salzburg 1990).

Gerhard Ammerer, Peter F. Kramml, Sabine Veits-Falk und Alfred Stefan Weiß, ReiseStadt Salzburg. Salzburg in der Reiseliteratur vom Humanismus bis zum beginnenden Eisenbahnzeitalter (Schriftenreihe des Archivs der Stadt Salzburg 17), Salzburg 2003.

Gerhard Ammerer, Rudolph Angermüller und Andrea Blöchl-Köstner (Hg.), Salzburger Mozart-Lexikon, Bad Honnef 2005.

Gerhard Ammerer und Alfred Stefan Weiß (Hg.), Die Säkularisation Salzburgs 1803. Voraussetzungen – Ereignisse – Folgen (Veröffentlichungen des Internationalen Forschungszentrums für Grundlagen der Wissenschaften Salzburg 11), Frankfurt am Main 2005.

Gerhard Ammerer und Thomas Weidenholzer (Hg.), Rathaus, Kirche, Wirt. Öffentliche Räume in der Stadt Salzburg (Schriftenreihe des Archivs der Stadt Salzburg 26), Salzburg 2009.

Gerhard Ammerer und Ingonda Hannesschläger (Hg.), Strategien der Macht. Hof und Residenz in Salzburg um 1600. Architektur, Repräsentation und Verwaltung unter Fürsterzbischof Wolf Dietrich von Raitenau (1587–1611/12) (MGSL Erg.-Bd. 28), Salzburg 2011.

Gerhard Ammerer und Jutta Baumgartner, Die Getreidegasse. Salzburgs berühmteste Straße, ihre Häuser, Geschäfte und Menschen (Schriftenreihe des Archivs der Stadt Salzburg 30), 2. Aufl., Salzburg 2013.

Gerhard Ammerer und Harald Waitzbauer: Wirtshäuser – eine Kulturgeschichte der Salzburger Gaststätten, Salzburg 2014.

Rudolf Angermüller (Red.), Bürgerliche Musikkultur im 19. Jahrhundert in Salzburg, Salzburg 1981.

Gunda Barth-Scalmani, Brigitte Mazohl-Wallnig und Ernst Wangermann (Hg.), Genie und Alltag. Bürgerliche Stadtkultur zur Mozartzeit, Salzburg 1994.

Bastei. Zeitschrift des Stadtvereins für die Erhaltung und Pflege von Bauten, Kultur und Gesellschaft, Salzburg 1952 ff.

Jutta Baumgartner, Knut Rakus und Siegfried C. Strasser, Jedermann fährt. Über Motorisierung in Salzburg von den Anfängen bis heute, Salzburg 2013.

Christoph Brandhuber, Streiflichter aus dem Alltagsleben der Stadt Salzburg, in: Roswitha Juffinger, Christoph Brandhuber, Walter Schlegel u. a., Erzbischof Guidobald Graf von Thun 1654–1668. Ein Bauherr für die Zukunft, Salzburg 2008, S. 165–204.

Christoph Brandhuber und Maximilian Fussl, In Stein gemeißelt. Salzburger Barockinschriften erzählen (uni:bibliothek 6), Salzburg–Wien 2017.

Christoph Braumann, Stadtplanung in Österreich von 1918 bis 1945 unter besonderer Berücksichtigung der Stadt Salzburg (Schriftenreihe des Instituts für Städtebau, Raumplanung und Raumordnung 21), Wien 1986.

Friedrich Breitinger, Kurt Weinkamer und Gerda Dohle, Handwerker, Brauer, Wirte und Händler. Salzburgs gewerbliche Wirtschaft zur Mozartzeit (MGSL Erg.-Bd. 27), Salzburg 2009.

Sabine Breitwieser (Hg.), Anti:modern. Salzburg inmitten von Europa zwischen Tradition und Erneuerung, hg. v. Museum der Moderne Salzburg, München 2016.

Josef Brettenthaler, Salzburgs SynChronik, Neuaufl., Salzburg 2005.

Die Bürgergarde der Stadt Salzburg 1287–2005. Red. Hermann Hinterstoisser, Gert Korell und Friederike Zaisberger (MGSL Erg.-Bd. 21), Salzburg 2005 (Stadtgeschichte S. 13–95).

Chronik der Salzburger Wirtschaft, 2. Aufl., Salzburg 1990.

Colloquium Iuvavum 2012. Das municipium Claudium Iuvavum und sein Umland. Bestandsaufnahme und Forschungsstrategien. Tagung im Salzburg Museum, 15.–17. März

2012, hg. v. Felix Lang, Raimund Kastler, Wilfried K. Kovacsovics und Stefan Traxler (Archäologie in Salzburg 8) (Jahresschrift des Salzburg Museum 56), Salzburg 2014.

Herbert Dachs (Red.), Wohnen in Salzburg. Geschichte und Perspektiven (Schriftenreihe des Archivs der Stadt Salzburg 1), Salzburg 1989.

Oskar Dohle und Peter Eigelsreiter, Camp Marcus W. Orr „Glasenbach" als Internierungslager nach 1945 (Schriftenreihe des Salzburger Landesarchivs 15), Linz–Salzburg 2011.

Heinz Dopsch und Hans Spatzenegger (Hg.), Geschichte Salzburgs – Stadt und Land. 2 Bde. in 8 Teilen, Salzburg 1981–1991 (mit Neuaufl. einzelner Bde.).

Heinz Dopsch (Hg.), Vom Stadtrecht zur Bürgerbeteiligung – Festschrift 700 Jahre Stadtrecht von Salzburg, Salzburg 1987.

Heinz Dopsch und Peter F. Kramml (Hg.), Paracelsus und Salzburg (MGSL Erg.-Bd. 14), Salzburg 1994.

Heinz Dopsch und Robert Hoffmann, Geschichte der Stadt Salzburg, erweiterte und aktualisierte Neuaufl., Salzburg–Wien 2008.

Heinz Dopsch, Kleine Geschichte Salzburgs – Stadt und Land, 3., erweiterte und aktualisierte Aufl., Salzburg 2014.

Walter Dorfer und Peter F. Kramml (Red.), Liefering. Das Dorf in der Stadt, Salzburg 1997.

Romana Ebner und Herbert Weigl, Das Salzburger Wasser. Geschichte der Wasserversorgung der Stadt Salzburg (Schriftenreihe des Archivs der Stadt Salzburg 39), Salzburg 2014.

Helga Embacher (Hg.), Juden in Salzburg. History, Cultures, Fates (zur gleichnamigen Ausstellung im Salzburg Museum Carolino Augusteum), Salzburg 2002.

Marko M. Feingold (Hg.), Ein ewiges Dennoch. 125 Jahre Juden in Salzburg, Wien 1993.

Gernod Fuchs, Befreit und besetzt. Die kampflose Übergabe der Stadt Salzburg an die 3. US-Infanterie-Division am 4. Mai 1945 (Schriftenreihe des Archivs der Stadt Salzburg, Beiheft 2), Salzburg 2015.

Christa Gürtler und Sabine Veits-Falk (Hg.), Frauen in Salzburg (Schriftenreihe des Archivs der Stadt Salzburg 34), Salzburg 2012.

Hanns Haas (Hg.), Salzburg zur Gründerzeit (Salzburg Archiv 17), Salzburg 1994.

Hanns Haas, Robert Hoffmann und Kurt Luger (Hg.), Weltbühne und Naturkulisse. Zwei Jahrhunderte Salzburg-Tourismus, Salzburg 1994.

Hanns Haas, Robert Hoffmann und Robert Kriechbaumer (Hg.), Salzburg. Städtische Lebenswelt(en) seit 1945 (Schriftenreihe des Forschungsinstitutes für politisch-historische Studien der Dr.-Wilfried-Haslauer-Bibliothek 11), Wien–Köln–Weimar 2000.

Sylvia Hahn und Sabine Veits-Falk (Hg.), Migrationsstadt Salzburg. City of Migration (Schriftenreihe des Archivs der Stadt Salzburg, Beiheft 1), Salzburg 2014.

Walter Häufler, Guido Müller und Martin Wiedemair (Red.), Maxglan. Ein Salzburger Stadtteil, Salzburg 1990.

Ernst Hanisch, Gau der guten Nerven. Die nationalsozialistische Herrschaft in Salzburg 1938–1945, Salzburg–München 1997.

Ernst Hanisch und Robert Kriechbaumer (Hg.), Salzburg. Zwischen Globalisierung und Goldhaube (Geschichte der österreichischen Bundesländer 1) (Schriftenreihe des Forschungsinstitutes für politisch-historische Studien der Dr.-Wilfried-Haslauer-Bibliothek 6), Wien 1997.

Ernst Hanisch, Zwischen Wien und München. Salzburg – die „deutsche Stadt Mozarts" 1938–1945, in: Stadt und Nationalsozialismus, hg. v. Fritz Mayrhofer und Ferdinand Opll (Beiträge zur Geschichte der Städte Mitteleuropas 21), Linz 2008, S. 251–266.

Ernst Hanisch, Peter F. Kramml, Sabine Veits-Falk und Thomas Weidenholzer (Hg.), Die Stadt Salzburg im Nationalsozialismus. Bde. 1–7 (Schriftenreihe des Archivs der Stadt Salzburg 28, 31, 35, 37, 40, 43, 45), Salzburg 2010–2016.

Adolf Haslinger und Peter Mittermayr (Hg.), Salzburger Kulturlexikon, 2. Aufl., Salzburg 2001.

Julia Hinterberger (Hg.), Von der Musikschule zum Konservatorium. Das Mozarteum 1841–1922 (Veröffentlichungen des Arbeitsschwerpunktes Salzburger Musikgeschichte 4) (Geschichte der Universität Mozarteum Salzburg 1) (Veröffentlichungen zur Geschichte der Universität Mozarteum Salzburg 10), Wien 2017.

Robert Hoffmann (Hg.), Bürger zwischen Tradition und Modernität (Bürgertum in der Habsburgermonarchie VI), Wien–Köln–Weimar 1997.

Robert Hoffmann, Mythos Salzburg. Bilder einer Stadt, Salzburg 2002.

Robert Hoffmann und Christian Dirninger (Hg.), 150 Jahre Salzburger Sparkasse. Geschichte, Wirtschaft, Recht (Salzburg Studien. Forschungen zu Geschichte, Kunst und Kultur 6), Salzburg 2006.

Robert Hoffmann (Hg.), Auf den Spuren von Unbekannten. Zwölf Salzburger Lebensläufe des 19. Jahrhunderts (Schriftenreihe des Archivs der Stadt Salzburg 22), Salzburg 2011.

Johannes Hofinger, Die Akte Leopoldskron. Max Reinhardt – Das Schloss. Arisierung und Restitution, Salzburg 2005.

Johannes Hofinger, Nationalsozialismus in Salzburg – Opfer. Täter. Gegner (Nationalsozialismus in den österreichischen Bundesländern 5) (Schriftenreihe des Archivs der Stadt Salzburg 44), Innsbruck–Wien–Bozen 2016.

Ingrid Holzschuh, Otto Strohmayr (1900–1945). Hitlers Architekt für die Neugestaltung der Stadt Salzburg im Nationalsozialismus (Schriftenreihe des Archivs der Stadt Salzburg 41), Wien–Köln–Weimar 2015.

Clemens M. Hutter, Iuvavum. Alltag im römischen Salzburg, Salzburg 2012.

Clemens M. Hutter, Christian Doppler. Der für die Menschheit bedeutendste Salzburger, Salzburg 2017.

Ulrike Kammerhofer-Aggermann und Alexander G. Keul, The Sound of Music zwischen Mythos und Marketing (Salzburger Beiträge zur Volkskunde 11), Salzburg 2000.

Peter Keller (Hg.), Traum von einer Stadt. Georg Pezolt (1810–1878) und Salzburg (Sonderausstellung des Dommuseums zu Salzburg 36), Salzburg 2011.

Gert Kerschbaumer, Faszination Drittes Reich. Kunst und Alltag der Kulturmetropole Salzburg, Salzburg 1989.

Gert Kerschbaumer, Stefan Zweig. Der fliegende Salzburger, Salzburg–Wien 2003.

Rupert Klieber, Bruderschaften und Liebesbünde nach Trient: Ihr Totendienst, Zuspruch und Stellenwert im kirchlichen und gesellschaftlichen Leben am Beispiel Salzburg 1600–1950, Frankfurt am Main 1999.

Wilfried K. Kovacsovics, Salzburg im Frühmittelalter. Zur Frühzeit der Stadt aus archäologischer Sicht, in: Sabine Felgenhauer-Schmiedt, Alexandrine Eibner und Herbert Knittler (Hg.), Zwischen Römersiedlung und mittelalterlicher Stadt – Archäologische Aspekte zur Kontinuitätsfrage. Beiträge zur Mittelalterarchäologie in Österreich 17, 2001, S. 91–102.

Wilfried K. Kovacsovics, Iuvavum, in: Marjeta Sasel Kos und Peter Scherrer (Hg.), The autonomous Towns of Noricum and Pannonia. Die autonomen Städte in Noricum und Pannonien, 1.: Noricum (Situla 40. Razprave Narodnega Muzeja Slovenije. Dissertationes Musei Nationalis Sloveniae), Ljubljana 2002, S. 165–201.

Peter F. Kramml, Erich Marx und Thomas Weidenholzer (Red.), Historischer Atlas der Stadt Salzburg (Schriftenreihe des Archivs der Stadt Salzburg 11), Salzburg 1999.

Peter F. Kramml, Der Erzbischof und seine Residenzstadt Salzburg, in: Heinz Dopsch, Peter F. Kramml und Alfred Stefan Weiß (Hg.), 1200 Jahre Erzbistum Salzburg (MGSL 18. Erg.-Bd., Salzburg Studien 1), Salzburg 1999, S. 103–130.

Peter F. Kramml, Die Stadt Salzburg als Dienstgeber um 1500, in: 23. Österreichischer Historikertag Salzburg 2002. Tagungsbericht, hg. v. Verband Österreichischer Historiker und Geschichtsvereine, Salzburg 2002, S. 601–613.

Peter F. Kramml, Die Stadt Salzburg, in: Peter Keller und Johannes Neuhardt (Hg.), Erzbischof Paris Lodron (1619–1655). Staatsmann zwischen Krieg und Frieden, Salzburg 2003, S. 24–32.

Peter F. Kramml und Sabine Veits-Falk, Die medizinische Versorgung in der Stadt Salzburg am Ausgang des Mittelalters und zu Beginn der frühen Neuzeit: Ärzte, Apotheker, Bader und Wundärzte sowie Hebammen – Spitäler und Lazarette, in: Medizinische Ausbildung und Versorgung zur Zeit des Paracelsus (Salzburger Beiträge zur Paracelsusforschung 39), Salzburg 2006, S. 85–137.

Peter F. Kramml, Franz Lauterbacher und Guido Müller (Hg.), Maxglan. Hundert Jahre Pfarre 1907–2007. Salzburgs zweitgrößter Stadtfriedhof. Mit 120 Biografien bekannter, bemerkenswerter und berühmter Persönlichkeiten, Salzburg 2007.

Peter F. Kramml, 150 Jahre Grünmarkt – Die Stadt Salzburg und ihre Märkte, in: Landesgeschichte aktuell, Nr. 141 (April 2007), S. 7–38.

Peter F. Kramml, Salzburg 1888–1896 in Fotografien des Carl von Frey. Städtisches Leben zwischen Tradition und Fortschritt, 2., erweiterte Aufl. (Schriftenreihe des Archivs der Stadt Salzburg 38), Salzburg 2016.

Peter F. Kramml und Roman Straßl, Der Salzburger Pressefotograf Franz Krieger (1914–1993). Bildberichterstattung im Schatten von NS-Propaganda und Krieg, 2., überarbeitete Aufl. (Schriftenreihe des Archivs der Stadt Salzburg 24), Salzburg 2016.

Christiane Krejs, Salzburgs Stadterweiterung im neunzehnten Jahrhundert 1860 bis 1874. Bruch oder Aufbruch in Stadtplanung und Architektur, Univ.-Diss., Salzburg 1990.

Robert Kriechbaumer (Red.), Salzburg 1945–1955. Zerstörung und Wiederaufbau. Begleitbuch zur gleichnamigen Ausstellung des Salzburger Museums Carolino Augusteum (Jahresschrift des Salzburger Museums Carolino Augusteum 40/41, 1994/95), Salzburg 1995.

Robert Kriechbaumer, Salzburger Festspiele 1945 bis 2011, 7 Bde., Salzburg–Wien 2007–2013.

Robert Kriechbaumer, Umstritten und prägend. Kultur- und Wissenschaftsbauten in der Stadt Salzburg 1986–2011(Schriftenreihe des Forschungsinstitutes für politisch-historische Studien der Dr.-Wilfried-Haslauer-Bibliothek 45), Wien–Köln–Weimar 2012.

Michaela Krissl, Die Salzburger Neubürger im 15. und 16. Jahrhundert, in: MGSL 128 (1988), S. 251–341 und 129 (1989), S. 61–178.

Kunstwerk des Monats, hg. v. Salzburg Museum, Salzburg 1988 ff.

Karl Lackenbauer, Der Kampf der Stadt Salzburg gegen die Erzbischöfe 1481–1524, Univ.-Diss., Salzburg 1973.

Michaela Laichmann und Susanne Claudine Pils (Red.), Salzburg (Österreichischer Städteatlas, 5. Lieferung, 1. Teil), Wien 1996.

Landesgeschichte aktuell. Mitteilungen – Berichte – Informationen, Salzburg 1992 ff. (mit Salzburg-Bibliografie).

Friedrich Leitich, Salzburger Stadtwerke. Geschichte der städtischen Versorgungs- und Verkehrsbetriebe, Salzburg 1990.

Elisabeth Lobenwein, Jutta Baumgartner, Gerhard Ammerer und Thomas Mitterecker (Hg.), Herrschaft im Umbruch. Fürsterzbischof Hieronymus Graf Colloredo (1732–1812) im mitteleuropäischen Kontext (Schriftenreihe des Archivs der Erzdiözese Salzburg 14), Salzburg 2016.

Elisabeth Lobenwein, Die Ohnmacht des Mächtigen – Fürsterzbischof Hieronymus Graf Colloredo und die „Fassaffäre" (August 1796), in: Mitteilungen der Gesellschaft für Salzburger Landeskunde 154/155 (2014/2015), S. 365–388.

Harald Lohmann (Red.), Parsch erzählt. Geschichte und Geschichten eines Salzburger Stadtteils, hg. v. Stadtteilentwicklungsverein Parsch, Salzburg 2008.

Franz von Lospichl, Die Familien Haffner und Triendl. Ein Beitrag zur Salzburger Familien- und Unternehmergeschichte (Schriftenreihe zur Salzburger Wirtschaft), Salzburg 1970.

Gunter Mackinger, Der Obus in Salzburg, Nordhorn 2005.

Franz Martin, Salzburger Straßennamen. 5., ergänzte und überarbeite Aufl. von Willa Leitner, Andreas Martin und Guido Müller (MGSL Erg.-Bd. 25), Salzburg 2006.

Erich Marx und Thomas Weidenholzer, Chronik der Stadt Salzburg 1980 bis 1990 (Schriftenreihe des Archivs der Stadt Salzburg 2), Salzburg 1990.

Erich Marx und Thomas Weidenholzer, Chronik der Stadt Salzburg 1970 bis 1979 (Schriftenreihe des Archivs der Stadt Salzburg 5), Salzburg 1993.

Erich Marx (Hg.), Bomben auf Salzburg. Die „Gauhauptstadt" im „Totalen Krieg". 3. Aufl. (Schriftenreihe des Archivs der Stadt Salzburg 6), Salzburg 1995.

Erich Marx (Hg.), Befreit und besetzt. Die Stadt Salzburg im ersten Nachkriegsjahrzehnt (Schriftenreihe des Archivs der Stadt Salzburg 7), Salzburg 1996.

Erich Marx und Peter Laub (Hg.), Das Salzburg-Panorama von Johann Michael Sattler. Bd. 1: Das Werk und sein Schöpfer, Salzburg 2005.

Erich Marx und Peter Laub (Hg.), Stadt Salzburg. Ansichten aus fünf Jahrhunderten (Jahresschrift des Salzburg Museum 51), Salzburg 2008.

Franz Mathis, Zur Bevölkerungsstruktur österreichischer Städte im 17. Jahrhundert (Sozial- und wirtschaftshistorische Studien 11), Wien 1977 (zu Salzburg S. 175–257).

Brigitte Mazohl-Wallnig, Die andere Geschichte. Eine Salzburger Frauengeschichte von der ersten Mädchenschule (1695) bis zum Frauenwahlrecht (1918). Bd. 1, Salzburg–Wien 1995.

Stefan Miedaner, Salzburg unter bayerischer Herrschaft. Die Kreishauptstadt und der Salzachkreis von 1810 bis 1816, in: MGSL 125 (1985), S. 9–306.

Mitteilungen (MGSL) der Gesellschaft für Salzburger Landeskunde, Salzburg 1860 ff., Generalregister der Bände 1–150 (1861–2010), Salzburg 2010, bes. S. 116–118.

Thomas Mitterecker, Das Erzstift Salzburg im Zweiten Koalitionskrieg (Europäische Hochschulschriften III/914), Frankfurt am Main 2001.

Manfred Mittermayr und Sabine Veits-Falk (Hg.), Thomas Bernhard und Salzburg. 22 Annäherungen. Begleitbuch zur Sonderausstellung im Salzburger Museum Carolino Augusteum (Monographische Reihe zur Salzburger Kunst 22), Salzburg 2001.

Erwin Niedermann, Sport und Spiel in Salzburg. Geschichte und Gegenwart, Salzburg 1978.

Andreas Novak, „Salzburg hört Hitler atmen". Die Salzburger Festspiele 1933–1944, München 2005.

Gilda Pasetzky, Das Erzbistum Salzburg und das revolutionäre Frankreich (1798 bis 1803), Univ.-Diss., Salzburg 1994.

Peter Putzer, Das Salzburger Scharfrichtertagebuch (Schriften des Instituts für Historische Kriminologie 1), St. Johann im Pongau–Wien 1985.

Ingo Reiffenstein, Die Namen der Salzburger Stadtteile, in: Salzburger Volkskultur. 36. Jg., November 2012, S. 76–78.

Reinhold Reith, Paris Lodron Universität Salzburg. Geschichte – Gegenwart – Zukunft, Salzburg–Wien 2012.

Reinhold Reith, Luisa Pichler-Baumgartner, Georg Stöger und Andreas Zechner (Hg.), Haushalten und konsumieren. Die Ausgabenbücher der Salzburger Kaufmannsfamilie Spängler von 1733 bis 1785 (Schriftenreihe des Archivs der Stadt Salzburg 46), Salzburg 2016.

Josef Reithofer (Hg.), Salzburg: Stadt Salzburg – Maxglan, Mülln, Taxham. Dokumentationsband Klein- und Flurdenkmäler, hg. v. d. Stadtgemeinde Salzburg, Raumplanung und Baubehörde, Erhebung der Objekte: Guido Friedl (Schätze der Kulturlandschaft), Salzburg 2009.

Walter Reschreiter, Lebens(un)wert, NS-Euthanasie im Land Salzburg. Wiedergefundene Lebensgeschichten von Opfern der Rassenhygiene. Begleitpublikation zur Ausstellung der Laube sozialpsychiatrische Aktivitäten, Salzburg 2007.

Christian Rohr (Hg.), Vom Ursprung der Städte in Mitteleuropa, Linz 1999.

Albin Rohrmoser (Red.), Katalog zur Ausstellung Salzburg zur Zeit der Mozart (Jahresschrift des Salzburger Museums Carolino Augusteum 37/38), Salzburg 1991.

Susanne Rolinek, Gerald Lehner und Christian Strasser, Im Schatten der Mozartkugel. Reiseführer durch die braune Topografie von Salzburg, Wien 2009.

Salzburg Archiv, Salzburg 1986 ff., Register Bd. 1–30 (1986–2005), in: Salzburg Archiv 30 (2005), S. 337–408.

Salzburg. Geschichte und Politik. Mitteilungen der Dr.-Hans-Lechner-Forschungsgesellschaft, Salzburg 1991 ff.

Salzburg Museum (Hg.), Grenzen überschreiten. Bayern und Salzburg 1810 bis 2010. Ausstellung des Salzburg Museum, der Staatlichen Archive Bayerns und der Stadt Laufen, Salzburg und Laufen, 11. Juni bis 31. Oktober 2010 (Katalog zur Sonderausstellung im Salzburg Museum 31), Salzburg–München 2010.

Salzburg in Zahlen. Beiträge zur Stadtforschung, hg. vom Magistrat Salzburg, Amt für Statistik, Salzburg 1972 ff.

Franz Schausberger, Eine Stadt lernt Demokratie. Bürgermeister Josef Preis und die Salzburger Kommunalpolitik 1919–1927, Salzburg 1988.

Walter Schlegel, Wie Salzburg zu seinem Gesicht kam. Die Baugeschichte der Altstadt von Salzburg in historischen Steckbildern (Schriftenreihe der Stadt Salzburg 19), Salzburg 2004.

Manfred Hermann Schmid, Mozart in Salzburg. Ein Ort für sein Talent, Salzburg–München 2006.

Schriftenreihe des Archivs der Erzdiözese Salzburg (Konsistorialarchiv), Salzburg 1992 ff.

Schriftenreihe des Archivs der Stadt Salzburg, Salzburg 1989 ff.

Schriftenreihe des Forschungsinstitutes für politisch-historische Studien der Dr.-Wilfried-Haslauer-Bibliothek Salzburg, Wien 1995 ff.

Schriftenreihe des Salzburger Landesarchivs, Salzburg 1983 ff.

Franz Spatenka, Salzburg im Revolutionsjahr 1848 (Salzburg Archiv 11), Salzburg 1991.

Franz V. Spechtler und Rudolf Uminsky, Die Salzburger Stadt- und Polizeiordnung 1524 (Göppinger Arbeiten zur Germanistik 222, Frühneuhochdeutsche Rechtstexte I), Göppingen 1978.

Georg Stadler, Von der Kavalierstour zum Sozialtourismus. Kulturgeschichte des Salzburger Fremdenverkehrs, Salzburg 1975.

Josef Clemens Stadler, Beiträge zur Rechtsgeschichte der Stadt Salzburg im Mittelalter (Südostbayerische Heimatstudien 9), Hirschhausen 1934.

Statistisches Jahrbuch der Landeshauptstadt Salzburg, Salzburg 1950–1991 (ab Jg. 1992/93 in der Reihe „Salzburg in Zahlen").

Vinzenz Maria Süß, Die Bürgermeister von Salzburg von 1433–1840, Salzburg 1840.

Taxham. Geschichte eines Salzburger Stadtteils, erstellt vom Stadtteilkomitee zur Feier „50 Jahre Taxham", dem Bewohnerservice Bolaring und dem Archiv der Stadt Salzburg, Texte von Alexandra Gappmayr, Peter F. Kramml, Guido Müller und Otmar Weber, Salzburg 2004.

Günther E. Thüry, Das römische Salzburg. Die antike Stadt und ihre Geschichte (Salzburg Studien. Forschungen zu Geschichte, Kunst und Kultur 14), Salzburg 2013.

Günther E. Thüry, Die Stadtgeschichte des römischen Salzburg, Befunde und Funde bis 1987 (British Archaeological Reports. International series S2600), Oxford 2014.

Christian F. Uhlir (Hg.), Salzburger Stadtberge: Mönchsberg, Kapuzinerberg, Festungsberg, Nonnberg und Rainberg, Borsdorf 2011.

Sabine Veits-Falk, Zeit der Noth. Armut in Salzburg 1803–1870 (Salzburg Studien 2), Salzburg 2000.

Sabine Veits-Falk, Offene Armenfürsorge in der Stadt Salzburg. Armenkassen und das Wirken der städtischen Armenkommission, in: Helmut Bräuer (Hg.), Arme – ohne Chance? Kommunale Armut und Armutsbekämpfung zwischen Spätmittelalter und Gegenwart, Protokoll der internationalen

Tagung „Kommunale Armut und Armutsbekämpfung zwischen Spätmittelalter und Gegenwart" vom 23. bis 25. Oktober 2003 in Leipzig, Leipzig 2004, S. 223–250.

Sabine Veits-Falk, Die ersten Frauen im Gemeinderat der Stadt Salzburg: Unkonventionell, still oder angepasst?, in: Salzburg Archiv 30 (2005), S. 261–278.

Sabine Veits-Falk, Zur Geschichte des Frauenwahlrechts in Salzburg und Österreich, in: 90 Jahre Frauenrecht, hg. von der Stabsstelle für Chancengleichheit des Landes Salzburg, Frauenbüro Salzburg und Karl Steinocher Fonds, Salzburg 2010, S. 1–11.

Sabine Veits-Falk, 100 Jahre Frauentag und es geht weiter …. Begleitheft zur gleichnamigen Ausstellung, hg. vom Frauenbüro der Stadt Salzburg und Stabsstelle für Chancengleichheit, Anti-Diskriminierung und Frauenförderung des Landes Salzburg, Salzburg 2011.

Sabine Veits-Falk, Rosa Kerschbaumer-Putjata (1851–1923). Erste Ärztin Österreichs und Pionierin der Augenheilkunde. Ein außergewöhnliches Frauenleben in Salzburg, 2., verb. Aufl. (Schriftenreihe des Archivs der Stadt Salzburg 23), Salzburg 2012.

Sabine Veits-Falk und Thomas Weidenholzer (Hg.), Gnigl. Mittelalterliches Mühlendorf, Gemeinde an der Eisenbahn, Salzburger Stadtteil (Schriftenreihe des Archivs der Stadt Salzburg 29), 2. Aufl., Salzburg 2015.

Verein Stadtteilmuseum Liefering (Hg.), Lieferinger Kultur-Wanderweg, Auf 52 Stationen durch die bewegte Geschichte eines Salzburger Stadtteils, Red. Werner Hölzl und Peter F. Kramml, Salzburg 2006.

Hans Weichselbaum, Georg Trakl, Salzburg 2014.

Thomas Weidenholzer und Erich Marx (Hg.), Hundert Jahre „Versorgungshaus Nonntal". Zur Geschichte der Alters- und Armenversorgung in der Stadt Salzburg (Schriftenreihe des Archivs der Stadt Salzburg 9), Salzburg 1998.

Thomas Weidenholzer und Guido Müller, Salzburgs alte und neue Brücken über die Salzach (Schriftenreihe des Archivs der Stadt Salzburg 15), Salzburg 2001.

Thomas Weidenholzer, Salzburg 1809: Der Krieg erfasst die Stadt. Über Gewinner und Verlierer, in: Friederike Zaisberger und Fritz Hörmann (Hg.), Frieden – Schützen 1809–2009. Franzosenkriege im Dreiländereck Bayern, Salzburg, Tirol, Werfen 2009, S. 287–306.

Thomas Weidenholzer, Die achtziger Jahre in der Stadt Salzburg. Vom zwiespältigem Ausgang aus der Unmündigkeit, in: Anton Gugg (Hg.), Vom Nachleben der Bilder. Der Salzburger Maler Klaus Reif (Schriftenreihe des Archivs der Salzburg 25), Salzburg 2009, S. 39–53.

Thomas Weidenholzer, Salzburger Fotografien 1880–1918 aus dem „Fotoatelier Würthle" (Sammlung Kraus), 3., verb. Aufl. (Schriftenreihe des Archivs der Stadt Salzburg 18), Salzburg 2011.

Thomas Weidenholzer, Menschen.Bilder. Johann Barth sieht Salzburg 1950–1975, 2., verb. Aufl. (Schriftenreihe des Archivs der Stadt Salzburg 20), Salzburg 2014.

Thomas Weidenholzer, Not und Luxus, Korruption, Antisemitismus und Radikalisierung. Der „Demonstrationsstreik" in der Stadt Salzburg im September 1918, in: Oskar Dohle und Thomas Mitterecker (Hg.), Salzburg im Ersten Weltkrieg. Fernab der Front – Dennoch im Krieg, Wien–Köln–Weimar 2014, S. 61–89.

Birgit Wiedl, Alltag und Recht im Handwerk der Frühen Neuzeit. Schmiede, Wagner, Schlosser und andere Eisen verarbeitende Handwerke in Stadt und Land Salzburg (Schriftenreihe des Archivs der Stadt Salzburg 21), Salzburg 2006.

Heinz Wiesbauer und Heinz Dopsch, salzach – macht – geschichte (Salzburg Studien. Forschungen zu Geschichte, Kunst und Kultur 7), Salzburg 2007.

Rainer Wilflinger und Peter M. Lipburger (Red.), Vom Stadtrecht zur Bürgerbeteiligung. Ausstellungskatalog 700 Jahre Stadtrecht, Salzburg 1987.

Friederike Zaisberger, Geschichte Salzburgs (Geschichte der österreichischen Bundesländer), Wien 1998.

Friederike Zaisberger und Reinhard R. Heinisch (Hg.), Leben über den Tod hinaus. Prominente im Salzburger Kommunalfriedhof (MGSL Erg.-Bd. 23), Salzburg 2006.

Friederike Zaisberger und Fritz Hörmann (Hg.), Frieden – Schützen 1809–2009. Franzosenkriege im Dreiländereck Bayern, Salzburg, Tirol, Werfen 2009.

Friederike Zaisberger (Hg.), Der Russlandfeldzug 1812 und der Salzachkreis. Schicksale im Krieg und daheim (Schriftenreihe des Salzburger Landesarchivs 20), Salzburg 2013.

Franz Valentin Zillner, Geschichte der Stadt Salzburg. 2 Bde. in 3 Teilen, Salzburg 1885–1890 (Neuausgabe mit Register von Heinz Dopsch, Salzburg 1985).

AUTORIN UND AUTOREN

―――

DR. PETER F. KRAMML

Historiker, Leiter von Stadtarchiv und Statistik (Haus der Stadtgeschichte) Salzburg,
Obmann der Freunde der Salzburger Geschichte,
Publikationen und umfangreiche Herausgeberschaft zur Salzburger Geschichte

*Beiträge S. 10–15 (mit Unterstützung von Felix Lang),
16–77, 78 f. (mit Unterstützung von Wilfried Schaber),
80–85, 88–97, 144 f., 166 f., 174 f., 178 f., 234 f.*

MAG.ᵃ DR.ⁱⁿ SABINE VEITS-FALK

Historikerin am Stadtarchiv Salzburg und Lehrbeauftragte an der Universität Salzburg,
zahlreiche Publikationen zur Salzburger Geschichte

*Beiträge S. 86 f., 98–107, 112–115, 120 f., 134 f., 160 f.,
164 f., 186–189, 216 f., 222–225, 228–231*

MAG. THOMAS WEIDENHOLZER

Archivar und Historiker am Stadtarchiv Salzburg,
zahlreiche Publikationen zur Geschichte der Stadt Salzburg

*Beiträge S. 108–111, 116–119, 122–133, 136–141, 146–159, 162 f., 168–173, 176 f.,
180–185, 190–215, 218–221, 226 f., 232 f., 236–239*

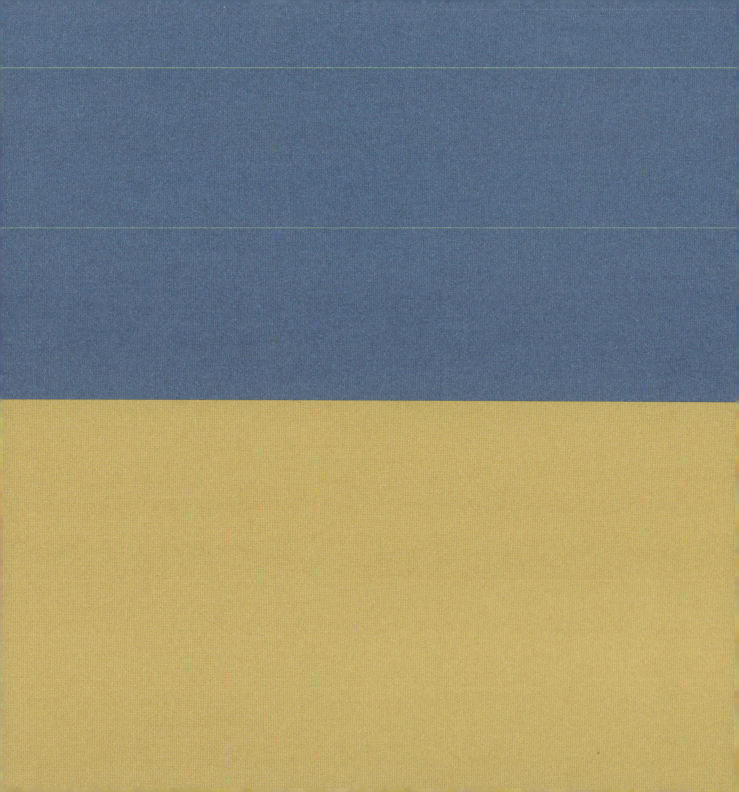